第 1 辑

长三角教育现代化监测评估专题研究

长三角教育现代化监测评估中心 ◎ 编著

华东师范大学出版社
·上海·

图书在版编目（CIP）数据

长三角教育现代化监测评估专题研究.第1辑/长三角教育现代化监测评估中心编著.—上海：华东师范大学出版社，2023
 ISBN 978-7-5760-4183-5

Ⅰ.①长… Ⅱ.①长… Ⅲ.①长江三角洲—地方教育—教育现代化—研究 Ⅳ.①G527.5

中国国家版本馆CIP数据核字（2023）第177856号

长三角教育现代化监测评估专题研究（第1辑）

编　　著　长三角教育现代化监测评估中心
策划编辑　彭呈军
责任编辑　白锋宇
特约审读　陈雅慧
责任校对　时东明
装帧设计　卢晓红

出版发行　华东师范大学出版社
社　　址　上海市中山北路3663号　邮编 200062
网　　址　www.ecnupress.com.cn
电　　话　021-60821666　行政传真 021-62572105
客服电话　021-62865537　门市（邮购）电话 021-62869887
地　　址　上海市中山北路3663号华东师范大学校内先锋路口
网　　店　http://hdsdcbs.tmall.com

印　刷　者　上海锦佳印刷有限公司
开　　本　787毫米×1092毫米　1/16
印　　张　15.75
字　　数　200千字
版　　次　2023年10月第1版
印　　次　2023年10月第1次
书　　号　ISBN 978-7-5760-4183-5
定　　价　96.00元

出 版 人　王　焰

（如发现本版图书有印订质量问题，请寄回本社客服中心调换或电话021-62865537联系）

"长三角教育现代化监测评估研究丛书"编委会

主编

梅 兵 桑 标

副主编

张 珏 李伟涛 张文明

编委(按照姓氏笔画排序)

丁沁南 马晓娜 王中奎 王湖滨 公彦霏 甘媛源
刘 晶 李宜江 杨 騉 杨文杰 汪开寿 陈越洋
季诚钧 周 明 周 玲 周林芝 夏 彧 潘 奇

序一

梅兵
华东师范大学党委书记
教育经济宏观政策研究院院长
长三角教育现代化监测评估中心主任

长三角教育现代化是推进中国式教育现代化的开路先锋

习近平总书记在党的二十大报告中指出，从现在起，中国共产党的中心任务就是团结带领全国各族人民全面建成社会主义现代化强国、实现第二个百年奋斗目标，以中国式现代化全面推进中华民族伟大复兴。国家教育现代化既是国家现代化的重要组成部分，又是重要驱动力。国家教育现代化发展具有阶段性特点。一般而言，在不同的现代化发展阶段中，国家教育现代化目标超前国家现代化目标15年左右。2010年，党中央、国务院发布《国家中长期教育改革和发展规划纲要（2010—2020年）》，提出到2020年基本实现教育现代化；2019年，党中央、国务院发布《中国教育现代化2035》，提出到2035年总体实现教育现代化。党的二十大再次明确全面建成社会主义现代化强国"两步走"的战略安排：从二〇二〇年到二〇三五年基本实现社会主义现代化；从二〇三五年到本世纪中叶把中国建成富强民主文明和谐美丽的社会主义现代化强国。

中国式现代化是中国共产党领导的社会主义现代化，既有各国现代化的共同特征，更有基于自身国情的中国特色。"中国式"的意义在于强调走中国特色社会主义现代化道路，而不是亦步亦趋，跟在发达国家的后面走他们的老路。中国式现代化是以人民为中心的，是党和国家各项事业高质量发展的社会主义全面现代化，必然包括中国式教育现代化。中国式教育现代化是解决中国教育改革发展问题的本土化、特色化选择和方案，是中国式现代化的关键组成部分，对全面实现社会主义现代化具有基础性、先导性、决定性的地位和作用。中国式教育现代化为实现中国式现代化提供了坚实基础。

长三角是我国经济发展最活跃、开放程度最高、创新能力最强的区域之一，在国家现代化建设大局和全方位开放格局中具有举足轻重的战略地位。长三角是我国重要的科技创新策源地、人才集聚高地和教育现代化发展先行区，它对整个国家教育现代化发展起到了强有力的支撑作用，具有加快推进中国式教育现代化的担当意识，为全国教育现代化发展提供样本和动力，对其他区域教育现代化具有示范引领和带动作用。长三角教育现代化应担负起率先在若干领域深化协作、重点发力的重任，充分发挥长三角教育现代化的重要引领功能和作用，着力落实国家重大战略任务，勇当推进中国式教育现代化的开路先锋。

长三角教育现代化是推进教育、科技、人才三位一体发展的试验田

党的二十大报告首次把教育、科技、人才进行"三位一体"统筹安排、一体部署，并且单独列章阐述，强调"教育、科技、人才是全面建设社会主义现代化国家的基础性、战略性支撑"。必须坚持科技是第一生产力、人才是第一资源、创新是第一动力，深入实施科教兴国战略、人才强国战略、创新驱动发展战略，开辟发展的新领域新赛道，不断塑造发展的新动能新优势。这充分体现了在新时代新征程中，教育的基础性、先导性、全局性地位和作用，也预示着新时代新征程中正确认识并处理好三者关系，共同服务中国式现代化的内在要求。在教育、科技、人才三者的互动发展体系中，教育是基础，科技是动力，人才是主体，科技强国、人才强国系于教育强国。三者以有机联系的整体，共同支撑科教兴国战略、人才强国战略、创新驱动发展战略的实施，共同支撑社会主义现代化强国的建设。由此，一是要加快建设高质量教育体系，促进教育优质均衡发展，办好人民满意的教育；二是要健全新型举国体制，建成世界主要科学中心和创新高地，加强基础研究和原始创新，推进关键核心技术攻关，实现高水平科技自立自强；三是要加快建设世界重要人才中心，坚持人才是第一资源，在全面提高拔尖创新人才自主培养质量的同时，不断深化改革，扩大人才对外开放，聚天下英才而用之。

长三角人口规模、经济总量、各级教育体量等方面，都在全国占据较大的比重。覆盖沪苏浙皖的长三角常住人口约占全国总人口的六分之一，经济总量约占全国的四分之一。长三角的各级教育体量很大，在校博士、硕士研究生合计近70万人，占全国研究生在校规模的比例超过五分之一；本专科在校生超过500万人，超过全国的15%；高中阶段及以下各级教育合计超过3 300万人，占全国的比例超过十分之一。根据第七次全国人口普查数据，长三角区域每10万人中具有大学文化程度的人口已经超过1.8万。尤其在新发展格局中，长三角具有人才富集、科技水平高、制造业发达、产业链供应链相对完备和市场潜力大等诸多优势。新时代我国教育进入新的发展阶段，教育面貌正在发生格局性变化。党中央、国务院印发《中国教育现代化2035》，提出"到2035年，总体实现教育现代化，迈入教育强国行列"的总体目标，并把长三角列为重要的区域教育创新试验点之一。推动长三角整体率先实现教育现代化，打造教育、科技、人才三位一体统筹高质量发展的试验田，探索形成富有效率、更加开放、联动发展的三位一体发展机制，以为全国其他区域提供经验和示范，服务国家发展大局。

率先实现长三角教育现代化是讲好中国故事、展现中国教育智慧的生动载体

长三角一体化发展是习近平总书记亲自谋划、亲自部署、亲自推动的重大战略，是着眼于实现"两个一百年"奋斗目标、推进新时代改革开放形成新格局的重大决策。长三角一体化发展战略概括为"一极三区一高地"："一极"是指通过一体化的发展，使长三角成为全国经济发展强劲活跃的增长极；"三区"是指成为全国经济高质量发展样板区，率先基本实现现代化引领区，区域一体化发展示范区；"一高地"是指成为新时代改革开放的新高地。长三角区位优势明显，国际联系紧密，协同开放水平较高。尤其是在加快形成以国内大循环为主体、国内国际双循环相互促进的新发展格局中，长三角区域也一直是改革开放的前沿阵地。

长三角教育资源丰富，拥有上海张江、安徽合肥 2 个综合性国家科学中心，全国约 1/4 的"双一流"高校、全国重点实验室、国家工程研究中心等汇聚于此。与此同时，长三角近年来在建设高质量教育体系等方面持续发力，以高品质的教育资源为长三角教育现代化注入新动力。长三角率先实现区域教育现代化是党中央、国务院对长三角一体化发展提出的重要目标任务，是长三角在国家经济社会和教育现代化发展大局中重要地位与引领作用的具体体现，是长三角实现一体化高质量发展、促进全体人民共同富裕的坚强支撑。

党的二十大报告提出，"加快构建中国话语和中国叙事体系，讲好中国故事、传播好中国声音，展现可信、可爱、可敬的中国形象"。推动长三角率先实现教育现代化是讲好中国故事、展现中国教育智慧的生动载体。教育部围绕落实党和国家重大战略部署，领导实施长三角教育现代化监测评估，是加快推进区域教育现代化、建设高质量教育体系、探索大国教育治理现代化新途径以及落实建设教育强国战略目标的重大行动和创新之举。同时，在改革探索最活跃、发展动力最澎湃的长三角进行教育现代化监测评估，有利于总结凝练中国区域教育治理现代化特色；有利于加强教育监测评估方面的国际交流合作，在世界舞台上介绍中国教育面貌发生的格局性变化，讲好中国式教育现代化故事；有利于向全球教育治理发出中国声音，分享中国教育发展的成功经验。

开展长三角教育现代化监测评估是教育治理现代化的生动体现

2018 年 11 月，习近平总书记在首届中国国际进口博览会开幕式上指出，支持长江三角洲区域一体化发展并上升为国家战略。2019 年 12 月，党中央、国务院印发《长江三角洲区域一体化发展规划纲要》，明确提出长三角"率先实现区域教育现代化"的目标，并指出其

实现路径就是"研究发布统一的教育现代化指标体系，协同开展监测评估，引导各级各类学校高质量发展"。

协同开展长三角教育现代化监测评估是《长江三角洲区域一体化发展规划纲要》明确提出的重点工作，旨在通过建立科学可行的指标体系和开展区域协同监测评估，引导和促进长三角加快实现教育现代化。这是我国推进区域教育现代化监测评估的首次尝试，也是新时期新阶段引导和激励区域教育高质量发展的重要路径选择，对促进长三角教育一体化，引领带动全国教育高质量发展，进一步丰富和完善大国教育治理现代化理论与实践，以及积极贡献中国方案、中国智慧，具有重要的现实意义和深远的历史意义。

针对新时代我国区域和整体教育发展的新需求、新变化、新特点，从系统化、多样化、动态化、法治化等多个维度，基于为加快推进区域教育现代化提供制度性支持与保障的重大需要，2019年以来，按照国家推动长三角一体化发展领导小组办公室的部署，教育部牵头，会同国家发展改革委、上海市、江苏省、浙江省、安徽省按职责分工负责，依托一市三省教育研究机构，联合研发了长三角教育现代化指标及2025年对应的监测评估目标值。基于此，2021年4月，教育部正式发布《长三角教育现代化指标体系（试行）》（教发函〔2021〕57号）。2021年8月，长三角教育现代化监测评估工作正式启动。在长三角教育现代化监测评估领导小组办公室的协调推动下，沪苏浙皖一市三省教育行政部门协同联动，依托教育经济宏观政策研究院"长三角教育现代化监测评估中心"，系统开展长三角教育现代化监测评估工作，科学分析长三角教育现代化发展水平、政策设计和制度创新成效以及改革发展经验。这是一项重要而艰苦的工作，且基本没有先例可循，一定还存在若干不足，希望借助研究报告的出版征得各界诸君的指点帮助，以促进实现把监测评估制度建设作为提升教育治理现代化重要抓手的目的，不断总结经验教训，完善区域教育现代化监测评价技术手段和监测评价制度，为推进大国教育治理现代化作出新的贡献。

序二

桑标
上海市教育科学研究院院长
教育经济宏观政策研究院常务副院长
长三角教育现代化监测评估中心主任

长三角教育现代化监测评估以服务科学决策、精准施策为宗旨

党的二十大报告强调"教育、科技、人才是全面建设社会主义现代化国家的基础性、战略性支撑"。中国式现代化赋予中国式教育现代化以新的历史使命与发展路径。实现中国式教育现代化要着力构建高质量教育体系，开展教育现代化监测评估工作是推进教育高质量发展的重要途径和抓手。在前期监测评估工作的基础上，"长三角教育现代化监测评估中心"以二十大精神为指引，聚焦一体化和高质量发展，深入推进长三角教育现代化监测评估工作，协同沪苏浙皖一市三省教育行政部门、高校和科研机构等，优化监测评估方法和机制，深化监测评估相关专题研究，对长三角教育现代化目标达成程度进行监测评估，综合分析长三角教育现代化进程、成效与影响因素，为科学判断和把握区域教育现代化发展提供可靠支撑。同时，对长三角一体化教育联动发展状况进行监测评估，为推进长三角一体化教育联动发展建言献策。对一市三省教育现代化特色发展进行监测评估，分析判断各地教育现代化发展水平与进展、目标实现程度以及与经济社会发展的适应程度，挖掘特色与典型案例，总结教育现代化发展进程中的优势与经验，诊断不足与短板等问题，为科学决策、精准施策提供参考。

长三角教育现代化监测评估具有深厚的研究基础

2019年以来，按照国家推动长三角一体化发展领导小组办公室的部署，教育部牵头，会同国家发展改革委，上海市、江苏省、浙江省、安徽省按职责分工负责，依托一市三省教育研究机构，联合研发了长三角教育现代化指标及2025年对应的监测评估目标值。基于此，2021年4月，教育部正式发布《长三角教育现代化指标体系（试行）》（教发函〔2021〕57

号）。2021年6月，教育部发展规划司委托上海市教育科学研究院与华东师范大学联合承建的教育经济宏观政策研究院发函，牵头组织实施长三角教育现代化监测评估。2021年8月，长三角教育现代化监测评估领导小组办公室组织召开监测评估工作启动会，正式启动长三角教育现代化监测评估相关工作。

上海市教育科学研究院（简称"上海市教科院"）隶属于上海市教育委员会，是从事教育科学、人力资源开发和社会发展的专业研究和决策咨询机构。上海市教科院秉持"服务教育决策，关注教育民生，引领教育发展"的宗旨，加强一流学科、一流平台、一流团队建设，立足上海，服务全国，面向世界，努力建设成为全国领先、国际一流的教育科研机构和智库。上海市教科院在教育现代化和长三角教育一体化研究领域，有重点团队，有稳定队伍，有研究网络。从2008年第一次长三角教育协作会议召开，到2018年升级为长三角教育一体化发展会议以及专门成立长三角教育一体化研究院，全程参与长三角区域教育发展系列重要研究，组织撰写了一系列发展报告。上海市教科院各研究所都在各级各类教育领域参与和推动长三角教育协同发展，探索研究数据驱动的长三角教育现代化监测信息系统建设，建立了多种方式的合作机制、联盟，这些都为上海市教科院参与、做好长三角教育现代化监测评估工作提供了坚实基础。

长三角教育现代化监测评估具有广阔的研究空间

受教育部委托，教育经济宏观政策研究院设立了"长三角教育现代化监测评估中心"。该中心协同上海市教育科学研究院、华东师范大学、江苏省教育评估院、浙江省教育现代化研究与评价中心、安徽省教育评估中心、华东理工大学、安徽师范大学等单位，开发了以"监测目标达成度、教育现代化指数、监测点多维分析、专题深化研究、改革创新典型案例"为支柱的区域教育现代化之立体、综合的监测评估工具体系。

在教育部和一市三省教育行政部门的指导、支持和全面参与下，"长三角教育现代化监测评估中心"汇集和应用全国教育事业发展、教育经费、教育科技服务等方面的国家统计数据；实施样本量超100万、面向6类人群的大型抽样调查；采集获取各地教育现代化优势、特色发展指标的第一手数据信息；获取部分国际国内权威性第三方机构的相关数据信息。涵盖国家、区域、各级各类学校的不同维度及类别的数据信息，为多维、立体、科学地实施区域教育现代化监测评估奠定了坚实可靠的基础。同时，长三角教育现代化监测评估构建了描述教育现代化指标的监测目标达成度模型和描述各省（自治区、直辖市）及区域教育现代化发展相对位置和变化的指数模型，构建了对监测点进行全面分析画像的多维分析框架。对长三角教育现代化发展作出的诊断、分析和研判，可为长三角进一步发挥优势、做强特色、破解问题、补齐短板、推进高质量发展和推动长三角一体化教育协同发展提供依据和参考。

长三角教育现代化监测评估是开放的研究大平台

在长三角教育现代化监测评估领导小组办公室的协调推动下，由一市三省教育行政部门以及各地教育研究机构和高校共同参与，形成了具有中国特色和区域特点的长三角教育现代化监测评估领导、协调、实施和保障工作机制。通过一体化部署、部省（市）合作、跨地区协同、联合研究以及研发机构深度融合，实质性地推进了教育领域的长三角一体化进程。以长三角教育现代化监测评估为契机，在教育部、上海市政府的共建框架下，上海市教科院与华东师范大学紧密合作，发挥好"教育经济政策宏观研究院"平台优势的同时，以长三角教育现代化监测评估系统建设为抓手，加强基础能力建设，切实按照"协同开展监测评估，引导各级各类学校高质量发展"的要求，推动"有组织的科研"，充分利用现代信息技术，在提升大数据搜集和积累、挖掘分析能力、构建包括长三角区域内外专家学者的专家库、探索体制机制创新等方面开展协同攻关。监测评估以长三角为主，兼顾一市三省发展特色，通过协同监测、同步分析、综合判断和评价，统一设计监测评估系列成果展现方式，联合研发和提交长三角、一市三省监测评估系列报告，服务政府科学决策，支撑教育行政部门精准施策，回应社会热切关注，加强对内对外合作交流，提升区域教育现代化影响力水平。

目录

满意度调查

1 基于长三角教育现代化监测评价的教育满意度调查研究报告   3

优质均衡

2 长三角地区义务教育优质均衡发展现状与问题——基于优质均衡发展评估办法的 7 项资源配置指标   31

3 长三角基础教育公共服务水平的实证研究   54

三位一体

4 长三角战略性新兴产业与高校人才培养学科专业结构耦合度分析   71

5 长三角 2015—2021 年普通高校本科专业设置优化基本情况及特点   119

6 长三角地区产教融合典型案例研究报告   145

7 长三角高校科技创新服务社会发展能力研究   173

8 长三角城市高水平人才吸引力研究报告   191

学习型城市

9 长三角教育现代化监测视域下国际学习型城市监测指标体系的比较与启示   219

满意度调查

1 基于长三角教育现代化监测评价的教育满意度调查研究报告

季诚钧　江　洁　朱亦翾　周林芝　莫晓兰
杭州师范大学浙江省教育现代化研究与评价中心

  长三角一体化发展是习近平总书记亲自谋划、亲自部署、亲自推动的重大战略，是着眼于实现"两个一百年"奋斗目标、推进形成全面开放新格局的重大决策。协同开展长三角教育现代化监测评估工作，对正处于一体化发展和加快推进教育现代化两大国家战略交汇点上的长三角而言，显得尤为必要。通过建立科学可行的指标体系和开展区域协同监测评估，引导和促进长三角加快实现教育现代化，是新时期、新阶段引导和激励区域教育高质量发展的重要路径选择，对于实质性推进长三角教育一体化发展，引领带动全国教育高质量发展，进一步丰富和完善大国教育治理现代化理论与实践以及积极贡献中国方案、中国智慧，均具有重要的现实意义。在教育部和一市三省（上海市、江苏省、浙江省、安徽省）教育行政部门的指导和支持下，长三角教育现代化监测评估中心协同上海市教育科学研究院、华东师范大学、江苏省教育评估院、浙江省教育现代化研究与评价中心、安徽省教育评估中心、华东理工大学、上海外国语大学、安徽师范大学等单位，实施了样本量超100万、面向6类人群的大型抽样调查，为多维、立体、科学地实施区域教育现代化监测评估提供了坚实可靠的数据支撑。

  2021年10—11月间，长三角教育现代化监测评估中心针对《长三角教育现代化指标体系（试行）》中的21个抽样调查监测点进行抽样调查，采用网络调查的方式在长三角一市三省范围内的10个省区市、44个区县展开。针对学生、教师和家长群体采取分阶段的概率抽样方法；针对行业企业群体采取非概率抽样方法，即简单配额的方便抽样方法。由一市三省教育部门按照分级分类的基本原则组织实施，建立省级—市级—区县级调查协调体系。各群体抽样综合考虑了经济发展水平、地理位置、学校类型等多方面因素，以保证抽样的科学性和代表性。调查问卷共6套，包括中小学学生问卷、中小幼教师问卷、中小学家长问卷、高校学生问卷、高校教师问卷和行业企业问卷。经合理填答时间判断和问卷内逻辑一致性判定，对问卷进行筛选（表1-1）。本研究报告提取了问卷中各群体满意度相关变量数据，对一市三省教育满意度进行比较分析，并提出相关建议。

  需要说明的是，构成长三角教育满意度调查的问卷题目是从21个调查监测点问卷的各类题目中选取的，根据教育热点、难点等，选取可用题目，构成了高校群体对学校信息化程度、学生权益保障、学校后勤服务、师德师风、学校管理、教育行政主管部门等维度的满意

表 1-1　长三角调查变量数与样本量汇总表

问卷	变量数	长三角	上海市		江苏省		浙江省		安徽省	
		样本量	样本量	不合格样本	样本量	不合格样本	样本量	不合格样本	样本量	不合格样本
中小学学生问卷	54	299 491	25 328	66	88 578	164	68 145	50	117 440	117
中小幼教师问卷	66	97 984	9 795	0	29 792	0	25 463	0	32 934	0
中小学家长问卷	54	310 378	25 395	199	95 467	1 747	75 463	1 876	114 053	2 543
高校学生问卷	45	125 065	13 207	77	41 437	307	27 374	125	43 047	166
高校教师问卷	40	8 976	1 272	2	3 041	3	2 050	4	2 613	6
行业企业问卷	50	4 075	1 187	8	1 206	27	814	16	868	0

度；基础教育群体对学校信息化程度、教师待遇、教育资源投入、教育治理、教师素质、学校管理、学生减负、政府教育治理等维度的满意度，以及行业企业对高校贡献度和高校毕业生知识水平、实践能力、创新能力等方面的评价。主要依据抽取的题目进行分析、总结，形成满意度调查研究报告。由于满意度调查问卷不是专门独立设计的，也没有作信效度分析，存在调查内容不够全面的问题，可能无法全面反映满意度状况。

问卷计分办法根据两类选项设置：一是答题方式为 5 点李克特量表（Likert Scale），1 分代表非常不满意，5 分代表非常满意，满分为 5 分；二是答题方式为是与否，用满意率和问题率呈现。

一、一市三省教育满意度比较分析

（一）一市三省高校学生满意度比较分析

调查发现，江苏省、浙江省高校学生对学校信息化程度、学生权益保障、学校管理和学校后勤服务的满意度高于上海市和安徽省，并且高于长三角平均水平。高校学生对学校信息化程度的满意度浙江省最高，安徽省最低；高校学生对学生权益保障的满意度江苏省最高，上海市最低；高校学生对学校管理的满意度江苏省最高，安徽省最低；高校学生对学校后勤服务的满意度江苏省最高，安徽省最低。各维度间相比，长三角高校学生对学校后勤服务的满意度较低（表 1-2、图 1-1）。

表1-2　一市三省高校学生满意度各维度得分表

	上海市	江苏省	浙江省	安徽省	长三角
对学校信息化程度的满意度	4.39	4.43	4.44	4.35	4.40
对学生权益保障的满意度	4.23	4.35	4.34	4.25	4.30
对学校管理的满意度	4.28	4.38	4.37	4.28	4.33
对学校后勤服务的满意度	4.14	4.28	4.25	4.09	4.19

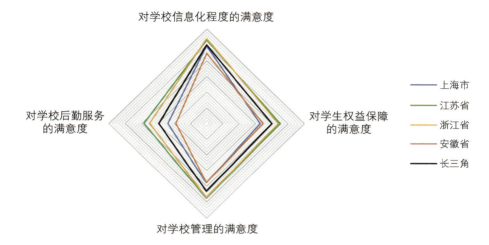

图1-1　一市三省高校学生满意度各维度得分雷达图

在反映学校师德师风问题方面，安徽省和上海市的高校学生反映的师德师风问题率高于江苏省和浙江省，其中安徽省最高，浙江省最低（表1-3）。

表1-3　一市三省高校学生对师德师风的满意率和问题率

	上海市	江苏省	浙江省	安徽省	长三角
满意率	99.27%	99.36%	99.48%	99.25%	99.34%
问题率	0.73%	0.64%	0.52%	0.75%	0.66%

（二）一市三省高校教师满意度比较分析

调查发现，上海市、江苏省高校教师对学校信息化程度的满意度要高于安徽省和浙江省，并且江苏省最高，安徽省最低；安徽省、江苏省高校教师对学校管理的满意度要高于上海市和浙江省，并且江苏省最高，上海市最低；江苏省、上海市高校教师对教育行政主管部门的满意度要高于安徽省和浙江省，并且江苏省最高，浙江省最低。各维度间相比，长三角高校教师对学校管理的满意度较低（表1-4）。

表 1-4　一市三省高校教师满意度各维度得分表

	上海市	江苏省	浙江省	安徽省	长三角
对学校信息化程度的满意度	4.23	4.25	4.18	4.04	4.17
对学校管理的满意度	3.81	3.88	3.81	3.83	3.84
对教育行政主管部门的满意度	4.07	4.11	3.97	4.02	4.05

（三）一市三省基础教育家长满意度比较分析

调查发现，上海市、江苏省基础教育家长对教师素质的满意度要高于安徽省和浙江省，并且江苏省最高，浙江省最低；上海市和江苏省基础教育家长对学校管理的满意度要高于安徽省和浙江省，并且江苏省最高，安徽省最低；江苏省和浙江省基础教育家长对学生减负的满意度要高于上海市和安徽省，并且浙江省最高，上海市最低；上海市和江苏省基础教育家长对政府教育治理的满意度要高于安徽省和浙江省，并且江苏省最高，安徽省最低。各维度间相比，长三角基础教育家长对学生减负的满意度较低（表 1-5、图 1-2）。

表 1-5　一市三省基础教育家长满意度各维度得分表

	上海市	江苏省	浙江省	安徽省	长三角
对教师素质的满意度	4.67	4.69	4.66	4.67	4.67
对学校管理的满意度	4.48	4.55	4.48	4.47	4.50
对学生减负的满意度	4.34	4.42	4.43	4.40	4.41
对政府教育治理的满意度	4.51	4.54	4.49	4.46	4.50

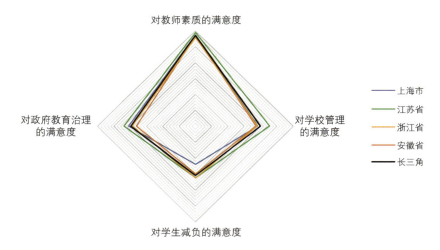

图 1-2　一市三省基础教育家长满意度各维度得分雷达图

在反映学校师德师风问题方面，浙江省和安徽省的基础教育家长反映的师德师风问题率高于江苏省和上海市，其中浙江省最高，上海市最低（表1-6）。

表1-6 一市三省基础教育家长对师德师风的满意率和问题率

	上海市	江苏省	浙江省	安徽省	长三角
满意率	95.70%	93.75%	92.46%	93.27%	93.42%
问题率	4.30%	6.25%	7.54%	6.73%	6.58%

（四）一市三省基础教育教师满意度比较分析

调查发现，江苏省和浙江省基础教育教师对学校信息化程度、教师待遇、教育资源投入、学校领导和政府教育治理的满意度均高于上海市和安徽省，并且高于长三角平均水平。基础教育教师对学校信息化程度的满意度江苏省最高，安徽省最低；基础教育教师对教师待遇的满意度江苏省最高，上海市最低；基础教育教师对教育资源投入的满意度江苏省最高，上海市最低；基础教育教师对学校领导的满意度江苏最高，安徽省最低；基础教育教师对政府教育治理的满意度江苏省最高，安徽省最低。各维度之间相比，基础教育教师对教师待遇的满意度最低（表1-7、图1-3）。

表1-7 一市三省基础教育教师满意度各维度得分表

	上海市	江苏省	浙江省	安徽省	长三角
对学校信息化程度的满意度	4.40	4.55	4.51	4.39	4.47
对教师待遇的满意度	3.92	4.28	4.23	4.15	4.19
对教育资源投入的满意度	4.24	4.39	4.38	4.25	4.33
对学校领导的满意度	4.47	4.57	4.56	4.46	4.52
对政府教育治理的满意度	4.36	4.46	4.42	4.29	4.38

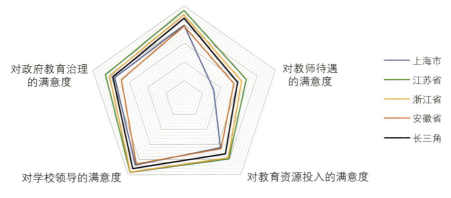

图1-3 一市三省基础教育教师满意度各维度得分雷达图

在反映政府教育治理问题方面，安徽省和江苏省的基础教育教师反映的问题率高于上海市和浙江省，其中安徽省最高，上海市最低（表1-8）。

表1-8　一市三省基础教育教师对政府教育治理的满意率和问题率

	上海市	江苏省	浙江省	安徽省	长三角
满意率	88.19%	86.04%	87.84%	86.02%	86.72%
问题率	11.81%	13.96%	12.16%	13.98%	13.28%

（五）一市三省基础教育学生满意度比较分析

调查发现，安徽省和江苏省基础教育学生对学校教育的满意度要高于上海市和浙江省，其中安徽省最高，上海市最低；上海市和江苏省基础教育学生对教师素质的满意度要高于安徽省和浙江省，其中上海市最高，浙江省最低（表1-9）。

表1-9　一市三省基础教育学生满意度各维度得分表

	上海市	江苏省	浙江省	安徽省	长三角
对学校教育的满意度	4.39	4.52	4.42	4.52	4.49
对教师素质的满意度	4.73	4.69	4.61	4.65	4.66

（六）一市三省行业企业满意度比较分析

调查发现，在"对高校在前沿科技、核心科技、关键技术等方面的贡献度""教育为本地国际人才和企业发展提供综合服务的水平""高校毕业生的创新能力""高校毕业生的职业素养"评价方面，浙江省评分最高，其次是上海市；在"高校毕业生的知识水平""我们行业（企业）能够从高校毕业生中招聘到符合专业需要的各类人才"评价方面，上海市和浙江省齐平且高于安徽省和江苏省；在"高校毕业生的实践能力""高校毕业生的学习和持续发展能力"评价方面，上海市评分最高，其次是浙江省。总体而言，浙江省和上海市行业企业对教育的评价要高于江苏省和安徽省（表1-10）。

表1-10　一市三省行业企业各维度满意度得分表

	上海市	江苏省	浙江省	安徽省	长三角
对高校在前沿科技、核心科技、关键技术等方面的贡献度	3.93	3.87	3.95	3.89	3.91
教育为本地国际人才和企业发展提供综合服务的水平	4.08	3.99	4.10	3.96	4.03
高校毕业生的知识水平	4.18	4.10	4.18	4.17	4.16

续　表

	上海市	江苏省	浙江省	安徽省	长三角
高校毕业生的实践能力	4.09	3.98	4.07	4.07	4.05
高校毕业生的创新能力	4.09	4.01	4.12	4.06	4.07
高校毕业生的职业素养	4.17	4.08	4.20	4.12	4.14
高校毕业生的学习和持续发展能力	4.23	4.12	4.21	4.16	4.18
我们行业（企业）能够从高校毕业生中招聘到符合专业需要的各类人才	4.23	4.14	4.23	4.15	4.19

二、长三角教育满意度调查总体分析

（一）长三角高等教育群体教育满意度分析

1. 高校学生教育满意度分析

（1）高校学生对学校信息化程度的满意度

对高校不同年级学生的满意度进行分析，发现在本科生和硕士研究生中，学生对学校信息化程度的满意度随着年级升高而降低。但是在博士研究生中，博二研究生对学校信息化程度的满意度最低（图1-4）。分别按照高校不同办学性质和不同隶属单位进行分析，发现公办高校学生对学校信息化程度的满意度最高，其次是民办高校学生，中外合作办学高校学生的满意度最低；中央部委直属高校学生的满意度高于地方高校学生（图1-5）。

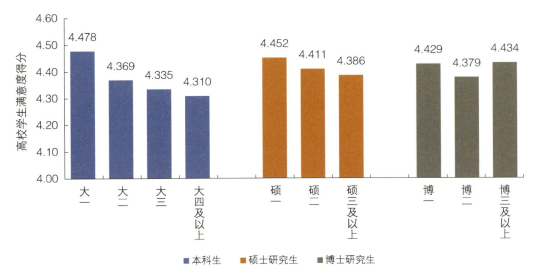

图1-4　高校不同年级学生对学校信息化程度的满意度得分

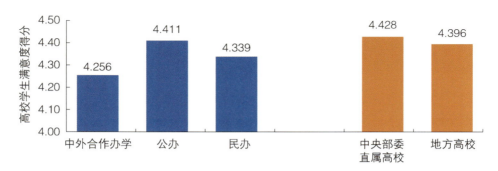

图 1-5 不同办学性质和不同隶属单位高校学生对学校信息化程度的满意度得分

（2）高校学生对学校管理的满意度

对高校不同年级学生的满意度进行分析，发现在本科生和硕士研究生中，学生对学校管理的满意度随着年级升高而降低。但是在博士研究生中，博二研究生对学校管理的满意度最低（图1-6）。分别按照高校不同办学性质和不同隶属单位进行分析，发现公办高校学生对学校管理的满意度最高，其次是民办高校学生，中外合作办学高校学生的满意度最低；地方高校学生的满意度高于中央部委直属高校学生（图1-7）。

图 1-6 高校不同年级学生对学校管理的满意度

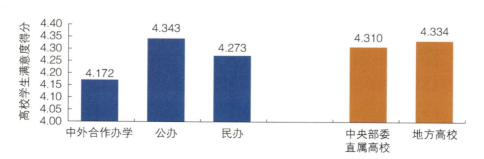

图 1-7 不同办学性质和不同隶属单位高校学生对学校管理的满意度得分

（3）高校学生对学生权益保障和学校后勤服务的满意度

对高校不同年级学生对学生权益保障和学校后勤服务的满意度进行分类分析，发现在本科生和硕士研究生中，学生对学生权益保障和学校后勤服务的满意度均随着年级升高而降低。但是在博士研究生中，博二研究生对学生权益保障和学校后勤服务的满意度均最低（图1-8、图1-10）。分别按照高校不同办学性质和不同隶属单位进行分析，发现公办高校学生对学生权益保障和学校后勤服务的满意度均最高，中外合作办学高校学生的满意度均最低；地方高校学生对学生权益保障和学校后勤服务的满意度均高于中央部委直属高校（图1-9、图1-11）。

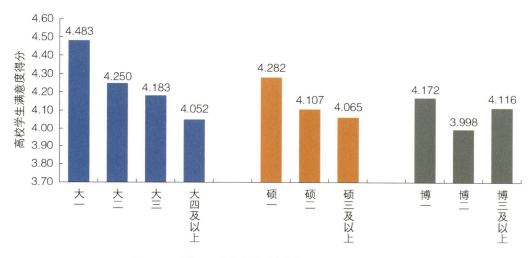

图1-8 高校不同年级学生对学生权益保障的满意度得分

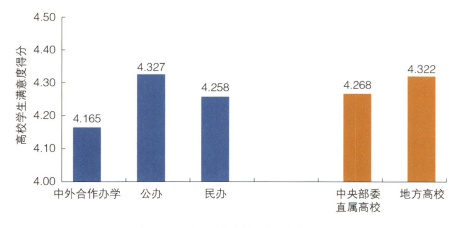

图1-9 不同办学性质和不同隶属单位高校学生对学生权益保障的满意度得分

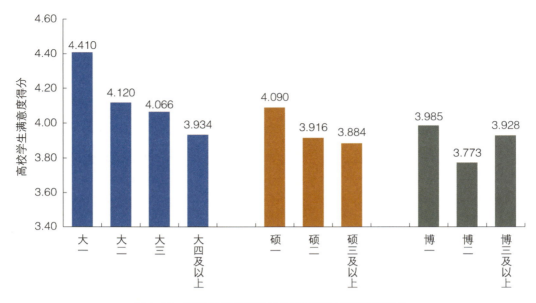

图 1-10 高校不同年级学生对学校后勤服务的满意度得分

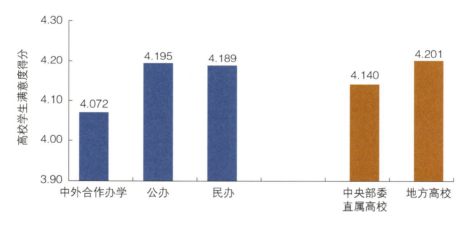

图 1-11 不同办学性质和不同隶属单位高校学生对学校后勤服务的满意度得分

（4）高校学生对师德师风问题的反映情况

对高校不同年级学生对学校师德师风问题的反映情况进行分类分析，发现本科生、硕士研究生和博士研究生随着年级升高，对师德师风问题的反映率逐渐升高，并且博二、博三及以上研究生的问题反映率明显高于其他年级群体（图1-12）。分别按照高校不同办学性质和不同隶属单位进行分析，发现中外合作办学高校学生对师德师风问题的反映率要明显高于公办、民办学校学生；中央部委直属高校和地方高校学生对师德师风问题的反映率相差不大（图1-13）。

图 1-12　高校不同年级学生对师德师风问题的反映率

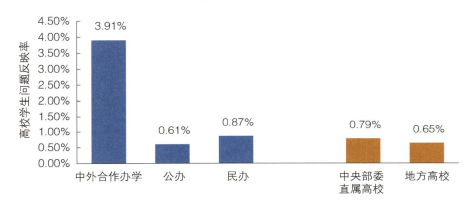

图 1-13　不同办学性质和不同隶属单位高校学生对师德师风问题的反映率

2. 高校教师教育满意度分析

（1）高校教师对学校信息化程度的满意度

分别按照高校不同办学性质和不同隶属单位进行分析，发现公办高校教师对学校信息化程度的满意度最高，其次是中外合作办学高校教师，民办高校教师的满意度最低；中央部委直属高校教师满意度高于地方高校教师（图1-14）。

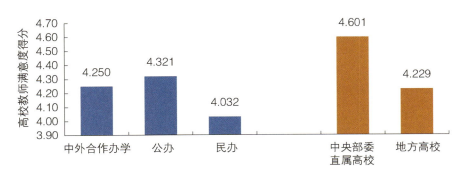

图 1-14　不同办学性质和不同隶属单位高校教师对学校信息化程度的满意度得分

（2）高校教师对学校管理的满意度

对高校不同职务职称教师满意度进行分析，发现专任教师对学校管理的满意度最低，其次是辅导员和其他教师，校级领导对学校管理的满意度最高；副高级教师对学校管理的满意度最低，其次是中级和正高级教师，未定级教师的满意度最高（图1-15）。对高校不同办学性质和不同隶属单位教师满意度进行分析，发现中外合作办学高校教师对学校管理的满意度最高，其次是民办高校，最后是公办高校；中央部委直属高校教师对学校管理的满意度要高于地方高校（图1-16）。

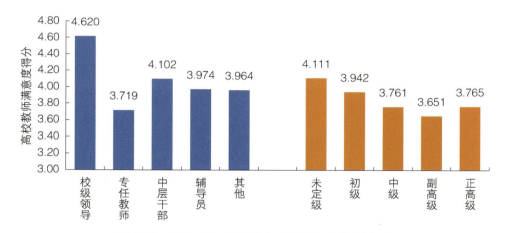

图1-15　高校不同职务职称教师对学校管理的满意度得分

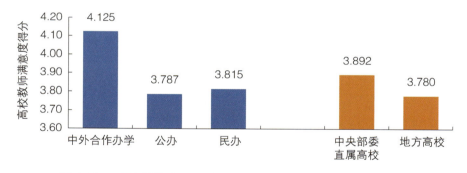

图1-16　不同办学性质和不同隶属单位高校教师对学校管理的满意度得分

（3）高校教师对教育行政主管部门的满意度

对专本、不同隶属单位和不同办学性质高校教师进行分类分析，发现高职高专教师对教育行政主管部门的满意度要高于本科院校教师；中央部委直属高校教师对教育行政主管部门的满意度要高于地方高校；中外合作办学高校教师对教育行政主管部门的满意度最高，公办高校教师次之，民办高校最低（图1-17）。

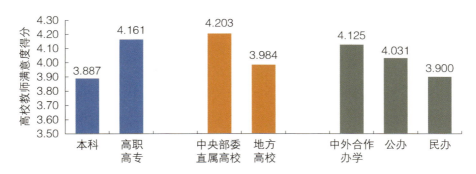

图 1-17 专本、不同隶属单位和不同办学性质高校教师对教育行政主管部门的满意度得分

（二）长三角基础教育群体满意度分析

1. 基础教育家长教育满意度分析

（1）基础教育家长对教师素质的满意度和师德师风问题的反映情况

对基础教育不同学校位置、办学性质、学段家长进行分类分析，发现不同学校位置、办学性质之间家长的满意度差异不大，乡镇学校家长的满意度略低于其他家长。但是在不同学段家长中，中职家长对教师素质的满意度较明显低于其他学段家长（图 1-18）。对基础教育不同职业家长进行分类分析，发现国家机关事业单位领导与工作人员和教师/工程师/医生/律师职业群体家长对教师素质的满意度较高，无业/失业/下岗群体的满意度最低，其余职业群体的满意度差异不大（图 1-19）。

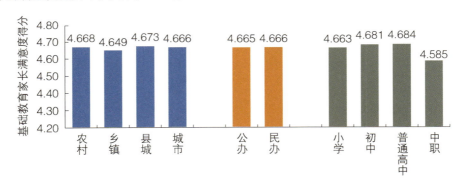

图 1-18 基础教育不同学校位置、办学性质、学段家长对教师素质的满意度得分

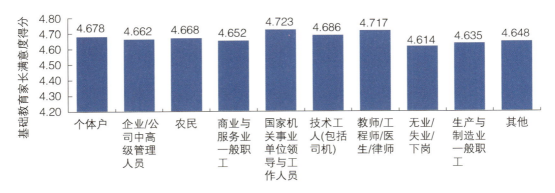

图 1-19 基础教育不同职业家长对教师素质的满意度得分

对基础教育不同学校位置、办学性质、学段家长进行分类分析，发现不同学校位置家长对师德师风问题的反映率从高到低依次为农村学校家长、乡镇学校家长、县城学校家长、城市学校家长；民办学校家长对师德师风问题的反映率高于公办学校家长；初中家长对师德师风问题的反映率最高，其次是中职家长，小学家长最低（图1-20）。对基础教育不同职业家长进行分类分析，发现农民和无业/失业/下岗家长对师德师风问题的反映率较高，教师/工程师/医生/律师和国家机关事业单位领导与工作人员的反映率最低（图1-21）。

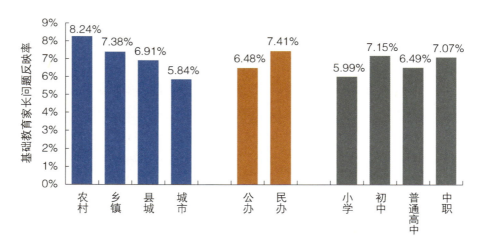

图1-20 基础教育不同学校位置、办学性质、学段家长对师德师风问题的反映率

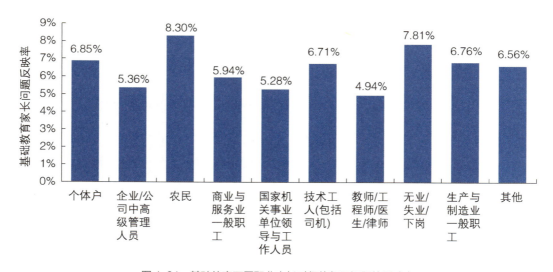

图1-21 基础教育不同职业家长对师德师风问题的反映率

（2）基础教育家长对学校管理的满意度

对基础教育不同职业家长的满意度进行分析，发现国家机关事业单位领导与工作人员、教师/工程师/医生/律师对学校管理的满意度最高，无业/失业/下岗、农民对学校管理的满意度最低（图1-22）。对基础教育不同学校位置、办学性质、学段家长进行分类分析，发现乡镇学校家长对学校管理的满意度最低，农村学校家长对学校管理的满意度最高；基础教育公办和民办学校的家长对学校管理的满意度差异不大；中职家长对学校管理的满意度最低，初中家长对学校管理的满意度最高（图1-23）。

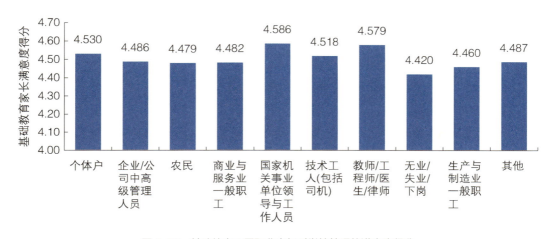

图1-22　基础教育不同职业家长对学校管理的满意度得分

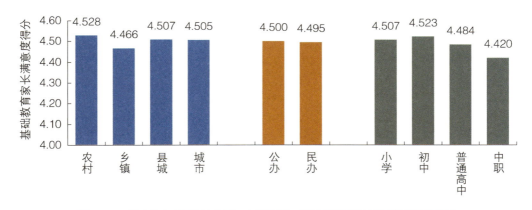

图1-23　基础教育不同学校位置、办学性质、学段家长对学校管理的满意度得分

（3）基础教育家长对学生减负的满意度

对基础教育不同学校位置、办学性质、学段家长对学生减负的满意度进行分类分析，发现城市学校家长对学生减负的满意度最低，其次分别为县城学校家长、乡镇学校家长，农村学校家长的满意度最高；公办学校家长对学生减负的满意度高于民办学校家长；普通高中家长对学生减负的满意度最低（图1-24）。

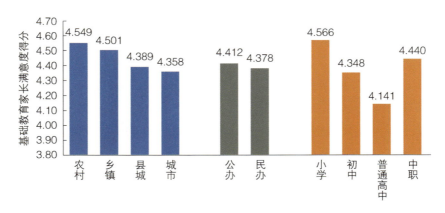

图 1-24 基础教育不同学校位置、办学性质、学段家长对学生减负的满意度得分

（4）基础教育家长对政府教育治理的满意度

对基础教育不同职业家长进行分类分析，发现无业/失业/下岗和企业/公司中高层级管理人员对政府教育治理的满意度最低，个体户的满意度最高（图 1-25）。按照不同学校位置、办学性质、学段家长进行分类分析，发现农村学校家长对政府教育治理的满意度最高，城市学校家长最低；公办学校家长对政府教育治理的满意度高于民办家长；初中家长对政府教育治理的满意度最高，中职家长最低（图 1-26）。

图 1-25 基础教育不同职业家长对政府教育治理的满意度得分

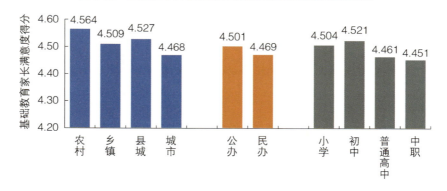

图 1-26 基础教育不同学校位置、办学性质、学段家长对政府教育治理的满意度得分

2. 基础教育教师教育满意度分析

（1）基础教育教师对学校信息化程度的满意度

对不同学段基础教育教师的满意度进行分析，发现教师对学校信息化程度的满意度随着学段升高而降低，幼儿园教师的满意度最高，高中（含中职）教师的满意度最低（图1-27）。对不同学校位置和办学性质的教师满意度进行分析，发现城市学校的教师对信息化程度的满意度要高于其他学校教师，县城学校的教师次之，农村学校教师的满意度最低（图1-28）。

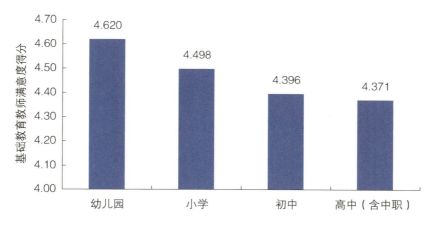

图 1-27　基础教育不同学段教师对学校信息化程度的满意度得分

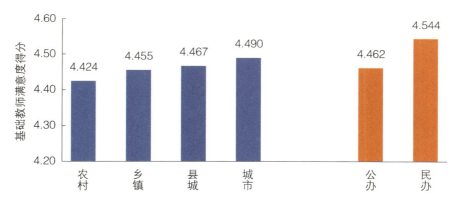

图 1-28　基础教育不同学校位置和办学性质教师对学校信息化程度的满意度得分

（2）基础教育教师对教师待遇的满意度

对基础教育不同学校位置、办学性质、学段教师对教师待遇的满意度进行分类分析，发现县城学校教师对教师待遇的满意度最低，其次是城市学校教师和农村学校教师，乡镇学校教师的满意度最高；公办学校教师对教师待遇的满意度低于民办学校教师的满意度；初中和高中（含中职）教师对教师待遇的满意度明显低于小学和幼儿园教师（图1-29）。

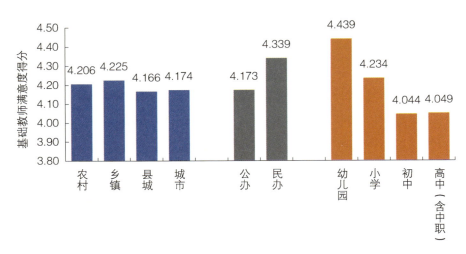

图 1-29　基础教育不同学校位置、办学性质、学段教师对教师待遇的满意度得分

（3）基础教育教师对教育资源投入的满意度

对基础教育不同学校位置、办学性质、学段教师的满意度进行分类分析，发现农村学校教师对教育资源投入的满意度最低，城市学校教师最高；民办学校教师对教育资源投入的满意度高于公办学校教师；基础教育教师对教育资源投入的满意度随着学段升高而降低（图 1-30）。

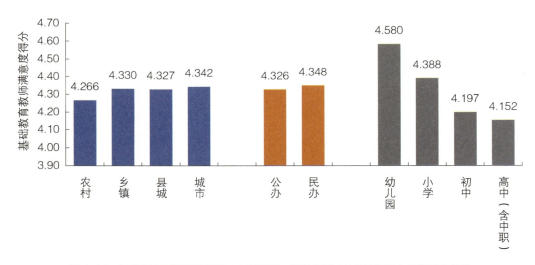

图 1-30　基础教育不同学校位置、办学性质、学段教师对教育资源投入的满意度得分

（4）基础教育教师对政府教育治理的满意度

对基础教育不同学校位置、办学性质、学段教师的满意度进行分类分析，发现城市学校教师对政府教育治理的满意度最高，农村学校教师的满意度最低；民办学校教师对政府教育治理的满意度高于公办学校；幼儿园教师对政府教育治理的满意度最高，初中教师满意度最

低（图1-31）。城市学校教师对政府教育治理问题的反映率最高，乡镇学校教师最低；教师对政府教育治理问题的反映率随着学段升高而升高（图1-32）。

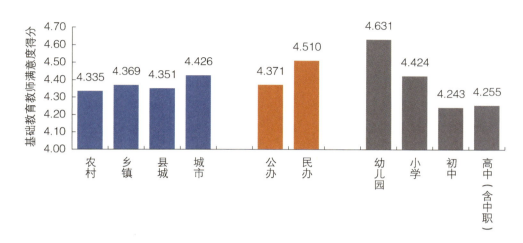

图1-31　基础教育不同学校位置、办学性质、学段教师对政府教育治理的满意度得分

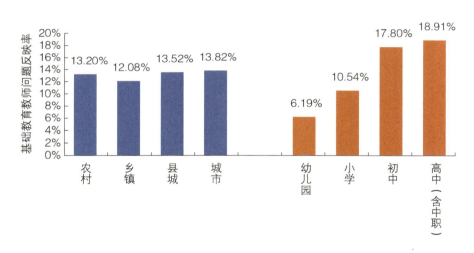

图1-32　基础教育不同学校位置、学段教师对政府教育治理问题的反映率

3. 基础教育学生教育满意度分析

（1）基础教育学生对学校教育的满意度

对基础教育不同学校位置、办学性质、学段学生对学校教育的满意度进行分类分析，发现城市学校学生对学校教育的满意度最低，其次是县城学校学生，乡镇、农村学校学生对学校教育满意度最高；公办学校学生对学校教育的满意度高于民办学校学生；学生对学校教育的满意度随着学段升高而下降（图1-33）。

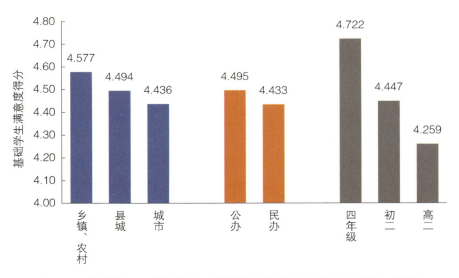

图 1-33　基础教育不同学校位置、办学性质、学段学生对学校教育的满意度得分

（2）基础教育学生对教师素质的满意度

对基础教育不同学校位置、办学性质、学段学生进行分类分析，发现县城学校学生对教师素质的满意度略低于乡镇、农村及城市学校学生；民办学校学生对教师素质的满意度低于公办学校学生的满意度；学生对教师素质的满意度随着学段升高而下降，四年级学生的满意度最高，初二学生次之，高二学生最低（图 1-34）。

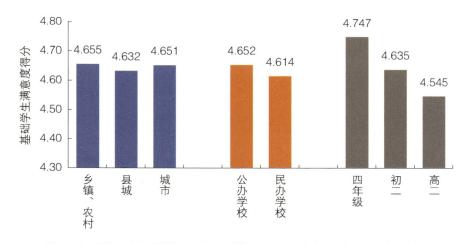

图 1-34　基础教育不同学校位置、办学性质、学段学生对教师素质的满意度得分

三、调查结果

（一）高校学生的教育满意度存在年级差异

高校学生的教育满意度随着年级的升高而降低；高校学生对学校后勤服务的满意度最低。调查结果表明，高校学生中本科生和硕士研究生对学校信息化程度、学校管理、学生权益保障、学校后勤服务的满意度随着年级的升高而降低，但是博士研究生中博二学生的满意度比博一、博三学生要低。对于师德师风问题的反映率各学段（本、硕、博）均随着年级的升高而升高，其中博二（2.27%）、博三（2.52%）学生对师德师风问题的反映率明显高于其他群体，博二学生对"老师在招生、考试、推优、保研、就业等工作中徇私舞弊、弄虚作假"（2.84%）问题的反映率较高，博三学生对"老师违反教学纪、敷衍教学或擅自从事影响教育教学本职工作的兼职兼薪行为"（2.91%）和"老师参加由学生及家长付费的宴请、旅游、娱乐休闲等活动或利用家长资源谋取私利"（2.91%）问题的反映率较高。在学校信息化程度、学校管理、学生权益保障、学校后勤服务四个方面，总体而言，长三角高校学生对学校后勤服务的满意度最低，有5.18%的高校学生表示对"学校食堂、宿舍等后勤管理服务工作"不满意，有16.71%的高校学生表示一般。

（二）高校学生的教育满意度存在学校特征差异

公办高校学生的满意度最高，民办高校学生次之，中外合作办学高校学生的满意度最低；地方高校学生的满意度高于中央部委直属高校。调查结果表明，按照办学性质分类，高校学生在对学校信息化程度、学校管理、学生权益保障、学校后勤服务的满意度均呈现"公办高校学生最高，民办高校学生次之，中外合作办学高校学生最低"的现象，在师德师风问题反映率上则呈现了"公办高校最低，中外合作办学高校最高"的现象。按照高校直属单位分类，除了对学校信息化程度的满意度方面，中央部委直属高校高于地方高校，在学校管理、学生权益保障、学校后勤服务、师德师风方面，地方高校学生的满意度都要高于中央部委直属高校。

（三）高校教师的教育满意度存在学校特征差异

中央部委直属高校教师的满意度高于地方高校教师；高校教师对学校管理的满意度最低。在对学校信息化程度、学校管理和教育行政主管部门的满意度方面，高校教师群体的满意度呈现出一定的学校特征差异，即中央部委直属高校教师的满意度高于地方高校教师。但是按照办学性质分类，高校教师的满意度呈现出不一致的差异结果：在学校信息化程度方面，公办高校教师的满意度最高，民办高校教师的满意度最低；在学校管理方面，中外合作办学高校教师的满意度最高，公办高校教师最低；在教育行政主管部门方面，中外合作办学高校教师的满意度最高，民办高校教师最低。在学校信息化程度、学校管理、教育行政主管部门三个方面,总体而言,长三角高校教师对学校管理的满意度最低,其中特别是在"教职工代表大会在参与学校管理、保障教师合法权益方面影响"方面有11.71%的教师不满意,有28.59%的高校教师表示一般。按照不同职务职称分类,专任教师和副高级职称教师对学校管理的满意度最低。

(四)基础教育教师的教育满意度存在学校特征差异

城市学校教师对学校信息化程度和政府教育治理的满意度最高,农村学校教师对教育资源投入的满意度最低,乡镇和农村教师对教师待遇的满意度较高;相较其他方面,基础教育教师对教师待遇的满意度最低。调查结果表明,在对学校信息化程度的满意度方面,城市学校教师的满意度最高,其次分别为县城、乡镇学校教师,农村学校教师最低。在对教育资源投入的满意度方面,农村学校教师的满意度最低,其他学校教师之间差异不大。在对教师待遇的满意度方面,乡镇和农村学校教师的满意度高于县城和城市学校教师,其中乡镇和农村学校教师之间差异不大,县城和城市学校教师之间差异不大。在学校信息化程度、教师待遇、教育资源投入、学校领导、政府教育治理五个方面,总体而言,长三角基础教育教师对教师待遇的满意度最低,有23.21%的教师在"近年来,本地政府不断推动教师待遇提升"方面表示不太满意。

(五)基础教育家长的教育满意度存在职业差异和学校特征差异

无业/失业/下岗家长和民办学校家长的满意度较低;相较其他方面,基础教育家长对学生减负的满意度最低。调查结果表明,在对教师素质和师德师风的满意度方面,无业/失业/下岗群体的满意度最低,农民和无业/失业/下岗家长对师德师风问题的反映率最高,国家机关事业单位领导与工作人员和教师/工程师/医生/律师职业群体家长对教师素质的满意度最高,对师德师风问题的反映率最低。在对政府教育治理的满意度方面,无业/失业/下岗和企业/公司中高层级管理人员对政府教育治理的满意度最低,个体户家长满意度最高。在政府教育治理、学生减负方面,公办学校家长的满意度要高于民办,而在对学校管理、教师素质的满意度方面,公办、民办学校差异不大,但是在师德师风问题的反映率方面,民办学校家长(7.41%)要高于公办学校家长(6.48%)。在教师素质、学校管理、学生减负、政府教育治理四个方面,总体而言,长三角基础教育家长对学生减负的满意度最低,其中有14.84%的家长表示自己孩子的睡眠时间较不充足,有15.94%的家长表示自己孩子的学业负担较重。

(六)基础教育学生的教育满意度存在学段差异和学校特征差异

随着学段升高而下降,公办学校学生的满意度高于民办学校。调查结果表明,四年级学生对教师素质、学校教育的满意度要高于初二、高二学生,高二学生的满意度最低。其中不同学段对学校教育的满意度差异较大,如分别有25.43%和19.84%的高二与初二学生对"学习本身是一件有趣的事情"不太认同,但只有9.95%的四年级学生表示不太认同。在基础教育学生对教师素质以及学校教育的满意度方面,公办学校学生均要高于民办学校学生。

（七）总体而言，在基础教育和高等教育方面江苏省满意度较高，在行业企业方面浙江省和上海市满意度较高

调查发现，在高校学生满意度和基础教育教师满意度方面，江苏省和浙江省高校学生的满意度要高于上海市和安徽省，但是在基础教育教师反映政府教育治理方面，江苏省和安徽省的问题率较高，分别为13.96%和13.98%。在高校教师满意度方面，江苏省高于上海市、浙江省与安徽省。在基础教育家长满意度方面，除了在学生减负满意度上浙江省领先，其他维度上江苏省均为最高。在基础教育学生满意度方面，对学校教育的满意度安徽省和江苏省要高于上海市和浙江省，对教师素质的满意度上海市和江苏省高于浙江省和安徽省。在行业企业调查中，在"高校毕业生的职业素养""高校毕业生的创新能力""高校毕业生的学习和持续发展能力"等诸多方面，浙江省和上海市行业企业对教育的评价均领先于江苏省和安徽省。

四、建 议

由调查结果可知，从群体来看，基础教育教师满意度存在学校特征差异，公办、民办学校的群体满意度不一致，民办学校教师的满意度高于公办学校教师，公办学校家长、学生的满意度高于民办学校教师。从调查内容来看，农村学校教师对教育资源投入、学校信息化程度和教师待遇的满意度较低；基础教育家长对学生减负的满意度最低。行业企业对高校在前沿科技、核心科技、关键技术等方面的贡献度，教育为本地国际人才和企业发展提供综合服务的水平，高校毕业生的创新能力满意度较低。高校学生对学校后勤服务的满意度最低。

群体满意度差异的主要原因是城乡教育差距仍然突出，优质均衡亟待推进。要促进优质教育资源共享，提升基础教育整体满意度，需从以下几方面入手。对于教师群体，要进一步加强教师队伍建设，一方面保障教师待遇，提升教师幸福感；另一方面聚焦高质量队伍建设，加强师德师风建设，促进教师专业化发展，提高育人质量。针对学生和家长群体满意度，需减轻学生学业负担，缓解基础教育教育焦虑，营造良好的教育生态；提升高校教育教学信息化水平与学校后勤服务质量，以优化学生学习体验。针对行业企业满意度提升，需加强高校产学研结合，加大高等学校和科研院所对原始性、前瞻性、引领性创新的投入力度，使高等学校和科研院所成为知识创新和技术创新的策源地；推进高校产教融合，全面提高教育质量，扩大就业创业，推进产业转型升级。

（一）推进城乡教育一体化发展，促进优质教育资源共享，提升基础教育整体满意度

一市三省要统筹城乡教育发展，整合城乡教育资源，打破城乡二元经济结构和社会结构的束缚，构建动态均衡、双向沟通、良性互动的教育体系和机制，促进城乡教育资源共享、优势互补，推动城乡教育相互支持、相互促进，缩小城乡之间的教育差距，有效消除教育不均衡问题。

要加快推进基本公共服务均等化，实现城乡教育一体化发展。一是增加教育投入，建立多元化的基础教育投入机制。健全基础教育财政转移支付制度，避免因地区、城乡经济发展水平差异而导致地区性、城乡性基础教育服务不均等，以保证基础教育投入的稳定性与可持续性。二是推进教师城乡流动，完善农村办学条件。要综合施策，将教育均衡发展作为地方党委政府的重点工作来抓，注重义务教育内涵发展，以质量助均衡。要持续提升农村教育质量，促进城乡教育一体化发展，推动农村幼儿园改（扩、新）建，实施名师送教下乡、"银龄"教师支教计划等。要加大对农村基础教育的财政投入，提升乡村学校办学信息化程度，改善农村教学条件。进一步加强学校硬件保障，重点是加快薄弱中小学校改造和建设步伐，抬高薄弱学校底部。三是通过构建城乡教育共同体，推进城乡教育一体化发展。建立健全区域优质教育资源共享辐射机制，鼓励通过"名校集团化""城乡学校共同体""互联网＋义务教育""名校托管相对薄弱学校"等方式，突破城乡优质教育资源流动的瓶颈，扩大优质教育资源覆盖面，形成区域优质教育资源共享辐射的良好局面。

（二）加强教师队伍建设，保障教师待遇，提升教师幸福感

保障教师编制配备到位，加强教师队伍建设。探索建立"以县为主、市域调剂、动态调整"的新型教师编制管理机制，统筹区域内事业编制，盘活事业编制存量，加大对教育方面编制供给。聚焦高质量队伍建设，促进教师专业化发展，提高育人质量。教育部门和学校应建立适合各年龄段教师专业发展的培养机制，根据教师的实际需要，为每一位教师设计适合自身发展的职业生涯规划，努力做一名"四有"教师，促进教育教学质量的提高。要提供保障性的教师培训经费，为教师专业发展提供有力支持。加强师德师风建设，不断完善监督检查机制，畅通监督举报渠道。对于存在失德失范、违反教学规定和学术规范的教师形成完善的处理流程，形成刚性约束。引导教师在不断学习理论和实践的基础上，做到既教书又育人，用积极的工作价值观引领自己不断超越自我。

提升教师社会地位，保障教师待遇。政府应优化绩效工资分配机制，加大对一线骨干教师、班主任和乡村教师的倾斜力度。强化优秀教师激励措施，健全教师荣誉体系，提高教师社会地位。改革职称评聘方式，树立正确的用人导向。加强制度保障，维护教师的合法权利，提高教师工作满意度，为教育改革和发展提供高水平师资队伍保障。关心教师身心健康，改善教师工作环境。严控进校活动审批，落实基层减负要求，减轻教师非教学类负担，引导教师把更多的时间和精力，用在教学研究、教学观念改进和教学水平提升上。在理解、尊重的基础上有效调动教师的主观能动性，不断提升教师的职业幸福感。

（三）减轻学生学业负担，缓解基础教育教育焦虑，营造良好的教育生态

深入推进"双减"工作，解决学生学业负担过重的问题。一市三省教育部门和学校要紧扣国家教育政策方针，不断完善教育治理体系，营造宽松的教育氛围。一要不断健全"双减"工作机制，巩固"双减"成果。要完善部门、地方协调机制，落实对校外培训机构的有

效监管，不断规范培训机构的课程设置、时间安排和收费行为，加大对隐形变异培训的查处力度。要加强教育督导和社会监管，加大督办、通报、约谈和问责力度，形成全社会参与监管并广泛支持校外培训治理的良好氛围。要进一步优化学校教学工作安排，指导学校提高学校作业设计水平、课后服务水平和课堂教学水平，健全课后服务经费保障机制，拓宽课后服务资源渠道，开展课后服务精品课程资源推介，不断推进学校教育高质量发展。

加强学业负担的源头治理，建立政府主导、学校主体、家长参与、多方联动的减负机制。破除一些政府部门"唯分数"的教育管理思维模式，完善政府教育绩效考核制度。破除一些地方的政府机关、事业单位、国有企业存在的"唯名校""唯学历"导向，建立全社会以品德和能力为导向的人才使用机制。要围绕培养"五育并举"的育人目标，着力培养学生的核心素养，促进学生全面发展。营造全社会共同参与的氛围和机制，从源头上减轻人民群众的教育焦虑。

坚持形成正确的基础教育评价导向，组织当地中小学校责任督学开展手机、睡眠、读物、作业、体质督导工作，将"五项管理"作为"双减"工作的具体抓手。深入开展以集中整治义务教育学校违规办学行为、学校安全风险防隐患专项整治工作和师德师风建设为主要内容的督导检查。引导学校按照教育规律和人才成长规律实施教育，引导社会按照正确的教育观念评价教育和学校。切实解决义务教育阶段课程实施、考试评价、教育行为不规范的问题。努力实现教育教学秩序明显好转、学生过重负担明显减轻、教师工作压力明显缓解、群众教育获得感明显提升，推进基础教育高质量发展，办更加公平、更有质量、人民满意的教育。

（四）加强高校产学研结合，提升民办学校和中外合作办学高校办学质量

加大高等学校和科研院所对原始性、前瞻性、引领性创新的投入力度，注重新思想、新方法、新原理、新知识的源头储备。充分发挥高校自身学科、科技、人才、信息等方面的综合优势，通过科学的顶层设计与资源配置，推动各类创新要素的深度融合，使高等学校和科研院所成为知识创新和技术创新的策源地。大力建设高水平的基础科研平台基地，充分发挥高水平平台的集聚效应，依托平台汇聚优质创新资源，承担重大科研任务，产生有影响力的原创成果。大力推进学科交叉融合创新。打破传统壁垒，跨学院、跨学科、跨院所组建符合大科学时代科研规律的科研组织，促成多学科协同攻克复杂的综合性问题。借助"双一流"建设的有利契机，完善学科布局，凝练重点发展领域和优先发展方向，鼓励学科交叉与学科融合。

推进高校产教融合，促进教育链、人才链与产业链、创新链有机衔接，推进人力资源供给侧结构性改革，全面提高教育质量，扩大就业创业，推进经济转型升级。优化本科专业结构，支撑引领产业转型升级。主动应对以新技术、新产业、新业态和新模式为特征的新经济发展的迫切需求，更加注重产业需求导向，更加注重跨界交叉融合，更加注重支撑引领，发展新兴工科专业，主动布局未来战略必争领域人才的培养。优化人才培养类型结构，加大应

用型人才培养力度。本科教育在培养适量基础型、学术型人才的同时，着力培养多规格、多样化的应用型人才，推动具备条件的普通本科高校向应用型转变，把办学思路转到服务地方经济社会发展、产教融合校企合作、培养应用型技术型人才上。引导高校主动对接经济社会发展和区域产业布局，灵活和有前瞻性地规划、调整专业结构，打造一批地方（行业）急需、优势突出、特色鲜明的应用型专业。

创新机制推进中外合作办学提质增效。一是创新事前监管建立规模稳定增长机制。基于最优规模和发挥对要素的配置效率双重角度优化调整事前监管机制，考虑区域建设的平衡发展，缩小区域差异，从而有效推动整体办学水平的稳定和高质量增长。二是创新事中监管建立固定周期评估机制。要以提高中外合作办学发展质量和效益为中心，按照"管评办分离"的基本要求，创新评估认证理念，制定评估标准，建立规范高效的评估认证组织系统及其运行机制，重点监管对课程体系建设、教学过程和内容以及师资队伍建设的评估与认证。三是创新事后监管建立完善惩罚引退机制。通过评估等措施逐步建立惩罚引退机制，使一些不达标的中外合作办学机构和项目有序退出，为中外合作办学提质增效提供重要的制度保障。推动教育对外高质量办学，鼓励开展中外学分互认、学位互授互联，扩大在线教育国际辐射力，扩展"互联网+""智能+"等方式，扩大国外优质资源供给。

（五）提升高校后勤服务质量与教学信息化水平，优化学生学习体验

后勤服务要坚持实行科学管理，坚持保障优先，质量为上。高校后勤应迅速响应、加强执行力，通过互联网、App等移动技术和大数据技术，提升师生办理各类服务申请的响应速度，实现由"被动式服务"向"主动性服务"的转变。明确每个岗位的职责与分工，及时将师生的需求分类，落实分配到人，有针对性地处理问题，促进后勤工作的规范化，提高工作效率。从围绕师生、关照师生、服务师生出发，做好顶层设计，关键岗位重大活动要提前做好预案。及时吸纳合理化的建议，改进服务质量，提供靶向服务。提高员工素质，增强服务意识，为师生提供满意的后勤服务，从而保障高校教学和科研工作的顺利进行。

提升高校教学信息化水平，进一步促进信息技术与课程教学的深度融合。在硬件建设方面，高校应继续优化校园网络服务，提升稳定性；在软件应用方面，高校应着力提高课程资源建设的质量与教学平台的易用性；在协同运作方面，高校教学信息化建设通过一体化设计为教师教学、学生学习提供便捷渠道，提高教与学的效率。在教学信息化改革中，高校要重视从学生角度制定政策与人才培养方案，配套补充教学信息化的知识与技能，培养学生发展新的学习模式。教学信息化发展过程中的"教"与"学"密不可分。在学生转变学习思路和方法的同时，高校教师在开展信息化教学实践时也要与时俱进，转换教学思路与方式，拓宽教师专业发展的路径。高校应为教师提供信息化教学时代的技能培训，提高教学设计、教学活动组织、教学评价方面的能力，同时为教师教学提供技术支持，建立教学信息化辅助团队，为教学信息化的顺利实施提供保障。

优质均衡

2 长三角地区义务教育优质均衡发展现状与问题
——基于优质均衡发展评估办法的 7 项资源配置指标

刘菊香

上海市教育科学研究院

义务教育均衡发展是维护教育公平与提升教育质量的基础性工程，是当前教育领域综合改革的战略性任务。国务院教育督导委员会办公室在 2013 年初启动了全国义务教育发展基本均衡县督导评估认定工作，截至 2021 年底，全国各区县均通过国家督导评估认定，其中上海市、江苏省和浙江省在 2014 年和 2015 年相继整体通过国家义务教育基本均衡督导评估认定，安徽省也于 2017 年整体通过认定。在实现基本均衡的任务后，为巩固义务教育基本均衡发展成果，引导各地将义务教育均衡发展向着更高水平推进，进一步缩小义务教育城乡、校际差距，整体提高义务教育标准化建设水平和教育质量，国务院教育督导委员会决定建立县域义务教育优质均衡发展督导评估制度，开展义务教育优质均衡发展县（市、区）督导评估认定工作。2017 年，教育部制定了《县域义务教育优质均衡发展督导评估办法》（以下简称《评估办法》），积极开展对本行政区域内义务教育优质均衡发展县（市、区）的督导评估工作。2019 年 10 月，浙江省海盐县和宁波市江北区成为全国最早接受县域义务教育优质均衡发展督导评估的县（区）。2019 年，中共中央、国务院印发《中国教育现代化 2035》，把"实现优质均衡的义务教育"作为 2035 年国家教育现代化的主要发展目标之一，在"实现基本公共教育服务均等化"的战略任务中提出，要"提升义务教育均等化水平，建立学校标准化建设长效机制，推进城乡义务教育均衡发展。在实现县域内义务教育基本均衡基础上，进一步推进优质均衡"。2020 年，长三角一市三省共同制定、签署《新一轮长三角地区教育一体化发展三年行动计划》，明确将在基础教育优质发展等方面加强项目推进，为一体化加速奔跑注入"教育动能"。

因此，为了积极推动长三角一市三省义务教育优质均衡发展，有必要对长三角地区义务教育优质均衡发展现状进行分析研究。教育资源配置作为《评估办法》的其中一项重要内容，也是实现义务教育高质量发展的必要条件和基本保障。本研究将《评估办法》中评估资源配置的 7 项指标作为研究指标，利用教育事业统计数据分析义务教育资源的配置水平及均衡配置的达标情况，进一步研究一市三省之间义务教育优质均衡发展的区域差异及影响优质均衡发展的关键指标，找准短板，精准配置，提出具有可操作性的对策建议，为更好地促进长三角地区教育一体化发展提供决策参考。

一、研究对象及方法

（一）研究对象

本专题的研究对象是长三角一市三省的 307 个县（市、区），其中上海市 16 个，江苏省 96 个，浙江省 90 个，安徽省 105 个。

（二）研究指标及评价方法

本专题研究依据教育部制定的《评估办法》中的教育资源配置达标要求，主要评估学校在教师数量、校舍面积、教学仪器设备值等 7 个方面的配置水平和校际均衡情况，包含 7 项指标（详见表 2-1），要求每所学校至少达到 6 项指标要求，余项不能低于要求的 85%；所有指标的校际差异系数，小学均小于或等于 0.50，初中均小于或等于 0.45。按照评估要求，本专题运用定量方法，依照《评估办法》有关要求，运用长三角一市三省的义务教育事业统计数据，测算长三角地区 307 个县（市、区）小学和初中学校的 7 项指标数据及县域内 7 项指标的差异系数，分别以 7 项指标国家标准、小学和初中差异系数分别小于或等于 0.50 和 0.45 为依据，分析县域内、县与县之间、省市间的优质均衡发展的进展情况，看到差距，找到问题，精准施策，共同推进义务教育的优质均衡发展。

表 2-1　县域义务教育优质均衡发展评估指标

指标	单项标准	总体标准
1. 每百名学生拥有高于规定学历教师数	小学 >4.2 人、初中 >5.3 人	（1）每所学校至少有 6 项指标达到上述要求，余项不能低于要求的 85%；（2）所有指标校际差异系数：小学 ≤ 0.50、初中 ≤ 0.45
2. 每百名学生拥有县级以上骨干教师数	小学 >1 人、初中 >1 人	
3. 每百名学生拥有体育、艺术（美术、音乐）专任教师数	小学 >0.9 人、初中 >0.9 人	
4. 生均教学及辅助用房面积	小学 >4.5 平方米、初中 >5.8 平方米	
5. 生均体育运动场馆面积	小学 >7.5 平方米、初中 >10.2 平方米	
6. 生均教学仪器设备值	小学 >2 000 元、初中 >2 500 元	
7. 每百名学生拥有网络多媒体教室数	小学 >2.3 间、初中 >2.4 间	

二、长三角地区县域义务教育优质均衡发展资源配置达标情况

《评估办法》要求 7 项指标的配置水平和均衡程度均达标才能判断该县的资源配置达到优质均衡。通过数据分析发现，在一市三省 307 个县（市、区）中，只有 19 个县（市、区）的资源配置达到优质均衡标准，其中上海市有 1 个区，江苏省有 10 个县（市、区），浙江省有 8 个县（市、区），安徽省目前均没有达标（详见表 2-2）。

表 2-2 一市三省资源配置达标的县（市、区）情况

省（市）	市名称	县（市、区）名称	达标县（市、区）个数
上海市		崇明区	1
江苏省	南京市	雨花台区	10
	无锡市	江阴市	
	南通市	海门市	
		海安市	
	盐城市	大丰区	
	扬州市	仪征市	
	镇江市	润州区	
		丹阳市	
		扬中市	
		句容市	
浙江省	宁波市	北仑区	8
	湖州市	德清县	
		长兴县	
	绍兴市	上虞区	
	金华市	浦江县	
		磐安县	
		东阳市	
	衢州市	江山市	
安徽省	—	—	0

（一）长三角地区有 8.1% 的县（市、区）义务教育学校 7 项指标配置水平均达到国家标准

从义务教育学校 7 项指标的配置水平达标情况来看，长三角地区有 25 个县（市、区）义务教育学校的 7 项指标达到国家标准值，占比 8.1%，其中浙江省达标县（市、区）最多，有 12 个县（市、区），占比 13.3%；其次是江苏省，有 11 个，占比 11.5%；上海市和安徽省达标县（市、区）数均为 1 个，占比分别为 6.3% 和 1.0%。

从小学或者初中学校 7 项指标配置水平达标情况来看，初中学校达标县（市、区）的数量略多于小学。其中浙江省达标县（市、区）数最多，有 37 个县（市、区）小学达标，占比 41.1%，有 35 个县（市、区）初中达标，占比 38.9%；其次是江苏省，有 30 个县（市、区）小学达标，占比 31.3%，32 个县（市、区）初中达标，占比 33.3%；接着是上海市和安徽省，上海有 1 个区小学达标，2 个区初中达标，分别占比 6.3% 和 12.5%，安徽省有 8 个县（市、区）小学达标，8 个县（市、区）初中达标，占比均为 7.6%。

表 2-3　2020 年一市三省义务教育 7 项指标配置水平达标情况

	小学	初中	小学和初中
达标县（市、区）个数			
合计	76	77	25
上海市（16）	1	2	1
江苏省（96）	30	32	11
浙江省（90）	37	35	12
安徽省（105）	8	8	1
达标县（市、区）占比（%）			
合计	24.8	25.1	8.1
上海市（16）	6.3	12.5	6.3
江苏省（96）	31.3	33.3	11.5
浙江省（90）	41.1	38.9	13.3
安徽省（105）	7.6	7.6	1.0

（二）长三角地区五分之二县（市、区）义务教育 7 项指标校际差异系数达到国家标准

长三角地区五分之二县（市、区）小学和初中 7 项指标校际差异系数均达标，小学的均衡程度比初中更高。优质均衡督导评估要求县域内学校 7 项指标小学和初中校际差异系数均达国家标准。通过测算长三角地区 307 个县（市、区）小学和初中的校际差异系数，发现有 123 个县（市、区）达到国家标准，占比 40.1%。其中小学 7 项指标达到国家标准的县（市、区）占比 50.5%，初中占比 44.0%。

表 2-4　2020 年一市三省义务教育 7 项指标校际差异系数达标情况

	小学	初中	小学和初中
达标县（市、区）数			
合计	155	135	123
上海市（16）	8	3	3
江苏省（96）	64	54	49
浙江省（90）	69	69	62
安徽省（105）	14	9	9
达标县（市、区）占比（%）			
合计	50.5	44.0	40.1
上海市（16）	50.0	18.8	18.8

续 表

	小 学	初 中	小学和初中
江苏省（96）	66.7	56.3	51.0
浙江省（90）	76.7	76.7	68.9
安徽省（105）	13.3	8.6	8.6

从一市三省来看，浙江省小学和初中 7 项指标校际差异系数均达标的县（市、区）占比最高，达到 68.9%；江苏省排第二，为 51.0%；上海市排第三，为 18.8%；安徽省最低，为 8.6%。小学 7 项指标的均衡程度高于初中，浙江省小学或初中 7 项指标校际差异系数均达标的县（市、区）占比最高，均达到 76.7%；其次是江苏省，小学达标县（市、区）占比为 66.7%，而初中达标县（市、区）占比 56.3%，小学高于初中；上海市排第三，小学占比 50%，初中只有 18.8%，小学明显高于初中；安徽省排第四，小学为 13.3%，初中为 8.6%。

三、长三角地区县域教师队伍配置情况

长三角地区义务教育学校的三项师资指标[①]达标包含配置水平达标、均衡程度达标以及配置水平和均衡程度均达标三种情况。数据分析显示，三项师资指标配置水平达标县数远低于均衡程度达标县数。

（一）学校教师队伍配置水平及其均衡程度达标情况

从三项师资配置水平及均衡程度来看，长三角地区有 51 个县（市、区）小学和初中均达到国家标准，占比 16.6%，其中小学有 98 个县（市、区）达标，占比 31.9%，初中有 87 个县（市、区）达标，占比 28.3%。分省市进行分析，上海市有 6 个区小学和初中均达标，占比最高，为 37.5%；其次是江苏省，占比 34.4%，但是江苏省的小学或初中达标的县（市、区）占比是最高的，分别达到 53.1% 和 50.0%。

从三项师资配置水平来看，长三角地区有 54 个县（市、区）小学和初中均达到国家标准，占比 17.6%，其中小学有 101 个县（市、区）达标，占比 32.9%，初中有 106 个县（市、区）达标，占比 34.5%。上海市有 7 个区的小学和初中均达标，占比最高，为 43.8%；其次是江苏省，占比 35.4%，但是江苏省的小学或初中达标的县（市、区）占比是最高的，分别达到 54.2% 和 57.3%。

从三项师资均衡程度来看，有 175 个县（市、区）小学和初中均达到国家标准，占比 57.0%，其中小学有 198 个县（市、区）达标，占比 64.5%，初中有 180 个县（市、区）达

---

① 三项师资配置指标是：每百名学生拥有高于规定学历教师数、每百名学生拥有县级以上骨干教师数和每百名学生拥有体育、艺术（美术、音乐）专任教师数。

标，占比 58.6%。其中浙江省小学和初中均达标的县（市、区）数有 78 个，占比最高，为 86.7%，且小学或初中达标的县（市、区）占比也是最高的，分别达到 92.2% 和 88.9%；其次是江苏省，小学和初中均达标县（市、区）占比 79.2%；上海市排第三，有 9 个区小学和初中均达标，占比 56.3%（详见表 2-5）。

表 2-5 2020 年一市三省义务教育学校师资达标情况

		达标县（市、区）数			达标占比（%）		
		小学	初中	小学和初中	小学	初中	小学和初中
配置水平达标县（市、区）	合计	101	106	54	32.9	34.5	17.6
	上海市	8	8	7	50.0	50.0	43.8
	江苏省	52	55	34	54.2	57.3	35.4
	浙江省	35	34	13	38.9	37.8	14.4
	安徽省	6	9	0	5.7	8.6	0
差异系数达标县（市、区）	合计	198	180	175	64.5	58.6	57.0
	上海市	12	10	9	75.0	62.5	56.3
	江苏省	86	76	76	89.6	79.2	79.2
	浙江省	83	80	78	92.2	88.9	86.7
	安徽省	17	14	12	16.2	13.3	11.4
配置水平和差异系数均达标县（市、区）	合计	98	87	51	31.9	28.3	16.6
	上海市	7	7	6	43.8	43.8	37.5
	江苏省	51	48	33	53.1	50.0	34.4
	浙江省	34	30	12	37.8	33.3	13.3
	安徽省	6	2	0	5.7	1.9	0

（二）学校教师队伍配置水平达标情况

义务教育学校的三项师资配置指标中学校教师学历达标县（市、区）占比最高，其次是骨干教师，最后是体育、艺术（美术、音乐）教师的配备。

从每百名学生拥有高于规定学历教师数来看，小学和初中达标的县（市、区）占比分别为 92.3% 和 91.1%，小学高于初中。一市三省学校达标的县（市、区）占比均在 80% 以上，其中上海市小学和初中达标的区占比最高，分别为 100% 和 99.6%；其次是浙江省；江苏省排第三；安徽省小学和初中达标的县（市、区）占比分别为 86.3% 和 81.2%。

从每百名学生拥有县级以上骨干教师数来看，小学和初中该指标配置水平达标的县（市、区）占比分别为 65.7% 和 79.0%，初中高于小学。一市三省学校达标的县（市、区）占比差别较大，其中小学达标率最高的是浙江省，为 95.6%；其次是江苏省，为 93.8%；

上海市排第三，为75%；安徽省最低，为22.9%。初中达标的县（市、区）占比最高的是上海市，为97.8%；浙江省第二，为94.2%；江苏省排第三，为93.7%；安徽省最低，为54.4%。

从每百名学生拥有体育、艺术（美术、音乐）专任教师数来看，小学和初中该指标配置水平达标的县（市、区）占比分别为67.3%和76.5%，初中高于小学。一市三省学校达标的县（市、区）占比差别较大，其中上海市所有小学学校均达标；其次是浙江省，为97.8%；江苏省排第三，为93.8%；安徽省最低，为27.6%。初中达标的县（市、区）占比最高的是上海市，为96.8%；浙江省第二，为89.8%；江苏省排第三，为87.2%；安徽省最低，为55.6%（详见表2-6）。

表2-6　2020年一市三省义务教育学校师资水平达标情况

	小学			初中		
	每百名学生拥有高于规定学历教师数	每百名学生拥有县级以上骨干教师数	每百名学生拥有体育、艺术（美术、音乐）专任教师数	每百名学生拥有高于规定学历教师数	每百名学生拥有县级以上骨干教师数	每百名学生拥有体育、艺术（美术、音乐）专任教师数
达标校数（所）						
合　计	17 606	12 531	12 841	7 293	6 329	6 124
上海市	928	900	905	690	678	671
江苏省	4 816	4 524	4 224	2 245	2 196	2 044
浙江省	3 841	3 625	3 550	1 851	1 774	1 691
安徽省	8 021	3 482	4 162	2 507	1 681	1 718
达标校占比（%）						
合　计	92.3	65.7	67.3	91.1	79.0	76.5
上海市	100.0	75.0	100.0	99.6	97.8	96.8
江苏省	96.7	93.8	93.8	95.8	93.7	87.2
浙江省	99.1	95.6	97.8	98.3	94.2	89.8
安徽省	86.3	22.9	27.6	81.2	54.4	55.6

（三）教师队伍配置均衡情况

长三角地区义务教育学校的三项师资配置指标均衡系数有60%以上的县（市、区）达到国家标准，小学该三项指标的均衡程度高于初中。其中每百名学生拥有高于规定学历教师数均衡程度达标的县（市、区）数最多，其次是每百名学生拥有体育、艺术（美术、音乐）专任教师数，接着是每百名学生拥有县级以上骨干教师数。

从每百名学生拥有高于规定学历教师数来看，小学和初中该指标配置均衡程度达标县占比分别为91.5%和85.0%,小学高于初中,一市三省学校达标的县(市、区)占比均在60%以上。其中上海市16个区的小学和初中均达标;其次是江苏省,各县(市、区)小学均达标,初中为95.8%;浙江省有97.8%的县(市、区)小学达标,初中均达标;安徽省小学和初中达标县(市、区)占比分别为77.1%和60.0%。

从每百名学生拥有县级以上骨干教师数来看,小学和初中该指标配置均衡程度达标县(市、区)占比分别为69.1%和60.9%,小学高于初中。一市三省学校该指标达标县(市、区)占比差别较大,其中小学达标县(市、区)占比最高的是浙江省,为95.6%;其次是江苏省,为93.8%;上海市排第三,为75%;安徽省最低,为22.9%。初中达标县(市、区)占比最高的是浙江省,达到88.9%;其次是江苏省,为82.3%;上海市排第三,为62.5%;安徽省最低,为17.1%。

从每百名学生拥有体育、艺术(美术、音乐)专任教师数来看,小学和初中该指标配置均衡程度达标县(市、区)占比分别为72.6%和73.3%,初中高于小学。一市三省学校该指标达标县(市、区)占比差别较大,其中上海市小学和初中所有区均达标;其次是浙江省,小学为97.8%,初中均达标;江苏省排第三,小学为93.8%,初中为90.6%;安徽省最低,小学只有27.6%,初中只有30.5%(详见表2-7)。

表2-7　2020年一市三省师资水平县域内均衡达标情况

	小学			初中		
	每百名学生拥有高于规定学历教师数	每百名学生拥有县级以上骨干教师数	每百名学生拥有体育艺术(美术、音乐)专任教师数	每百名学生拥有高于规定学历教师数	每百名学生拥有县级以上骨干教师数	每百名学生拥有体育艺术(美术、音乐)专任教师数
达标县(市、区)数						
合计	281	212	223	261	187	225
上海市	16	12	16	16	10	16
江苏省	96	90	90	92	79	87
浙江省	88	86	88	90	80	90
安徽省	81	24	29	63	18	32
达标县(市、区)占比(%)						
合计	91.5	69.1	72.6	85.0	60.9	73.3
上海市	100.0	75.0	100.0	100.0	62.5	100.0
江苏省	100.0	93.8	93.8	95.8	82.3	90.6
浙江省	97.8	95.6	97.8	100.0	88.9	100.0
安徽省	77.1	22.9	27.6	60.0	17.1	30.5

四、学校校舍及运动场馆配置情况

长三角地区义务教育学校校舍及运动场馆面积达标包含配置水平达标、均衡程度达标以及配置水平和均衡程度均达标三种情况。数据分析显示，校舍及运动场馆面积配置水平达标县（市、区）数远低于均衡程度达标县（市、区）数。

（一）学校校舍及运动场馆配置水平及其均衡程度达标情况

从校舍及运动场馆面积配置水平及其均衡程度来看，有12个县（市、区）小学和初中均达到国家标准，占比3.9%，其中有43个县（市、区）小学达标，占比14.0%，有39个县（市、区）初中达标，占比12.7%。分一市三省看，江苏省小学和初中均达标的县（市、区）数最多，达到10个，占比10.4%；上海市和浙江省均只有1个区县小学和初中均达标。

从校舍及运动场馆面积配置水平来看，有13个县（市、区）小学和初中均达到国家标准，占比4.2%，其中有45个县（市、区）小学达标，占比14.7%，有56个县（市、区）初中达标，占比18.2%。江苏省小学和初中均达标的县（市、区）数最多，达到10个，占比10.4%；其次是浙江省，有2个县（市、区）；上海市只有1个区小学和初中均达标。

从校舍及运动场馆面积配置均衡程度来看，有160个县（市、区）小学和初中均达到国家标准，占比52.1%，其中有196个县（市、区）小学达标，占比63.8%，有185个县（市、区）初中达标，占比60.3%。其中浙江省小学和初中均达标的县（市、区）数最多，有71个，占比最高，达到78.9%，且小学或初中达标的县（市、区）占比也是最高的，分别达到83.3%和86.7%；其次是江苏省小学和初中，达标县（市、区）占比58.3%；上海市排第三，有4个区小学和初中均达标，占比25.0%（详见表2-8）。

表2-8 2020年义务教育学校校舍及运动场馆面积达标情况

		达标县（市、区）数			达标占比（%）		
		小学	初中	小学和初中	小学	初中	小学和初中
配置水平达标县（市、区）	合 计	45	56	13	14.7	18.2	4.2
	上海市	1	1	1	6.3	6.3	6.3
	江苏省	24	32	10	25.0	33.3	10.4
	浙江省	15	13	2	16.7	14.4	2.2
	安徽省	5	10	0	4.8	9.5	0.0
差异系数达标县（市、区）	合 计	196	185	160	63.8	60.3	52.1
	上海市	7	4	4	43.8	25.0	25.0
	江苏省	69	61	56	71.9	63.5	58.3
	浙江省	75	78	71	83.3	86.7	78.9
	安徽省	45	42	29	42.9	40.0	27.6

续 表

		达标县（市、区）数			达标占比（%）		
		小学	初中	小学和初中	小学	初中	小学和初中
配置水平和差异系数均达标县（市、区）	合　计	43	39	12	14.0	12.7	3.9
	上海市	1	1	1	6.3	6.3	6.3
	江苏省	23	21	10	24.0	21.9	10.4
	浙江省	14	11	1	15.6	12.2	1.1
	安徽省	5	6	0	4.8	5.7	0.0

（二）学校校舍建筑面积配置达标情况

义务教育学校的生均教学及辅助用房面积配置水平达标率远低于均衡程度达标县（市、区）占比。

从校舍建筑面积配置水平及其均衡程度来看，有29个县（市、区）达到国家标准，占比9.4%，其中有70个县（市、区）小学达标，占比22.8%，有67个县（市、区）初中达标，占比24.8%。分一市三省看，江苏省小学和初中均达标的县（市、区）数最多，达到18个，占比18.8%；其次是浙江省，有7个县（市、区）达标，占比7.8%；上海市只有2个区达标，占比12.5%。

从校舍建筑面积配置水平来看，有29个县（市、区）达到国家标准，占比9.4%，其中小学有72个县（市、区）达标，占比23.5%，初中有76个县（市、区）达标，占比24.8%。江苏省达标的县（市、区）数最多，达到18个，占比18.8%；其次是浙江省，有7个县（市、区）；上海市和安徽省均只有2个县（市、区）达标。

从校舍建筑面积配置均衡程度来看，有213个县（市、区）达到国家标准，占比69.4%，其中小学达标的县（市、区）占比为79.2%，初中为77.5%，小学高于初中。一市三省中除上海市外该指标配置均衡程度达标的县（市、区）占比均在60%以上，其中浙江省小学和初中占比最高，分别为93.3%和92.2%，江苏省小学和初中占比分别为84.4%和83.3%，安徽省小学和初中占比分别为62.9%和63.8%。

表2-9　2020年义务教育学校生均校舍建筑面积达标情况

		达标县（市、区）数			达标占比（%）		
		小学	初中	小学和初中	小学	初中	小学和初中
配置水平达标县（市、区）	合　计	72	76	29	23.5	24.8	9.4
	上海市	2	3	2	12.5	18.8	12.5
	江苏省	38	39	18	39.6	40.6	18.8
	浙江省	23	20	7	25.6	22.2	7.8
	安徽省	9	14	2	8.6	13.3	1.9

续表

		达标县（市、区）数			达标占比（%）		
		小学	初中	小学和初中	小学	初中	小学和初中
差异系数达标县（市、区）	合计	243	238	213	79.2	77.5	69.4
	上海市	12	8	7	75.0	50.0	43.8
	江苏省	81	80	72	84.4	83.3	75.0
	浙江省	84	83	81	93.3	92.2	90.0
	安徽省	66	67	53	62.9	63.8	50.5
配置水平和差异系数均达标县（市、区）	合计	70	67	29	22.8	21.8	9.4
	上海市	2	3	2	12.5	18.8	12.5
	江苏省	36	33	18	37.5	34.4	18.8
	浙江省	23	19	7	25.6	21.1	7.8
	安徽省	9	12	2	8.6	11.4	1.9

从生均教学及辅助用房面积来看，小学和初中该指标配置水平达标校数占比分别为82.5%和73.9%，小学高于初中。一市三省该指标配置水平达标校占比均在60%以上，其中浙江省小学和初中占比最高，分别为88.2%和81.2%；江苏省小学和初中占比分别为83.8%和80.0%；上海市小学和初中占比分别为80.6%和80.7%；安徽省小学和初中占比分别为79.5%和63.3%。

表2-10　2020年学校校舍及运动场馆县域内均衡达标情况

	小学		初中	
	生均教学及辅助用房面积	生均体育运动场馆面积	生均教学及辅助用房面积	生均体育运动场馆面积
达标校数（所）				
合计	15 735	14 884	5 919	5 857
上海市	748	509	559	418
江苏省	4 176	4 040	1 876	1 842
浙江省	3 418	3 326	1 529	1 545
安徽省	7 393	7 009	1 955	2 052
达标校占比（%）				
合计	82.5	78.0	73.9	73.1
上海市	80.6	54.9	80.7	60.3
江苏省	83.9	81.1	80.0	78.6

续 表

	小 学		初 中	
	生均教学及辅助用房面积	生均体育运动场馆面积	生均教学及辅助用房面积	生均体育运动场馆面积
浙江省	88.2	85.8	81.2	82.0
安徽省	79.5	75.4	63.3	66.5

（三）学校体育运动场馆配置达标情况

义务教育学校的生均体育运动场馆面积配置均衡程度达标县（市、区）占比明显高于配置水平达标的县（市、区）占比。

从配置水平及其均衡程度达标情况来看，有24个县（市、区）达到国家标准，占比7.8%，其中有60个县（市、区）小学达标，占比19.5%，初中有64个县（市、区）达标，占比20.8%。分一市三省看，江苏省达标的县（市、区）数最多达到15个，占比15.6%；其次是浙江省，有7个县（市、区）小学和初中均达标，占比7.8%；上海市只有1个区达标，占比6.3%。

从配置水平达标情况来看，有27个县（市、区）达到国家标准，占比8.8%，其中小学有63个县（市、区）达标，占比20.5%，初中有82个县（市、区）达标，占比26.7%。江苏省该指标配置水平达标的县（市、区）占比最高，达到16.7%；其次是浙江省，占比8.9%；上海市排第三，占比为6.3%。

从均衡程度达标情况来看，小学和初中该指标配置均衡程度达标的县（市、区）占比分别为68.1%和66.8%，小学高于初中。一市三省该指标均衡程度达标的县（市、区）占比差别较大，其中小学达标县（市、区）占比最高的是浙江省，为87.8%；其次是江苏省，为74.0%；上海市排第三，为50.0%。初中达标的县（市、区）占比最高的是浙江省，为91.1%；江苏省排第二，为68.8%；安徽省排第三，为49.5%；上海市为31.3%（详见表2-11）。

表2-11 2020年义务教育学校体育运动场馆配置达标情况

		达标县（市、区）数			达标占比（%）		
		小 学	初 中	小学和初中	小 学	初 中	小学和初中
配置水平达标县（市、区）	合 计	63	82	27	20.5	26.7	8.8
	上海市	1	1	1	6.3	6.3	6.3
	江苏省	32	38	16	33.3	39.6	16.7
	浙江省	21	29	8	23.3	32.2	8.9
	安徽省	9	14	2	8.6	13.3	1.9

续 表

		达标县（市、区）数			达标占比（％）		
		小 学	初 中	小学和初中	小 学	初 中	小学和初中
差异系数达标县（市、区）	合 计	209	205	175	68.1	66.8	57.0
	上海市	8	5	5	50.0	31.3	31.3
	江苏省	71	66	62	74.0	68.8	64.6
	浙江省	79	82	74	87.8	91.1	82.2
	安徽省	51	52	34	48.6	49.5	32.4
配置水平和差异系数均达标县（市、区）	合 计	60	64	24	19.5	20.8	7.8
	上海市	1	1	1	6.3	6.3	6.3
	江苏省	31	27	15	32.3	28.1	15.6
	浙江省	20	28	7	22.2	31.1	7.8
	安徽省	8	8	1	7.6	7.6	1.0

从生均体育运动场馆面积来看，小学和初中该指标配置水平达标校占比分别为78.0%和73.1%，小学高于初中。一市三省达标校占比差别较大，其中小学达标校占比最高的是浙江省，为85.8%；其次是江苏省，为81.1%；安徽省排第三，为75.4%；上海市最低，为54.9%。初中达标校占比最高的是浙江省，为82.0%；江苏省排第二，为78.6%；安徽省排第三，为66.5%；上海市为60.3%。

五、教学装备条件情况

长三角地区义务教育学校生均教学仪器设备值包含配置水平达标、均衡程度达标以及配置水平和均衡程度均达标三种情况。数据分析显示，生均教学仪器设备值配置水平达标县（市、区）数远低于均衡程度达标县（市、区）数。

（一）学校生均教学仪器设备值配置水平及其均衡程度达标情况

从生均教学仪器设备值配置水平及其均衡程度来看，有112个县（市、区）小学和初中均达到国家标准，占比36.5%，其中有159个县（市、区）小学达标，占比51.8%，有142个县（市、区）初中达标，占比46.3%。再分省市看，上海市小学和初中均达标占比最高，为62.5%；其次是浙江省，小学和初中均达标的县（市、区）数达到54个，占比60.0%。

从生均教学仪器设备值配置水平来看，有123个县（市、区）小学和初中均达到国家标准，占比40.1%，其中有167个县（市、区）小学达标，占比54.4%，有163个县（市、区）初中达标，占比53.1%。上海市小学和初中均达标的县（市、区）数占比最高，达到87.5%；其次是浙江省，占比61.1%；江苏省排第三，占比为53.1%。

从生均教学仪器设备值配置均衡程度来看，有224个县（市、区）小学和初中差异系数均达到国家标准，占比73.0%，其中有256个县（市、区）小学差异系数达标，占比83.4%，有240个县（市、区）初中差异系数达标，占比78.2%。浙江省小学和初中差异系数均达标的县（市、区）数最多，有86个，占比为95.6%，且小学或初中差异系数达标的县（市、区）数占比也是最高的，分别达到97.8%和96.7%；其次是江苏省，小学和初中差异系数均达标县（市、区）数占比79.2%；上海市排第三，有10个区小学和初中差异系数均达标，占比62.5%（详见表2-12）。

表2-12　2020年义务教育学校生均教学仪器设备值达标情况

		达标县（市、区）数			达标占比（%）		
		小学	初中	小学和初中	小学	初中	小学和初中
配置水平达标县（市、区）	合计	167	163	123	54.4	53.1	40.1
	上海市	14	14	14	87.5	87.5	87.5
	江苏省	66	64	51	68.8	66.7	53.1
	浙江省	71	69	55	78.9	76.7	61.1
	安徽省	16	16	3	15.2	15.2	2.9
差异系数达标县（市、区）	合计	256	240	224	83.4	78.2	73.0
	上海市	11	11	10	68.8	68.8	62.5
	江苏省	81	81	76	84.4	84.4	79.2
	浙江省	88	87	86	97.8	96.7	95.6
	安徽省	76	61	52	72.4	58.1	49.5
配置水平和差异系数均达标县（市、区）	合计	159	142	112	51.8	46.3	36.5
	上海市	10	10	9	68.8	68.8	62.5
	江苏省	62	56	46	64.6	58.3	47.9
	浙江省	71	68	54	78.9	75.6	60.0
	安徽省	16	8	3	15.2	7.6	2.9

（二）教学装备条件达标情况

义务教育学校的生均教学仪器设备值配置水平达标率70%以上。

小学和初中该指标配置水平达标校数占比分别为75.6%和76.4%，初中高于小学。一市三省该指标配置水平达标校占比均在50%以上，其中小学达标校占比最高的是浙江省，为99.2%；其次是上海市，为98.8%；江苏省为84.9%；安徽省为58.4%。初中达标校占比上海市最高，为 99.0%；其次是浙江省，为 97.0%；接下来是江苏省，为 84.6%；安徽省最低，为 52.6%（详见表 2-13）。

表 2-13　2020 年学校生均教学仪器设备值县域内均衡达标情况

	小　学	初　中
达标校数（所）		
合计	14 420	6 120
上海市	917	686
江苏省	4 229	1 984
浙江省	3 846	1 827
安徽省	5 428	1 623
达标校占比（%）		
合计	75.6	76.4
上海市	98.8	99.0
江苏省	84.9	84.6
浙江省	99.2	97.0
安徽省	58.4	52.6

六、学校信息化建设情况

长三角地区义务教育学校信息化建设用每百名学生拥有网络多媒体教室数来衡量，达标情况包含该指标配置水平达标、均衡程度达标以及配置水平和均衡程度均达标三种情况。数据分析显示，每百名学生拥有网络多媒体教室数配置水平达标县（市、区）数低于均衡程度达标县（市、区）数。

（一）学校每百名学生拥有网络多媒体教室数配置水平及其均衡程度达标情况

从每百名学生拥有网络多媒体教室数配置水平及其均衡程度来看，有 128 个县（市、区）小学和初中均达到国家标准，占比 41.7%，其中有 174 个县（市、区）小学达标，占比 56.7%，有 156 个县（市、区）初中达标，占比 50.8%。再分省市看，浙江省小学和初中均达标县（市、区）占比最高，为 72.2%；其次是上海市，小学和初中均达标县（市、区）占比 62.5%，达到 10 个。

从每百名学生拥有网络多媒体教室数配置水平来看，有 146 个县（市、区）小学和初中均达到国家标准，占比 47.6%，其中有 186 个县（市、区）小学达标，占比 60.6%，有 177 个县（市、区）初中达标，占比 57.7%。上海市小学和初中均达标的县（市、区）占比最高，达到

87.5%；其次是浙江省，占比 78.9%；江苏省排第三，占比为 57.3%；安徽省最低，仅为 5.7%。

从每百名学生拥有网络多媒体教室数配置均衡程度来看，有 217 个县（市、区）小学和初中差异系数均达到国家标准，占比 70.7%；其中有 236 个县（市、区）小学该指标差异系数达标，占比 76.9%；有 248 个县（市、区）初中差异系数达标，占比 80.8%。浙江省小学和初中差异系数均达标的县（市、区）占比最高，为 93.3%，且小学或初中差异系数达标的县（市、区）占比也是最高的，均达到 96.7%；其次是江苏省，小学和初中差异系数均达标县（市、区）占比 92.7%；上海市排第三，有 10 个区小学和初中差异系数均达标，占比 62.5%（详见表 2-14）。

表 2-14　2020 年学校每百名学生拥有网络多媒体教室数达标情况

		达标县（市、区）数			达标占比（%）		
		小学	初中	小学和初中	小学	初中	小学和初中
配置水平达标县（市、区）	合计	186	177	146	60.6	57.7	47.6
	上海市	14	14	14	87.5	87.5	87.5
	江苏省	70	70	55	72.9	72.9	57.3
	浙江省	84	73	71	93.3	81.1	78.9
	安徽省	18	20	6	17.1	19.0	5.7
差异系数达标县（市、区）	合计	236	248	217	76.9	80.8	70.7
	上海市	14	10	10	87.5	62.5	62.5
	江苏省	92	90	89	95.8	93.8	92.7
	浙江省	87	87	84	96.7	96.7	93.3
	安徽省	43	61	34	41.0	58.1	32.4
配置水平和差异系数均达标县（市、区）	合计	174	156	128	56.7	50.8	41.7
	上海市	12	9	9	87.5	62.5	62.5
	江苏省	70	64	52	72.9	66.7	54.2
	浙江省	81	70	65	90.0	77.8	72.2
	安徽省	11	13	2	10.5	12.4	1.9

（二）学校信息化建设达标情况

义务教育学校每百名学生拥有网络多媒体教室数配置水平达标校数占比 85% 以上，其中小学和初中该指标配置水平达标校占比分别为 91.3% 和 87.1%，小学高于初中。一市三省该指标配置水平达标校占比均在 70% 以上，其中小学达标校占比最高的是浙江省，为 99.7%；其次是上海市，为 99.6%；江苏省排第三，为 94.4%；安徽省最低，为 85.3%。初中达标校占比最高的是上海市，为 99.6%；其次是浙江省，为 98.4%；接下来是江苏省，为 90.3%；安徽省最低，为 74.9%（详见表 2-15）。

表 2-15　2020 年每百名学生拥有网络多媒体教室数县域内均衡达标情况

	小　学	初　中
达标校数		
合计	17 417	6 973
上海市	924	690
江苏省	4 700	2 116
浙江省	3 866	1 853
安徽省	7 927	2 314
达标校占比（%）		
合计	91.3	87.1
上海市	99.6	99.6
江苏省	94.4	90.3
浙江省	99.7	98.4
安徽省	85.3	74.9

七、发现与问题

（一）90%县（市、区）达不到优质均衡资源配置的评估标准

对照《评估办法》，长三角一市三省的县（市、区）义务教育的资源配置达到优质均衡仍然存在一定困难，2020 年的数据表明，有 90% 的县（市、区）义务教育学校资源配置达不到优质均衡。其中安徽省没有一个县（市、区）能达标，上海市有 93.8% 的区不达标，江苏省有 89.6% 的县（市、区）不达标，浙江省则有 80% 的县（市、区）不达标。

表 2-16　2020 年长三角地区义务教育学校资源配置优质均衡达标县数分布情况

	达标县（市、区）	不达标县（市、区）	不达标县（市、区）占比（%）
合　计	19	278	90.6
上海市	1	15	93.8
江苏省	10	86	89.6
浙江省	8	72	80.0
安徽省	0	105	100.0

（二）配置水平不达标县（市、区）占比明显高于均衡程度不达标县（市、区）占比

一市三省义务教育学校 7 项指标配置水平有 91.9% 县（市、区）不达标，而均衡程度不达标县（市、区）占比为 59.9%，高出 31.9 个百分点。其中浙江省相差最明显，高出 55.6 个百分点，均衡程度明显好于配置水平，表明部分县（市、区）义务教育学校资源配置达到均衡，但是配置水平仍然达不到优质均衡的标准。

表 2-17 2020 年长三角地区义务教育学校 7 项指标配置水平与均衡程度达标县数情况

	合计	上海市	江苏省	浙江省	安徽省
不达标县（市、区）数					
配置水平	282	15	85	78	104
均衡程度	184	13	47	28	96
不达标县（市、区）占比（%）					
配置水平	91.9	93.8	88.5	86.7	99.0
均衡程度	59.9	81.3	49.0	31.1	91.4

（三）学校硬件指标配置水平不达标现象比较突出

1. 生均体育运动场馆面积和生均教学辅助用房面积是制约配置水平达标的难点

小学和初中学校的生均教学辅助用房面积和生均体育运动场馆面积是配置水平不达标县（市、区）占比最高的指标，均在 70% 以上。

从小学学校 7 项指标的配置水平达标情况来看，不达标县（市、区）占比由高到低分别是生均体育运动场馆面积（79.5%）、生均教学辅助用房面积（76.5%）、每百名学生拥有体育和艺术（音乐、美术）专任教师数（58.6%）、每百名学生拥有县级以上骨干教师数（54.4%）、生均教学仪器设备值（45.6%）、每百名学生拥有网络多媒体教室数（39.4%）、每百名学生拥有高于规定学历教师数（35.5%），其中前面两项不达标县（市、区）比例在 75% 以上。

从初中学校 7 项指标的配置水平达标情况来看，不达标县（市、区）占比由高到低分别是生均教学辅助用房面积（75.2%）、生均体育运动场馆面积（73.3%）、每百名学生拥有体育和艺术（音乐、美术）专任教师数（60.3%）、每百名学生拥有县级以上骨干教师数（48.5%）、生均教学仪器设备值（46.9%）、每百名学生拥有网络多媒体教室数（42.3%）、每百名学生拥有高于规定学历教师数（36.2%），其中前面两项不达标县（市、区）比例在 70% 以上（详见表 2-18）。

表 2-18 2020 年长三角地区义务教育 7 项指标配置水平不达标总体情况

	每百名学生拥有高于规定学历教师数	每百名学生拥有县级以上骨干教师数	每百名学生拥有体育、艺术（音乐、美术）专任教师数	生均教学辅助用房面积	生均体育运动场馆面积	生均教学仪器设备值	每百名学生拥有网络多媒体教室数
不达标县（市、区）数							
小学	109	167	180	235	244	140	121
初中	111	149	185	231	225	144	130
不达标县（市、区）占比（%）							
小学	35.5	54.4	58.6	76.5	79.5	45.6	39.4
初中	36.2	48.5	60.3	75.2	73.3	46.9	42.3

2. 上海市和安徽省生均体育运动场馆面积和生均教学辅助用房面积配置水平不达标现象突出

对一市三省义务教育 7 项指标配置水平不达标情况进行分析，结果显示：上海市配置水平不达标主要集中在生均体育运动场馆面积和生均教学辅助用房面积等学校硬件指标上，其中 93.8% 的区小学和初中生均体育运动场馆面积不达标，87.5% 的区小学生均教学辅助用房面积不达标；江苏省 7 项指标不达标县（市、区）占比相对均衡，其中生均体育运动场馆面积不达标县占比最高；浙江省 7 项指标不达标县（市、区）占比超过 50% 的指标是生均体育运动场馆面积、生均教学辅助用房面积和每百名学生拥有体育和艺术（音乐、美术）专任教师数；安徽省 7 项指标配置水平不达标县（市、区）占比均在 70% 以上，其中小学和初中每百名学生拥有体育、艺术（美术、音乐）专任教师数不达标县（市、区）占比均在 90% 以上（详见表 2-19）。

表 2-19 2020 年一市三省义务教育 7 项指标配置水平不达标情况

	每百名学生拥有高于规定学历教师数	每百名学生拥有县级以上骨干教师数	每百名学生拥有体育、艺术（美术、音乐）专任教师数	生均教学辅助用房面积	生均体育运动场馆面积	生均教学仪器设备值	每百名学生拥有网络多媒体教室数
小学不达标县（市、区）占比（%）							
上海市	0.0	31.3	37.5	87.5	93.8	12.5	12.5
江苏省	15.6	31.3	33.3	60.4	66.7	31.3	27.1
浙江省	22.2	44.4	52.2	74.4	76.7	21.1	6.7
安徽省	70.5	87.6	90.5	91.4	91.4	84.8	82.9

续 表

	每百名学生拥有高于规定学历教师数	每百名学生拥有县级以上骨干教师数	每百名学生拥有体育、艺术（美术、音乐）专任教师数	生均教学辅助用房面积	生均体育运动场馆面积	生均教学仪器设备值	每百名学生拥有网络多媒体教室数
初中不达标县（市、区）占比（%）							
上海市	12.5	31.3	43.8	81.3	93.8	12.5	12.5
江苏省	12.5	24.0	38.5	59.4	60.4	33.3	27.1
浙江省	21.1	35.6	51.1	77.8	67.8	23.3	18.9
安徽省	74.3	84.8	90.5	86.7	86.7	84.8	81.0

（四）学校运动场馆与骨干教师配置均衡程度不达标现象比较突出

1. 生均体育运动场馆面积和每百名学生拥有县级以上骨干教师数是制约均衡程度达标的难点

小学的生均体育运动场面积、每百名学生拥有县级以上骨干教师数的均衡程度不达标县占比30%以上。小学学校7项指标配置均衡程度不达标县（市、区）占比由高到低分别是生均体育运动场馆面积（31.9%）、每百名学生拥有县级以上骨干教师数（30.9%）、每百名学生拥有体育和艺术（音乐、美术）专任教师数（27.4%）、每百名学生拥有网络多媒体教室数（23.1%）、生均教学辅助用房面积（20.8%）、生均教学仪器设备值（16.6%）、每百名学生拥有高于规定学历教师数（8.5%），其中前面两项不达标县（市、区）占比在30%以上。

初中的生均体育运动场面积不达标县（市、区）占比在40%以上。初中学校7项指标配置均衡程度不达标县（市、区）占比由高到低分别是生均体育运动场馆面积（45.6%）、每百名学生拥有县级以上骨干教师数（39.7%）、生均教学辅助用房面积（39.7%）、生均教学仪器设备值（36.5%）、每百名学生拥有体育和艺术（音乐、美术）专任教师数（33.9%）、每百名学生拥有网络多媒体教室数（32.6%）、每百名学生拥有高于规定学历教师数（26.7%）（详见表2-20）。

表2-20　2020年长三角地区义务教育7项指标均衡程度不达标总体情况

	每百名学生拥有高于规定学历教师数	每百名学生拥有县级以上骨干教师数	每百名学生拥有体育、艺术（美术、音乐）专任教师数	生均教学辅助用房面积	生均体育运动场馆面积	生均教学仪器设备值	每百名学生拥有网络多媒体教室数
不达标县（市、区）数							
小学	26	95	84	64	98	51	71
初中	82	122	104	122	140	112	100

续 表

	每百名学生拥有高于规定学历教师数	每百名学生拥有县级以上骨干教师数	每百名学生拥有体育、艺术（音乐、美术）专任教师数	生均教学辅助用房面积	生均体育运动场馆面积	生均教学仪器设备值	每百名学生拥有网络多媒体教室数
不达标县（市、区）占比（%）							
小学	8.5	30.9	27.4	20.8	31.9	16.6	23.1
初中	26.7	39.7	33.9	39.7	45.6	36.5	32.6

2. 安徽省7项指标配置均衡程度不达标现象明显

通过数据分析一市三省义务教育7项指标配置均衡程度不达标情况，上海市、江苏省和浙江省小学和初中主要表现在学校硬件上，上海市小学和初中生均体育运动场馆面积有一半及以上的区该指标均衡程度不达标；江苏省7项指标中生均体育运动场馆面积均衡程度不达标县（市、区）占比最高，初中为31.3%；浙江省7项指标中小学生均体育运动场馆面积不达标县（市、区）占比最高，为12.2%。而安徽省小学均衡程度不达标的指标主要集中在每百名学生拥有体育和艺术（音乐、美术）专任教师数和每百名学生拥有县级以上骨干教师数，占比均超过70%；初中均衡程度不达标县（市、区）占比均超过70%，每百名学生拥有体育、艺术（美术、音乐）专任教师数占比最高，达到90.5%（详见表2-21）。

表2-21　2020年长三角地区义务教育7项指标均衡程度不达标总体情况

	每百名学生拥有高于规定学历教师数	每百名学生拥有县级以上骨干教师数	每百名学生拥有体育、艺术（美术、音乐）专任教师数	生均教学辅助用房面积	生均体育运动场馆面积	生均教学仪器设备值	每百名学生拥有网络多媒体教室数
小学不达标县（市、区）占比（%）							
上海市	0.0	25.0	0.0	25.0	50.0	31.3	12.5
江苏省	0.0	6.3	6.3	15.6	26.0	15.6	4.2
浙江省	2.2	4.4	2.2	6.7	12.2	2.2	3.3
安徽省	22.9	77.1	72.4	37.1	51.4	27.6	59.0
初中不达标县（市、区）占比（%）							
上海市	0.0	37.5	0.0	50.0	68.8	31.3	37.5
江苏省	4.2	17.7	9.4	16.7	31.3	15.6	6.3
浙江省	0.0	11.1	0.0	7.8	8.9	3.3	3.3
安徽省	74.3	84.8	90.5	86.7	86.7	84.8	81.0

八、政策建议

义务教育均衡发展是人民群众的核心诉求，也是教育现代化的必然要求。到 2025 年，长三角地区要整体率先实现教育现代化，必须加快推动义务教育优质均衡发展的一体化进程，构建具有区域特点、中国特色和世界水平的区域义务教育体系。为了长三角地区义务教育资源实现更高质量、更加均衡、更加开放和更富成效的供给，提出如下对策建议。

（一）提高政治站位，以义务教育优质均衡发展为发力点，持续深化完善区域教育一体化合作机制

深入贯彻落实习近平总书记在扎实推进长三角一体化发展座谈会上的重要讲话精神，聚焦长三角地区教育更高质量一体化发展目标，以义务教育均衡发展为抓手：（1）完善长三角义务教育优质均衡发展共商共建共享机制，研究部署整体推进长三角地区义务教育优质均衡发展的任务书、时间表和路线图，定期讨论形成推动义务教育区域优质均衡发展的政策建议；（2）建立长三角地区义务教育优质均衡发展区域监测评价制度，定期发布义务教育优质均衡发展年度报告，分析研判长三角地区义务教育优质均衡发展程度、存在问题和对策建议，总结并讲好整体推进义务教育优质均衡发展的长三角故事、长三角经验；（3）构建长三角地区义务教育优质均衡一体化发展创新示范区，定位区域义务教育均衡发展新标杆、新高地和新典范，探索可复制、可推广的制度创新成果。

（二）坚持问题导向，集中对省（市）域内义务教育优质均衡发展补短板、强弱项、固优势，办好每一所学校

从"7 项指标"的数据分析发现，各省均有各自的优势和短板，需要基于省情，因地制宜地精准施策。比如上海市尽管在教学仪器、图书、师资等方面的配置水平相对较高，但是在教学辅助用房及运动场馆配置上存在短板，需要在确保教学辅助用房和运动场馆达标的基础上，通过新建学校、实施学区化集团化办学、创新学校资源配置模式、整合优质资源等措施，进一步促进校际优质均衡。安徽省的进步尽管非常明显，但是在大多数指标的配置水平上均相对靠后，需要根据《安徽省义务教育阶段学校办学基本标准》进一步改善办学条件，从基本均衡转向优质均衡。浙江省 7 项指标的配置水平和均衡程度相对较高，在大多数指标的均衡程度上也处于领先地位，但是在音体美师资配备、教学辅助用房及运动场馆配置上还需要进一步努力。同样，江苏省在骨干教师、音体美教师配备、运动场馆配置及其均衡程度上也尚需努力。

（三）聚焦质量提升，构建长三角地区骨干教师评定标准，加快区域教师全面交流、深度融合、抱团成长，为区域义务教育均衡发展赋能升级

长三角地区义务教育学校需要加强专任教师的培训力度，落实专任教师的流动政策，促

进一市三省骨干教师经验的分享交流。数据分析结果显示，每百名学生拥有县级以上骨干教师数的配置水平及其均衡程度在师资配备上处于短板。要实现优质均衡，提高教育质量，关键在教师，特别是有专业能力的教师，建议长三角地区有序实施培训学分一体化的措施，扩大优质资源共享力度，建立长三角地区统一的骨干教师评定体系，共同促进教师的专业发展。

（四）落实省级政府统筹责任，进一步加强统筹力度

通过对长三角地区307个县（市、区）7项指标的数据分析，本研究发现仅有8.1%的县（市、区）义务教育资源配置能达到优质均衡，有很大部分县（市、区）不能达标，主要表现为7项指标的配置水平上达不到国家标准。因此，各地要在落实县级人民政府主体责任的基础上发挥省级人民政府对义务教育均衡发展的统筹责任，精准投入，提高薄弱学校资源配置水平。此外，要进一步完善义务教育均衡发展水平的常态化监测机制，健全推进优质均衡发展的长效机制，对推进义务教育优质均衡发展工作落实不到位、造成不良社会影响的部门和有关责任人，要严肃问责。

3 长三角基础教育公共服务水平的实证研究

马晓娜

华东理工大学

基础教育是国家公共服务体系的重要组成部分，增加基础教育公共服务供给是建设高质量教育体系的基础保障。长三角教育现代化目标的实现有赖于率先推进教育公共服务供给高水平均等。基础教育公共服务水平的泰尔指数研究表明，2017—2020年长三角基础教育公共服务地带内差异化水平低于全国平均水平，也低于东部地区、京津冀区域的平均水平，均衡性相对较高。同时，对基础教育学校危房面积、专任教师学历、义务教育进城务工人员随迁子女公办就读比例等具体指标进行分析，显示：安徽省基础教育学校校舍危房面积、专任教师学历为高中阶段及以下的毕业人数相对较多，长三角地区义务教育进城务工人员随迁子女公办就读比例明显低于京津冀和东部地区的平均水平。针对长三角基础教育公共服务供给及发展过程中存在的问题，本研究提出了切实保障基础教育经费稳步增长、以协同发展降低区域内基础教育均等化差异、努力突破均等化发展薄弱环节、大力提高随迁子女公办学校就读比例等政策建议。

一、导论：问题提出

（一）基础教育公共服务是国家公共服务体系的重要组成部分

党的二十大报告明确指出，"办好人民满意的教育"，"全面贯彻党的教育方针，落实立德树人根本任务，培养德智体美劳全面发展的社会主义建设者和接班人。……加快建设高质量教育体系，发展素质教育，促进教育公平"。加强和创新社会治理，保障和改善民生，完善公共服务体系，带领人民创造美好生活，是党提出的伟大奋斗目标。为实现此目标，首先就要优先发展教育事业，努力让每个孩子都能享有公平而有质量的教育。

基础教育公共服务均等化是教育公平的基石，是国家公共服务体系的重要组成部分，应该予以重视和优先推进。国家"十四五"公共服务规划明确，教育领域要发展普惠托育服务体系，推进教育公平与优质教育资源供给，降低家庭教育开支；基本公共服务均等化水平明显提高，普惠性非基本公共服务实现提质扩容。幼有所育、学有所教是"十四五"期间国家社会发展与公共服务的主要指标之一。"十四五"社会发展与公共服务主要指标显示，预期每千人口拥有 3 岁以下婴幼儿托位数将由 2020 年的 1.8 个增长至 2025 年的 4.5 个，预期 2025 年学前教育毛入园率将大于 90%，九年义务教育巩固率达到 96%，高中阶段教育毛入学率大于 92%，劳动年龄人口平均受教育年限达到 11.3 年。

表 3-1 "十四五"社会发展与公共服务主要指标（教育相关）

类别	指标	2020 年	2025 年	属性
幼有所育	每千人口拥有 3 岁以下婴幼儿托位数（个）	1.8	4.5	预期性
	孤儿和事实无人抚养儿童保障覆盖率	—	应保尽保	约束性
学有所教	学前教育毛入园率	85.2%	>90%	预期性
	九年义务教育巩固率	95.2%	96%	约束性
	高中阶段教育毛入学率	91.2%	>92%	预期性
	劳动年龄人口平均受教育年限（年）	10.8	11.3	约束性

资料来源：《"十四五"公共服务规划》。

（二）增加基础教育公共服务供给是建设高质量教育体系的基础保障

基本公共服务实现均等化、人民生活更加美好是我国《国民经济和社会发展第十四个五年规划和 2035 年远景目标纲要》（下文简称《"十四五"规划和纲要》）设定的目标之一。人民对美好生活的期待包含诸多教育公共服务供给相关内容。《"十四五"规划和纲要》明确，"十四五"时期基本公共服务均等化水平明显提高，全民受教育程度不断提升，劳动年龄人口平均受教育年限提高到 11.3 年。国家支持高水平公共服务机构对接基层、边远和欠发达地区，扩大公共服务资源辐射覆盖范围。

2019 年我国义务教育巩固率达 94.8%，学前教育毛入园率达 83.4%，高中阶段普及水平达 89.5%，高等教育进入普及化阶段。教育发展进入以质量为核心的新阶段，建设高质量教育体系是我国现阶段提出的重要战略方向，也是我国当前教育发展的阶段性目标任务。教育均衡公平发展与质量提升相辅相成，局部教育发展不平衡不充分是高质量发展的绊脚石，服务于少数人的教育体系不是高质量教育体系。基础教育公共服务供给增加能够较好地解决教育发展不平衡不充分的问题，从而为高质量教育体系的打造提供基础保障。

（三）长三角需要率先推进教育公共服务供给高水平均等

长三角一体化发展是我国区域重大战略部署的重要构成。教育一体化发展在区域一体化进程中具有基础性和战略性地位。区域教育协同发展会在一定程度上促进区域经济社会一体化进程。基础教育公共服务供给的增加有利于推动长三角教育更高质量、更可持续地发展。"加快公共服务便利共享，优化优质教育资源布局，提升长三角一体化发展水平"已在《"十四五"规划和纲要》中得到明确。

《长江三角洲区域一体化发展规划纲要》提出，长三角要率先实现基本公共服务均等化；

以标准化促进基本公共服务均等化、普惠化、便捷化；统筹学区资源，逐步实现教育均等化；坚持民生共享，增加优质公共服务供给，扩大配置范围，不断保障和改善民生，使改革发展成果更加普惠便利，长三角居民在一体化发展中有更多获得感、幸福感、安全感，促进人的全面发展和全体人民共同富裕是其基本原则。从全国范围来看，长三角地区社会事业发展较快，公共服务相对均衡，社会治理共建共治共享格局初步形成，人民获得感、幸福感、安全感不断增强；公共服务初步共享，公共服务体系相对完善，但仍存在部分城市间公共服务供给差距明显、一体化联动发展体制机制有待进一步完善等问题，高水平均等尚需多方共同努力。基础教育公共服务供给增加有助于长三角教育高质量、可持续一体化发展目标的实现。长三角一市三省"十四五"教育公共服务目标任务及重点项目详见表3-2。

表3-2 长三角一市三省"十四五"教育公共服务目标任务及重点项目

	目标及任务描述					重点项目
上海市	基本公共教育服务实现更高水平均等。义务教育优质均衡水平持续提高，城乡一体化发展水平显著提升，城乡、区域、校际差异进一步缩小。家庭经济困难群体资助保障体系更加健全，特殊群体学生接受教育的需求得到更好满足，来沪务工人员随迁子女接受教育服务供给机制更加完善。					学生全面发展促进项目。提升学生的思想道德素养、学习素养、体育素养、美育素养、劳动素养，强化学生的心理健康教育和服务，创新融合育人评价模式，健全学校—家庭—社会协同育人机制。 一流教师队伍建设项目。对标一流标准，打造高水平专业化创新型教师队伍。 基础教育高品质发展促进项目。探索建设若干所"未来学校"和拔尖人才早期培养基地，优化基础教育学校发展格局，深化基础教育教学改革。 教育资源布局调整与基本建设保障项目，优化基础教育资源配置。

		指标名称	属性	单位	2020年	2025年
	1	学前教育毛入园率	约束性	%	99.0	保持高水平
		学前教育教师接受专业教育比例	预期性	%	95.6	98左右
	2	九年义务教育巩固率	约束性	%	99.9	保持高水平
		义务教育优质均衡区比例	预期性	%	—	全国领先
	3	残疾儿童义务教育阶段入学率	约束性	%	99.8	保持高水平
		残疾青少年高中阶段教育入学率	预期性	%	70.5	75左右
	4	高中阶段毛入学率	约束性	%	99.0	保持高水平
	5	中小学生体质健康合格率	预期性	%	97.2	保持高水平
		中小学生体育素养水平指数	预期性	指数	80.2	82左右
	6	职业教育"双师型"教师比例	预期性	%	60.15	65左右

续 表

	目标及任务描述	重点项目
江苏省	把促进教育公平作为基本教育政策，基本公共教育服务体系进一步完善，基本公共教育资源均衡配置机制更加健全，区域、城乡、校际差距逐步缩小，对特殊群体的关爱进一步加强，对经济薄弱地区、家庭经济困难学生的支持力度进一步加大，发展型资助政策体系得到健全。 到2025年，学前教育三年毛入园率（%）超过99%；高中阶段教育毛入学率（%）超过99%；改扩建幼儿园1 000所、义务教育学校800所、普通高中200所。	学前教育行动计划。积极建设公办幼儿园，推进学前教育普惠健康发展。 城乡义务教育一体化发展。促进义务教育优质均衡发展，实施义务教育"一校一策"达标计划。 普通高中资源建设与基础教育内涵提升项目。 智慧教育提升工程。教育专网覆盖各级教育行政部门和各类学校，持续推进智慧校园建设，省级智慧校园覆盖率达75%。
浙江省	大力发展优质普惠学前教育，加大学前教育投入，到2023年，公办园覆盖率保持在50%以上，普惠性学前教育覆盖率达到90%，优质学前教育（一级、二级园）覆盖率达到70%以上。幼儿园教师持证率达到99%；促进中小学高质量发展，优化基础教育资源配置，推进城乡义务教育优质均衡发展和普通高中多样化发展，60%以上县（市、区）成为全国义务教育优质均衡发展县（市、区），维护教育公平，提升教育质量；推动普通高中多样化特色化发展，创建6个普通高中学校分类办学的改革试点区、30所试点学校，探索区域分类办学机制，培育一批不同办学特色、在全省起示范作用的现代化普通高中学校；提升特殊教育能力，全面建成布局合理、学段衔接、特普互补、普职融通、医教结合的特殊教育体系。	基础教育"强基工程"。科学编制区域学校布局规划，不断提升浙江省优质教育资源配置水平，实现优质均衡高质量发展。全省新建（改扩建）一批幼儿园、中小学，实施500所初中学校补短提升行动，重点培育100所窗口学校，建设10个"互联网+义务教育"示范区。 新时代城乡教育共同体建设。按照融合、共建、协作等模式，探索建立覆盖全省中小学的城乡教育共同体。县域内融合型、共建型模式的教共体比例不低于80%，实现全省乡村、镇区公办义务教育学校全覆盖。 普通高中特色发展工程。创建6个普通高中学校分类办学的改革试点区。
安徽省	坚持教育公益性原则，深化教育改革，促进教育公平，办好家门口每一所学校。完善普惠性学前教育保障机制。到2025年，学前教育毛入园率超过92%。加快城乡义务教育一体化和优质均衡发展。推广集团化办学、名校办分校、委托管理、学区制管理、学校联盟等办学形式，促进优质教育资源共享。加快普通高中多样化有特色发展，实施城镇普通高中扩容工程。完善特殊教育、专门教育保障机制。完善中高职贯通培养体系，精准对接行业和区域发展的实际需求，提升职业院校技能型人才培养质量。	学前教育普及普惠工程。扩大普惠性学前教育资源，新建、改扩建幼儿园项目1 000个左右。到2025年，普惠性幼儿园覆盖率超过82.5%。 义务教育质量提升工程。积极推动优质均衡发展，到2025年，全省实现优质均衡发展的县（市、区）达到25%。 城镇普通高中扩容工程。推动普通高中普及攻坚，新建、改扩建普通高中200所左右。到2025年，全省高中阶段教育毛入学率稳定在92%以上。

资料来源：一市三省国民经济和社会发展"十四五"规划、教育发展"十四五"规划。

二、文献综述与研究思路

(一) 文献综述

教育公平是社会公平的起点。教育公共服务均等化是实现社会公平的基本途径之一，也是实现共同富裕的逻辑前提和关键环节。[1] 教育公共服务均等化要求政府在基本公共服务领域，尽可能满足人们的基本教育需求，尽可能使人们享有均等的教育权利。[2] 高水平的教育公共服务体系是一个国家、一个地区和一个城市现代化程度的重要标志。[3] 而基础教育在整个国民教育体系中又处于基础性、先导性地位，学界围绕基础教育公共服务水平的影响因素、地区差异、满意度，以及学前教育，义务教育公共服务水平等方面展开了系列研究。

基础教育公共服务水平的影响因素研究。 一项中国基础教育公共服务均等化空间格局及其影响因素的研究表明，中国东部和中部地区基础教育公共服务资源数量约占65%，基础教育公共服务的高值区域与城市群所在区域较为吻合，低值区域主要分布在胡焕庸线以西，东西部基础教育资源的绝对数量差异明显。其中常住人口、第三产业比例及建成区面积是基础教育公共服务均等化空间格局差异的主要影响因素。[4]

教育资源配置是否合理直接关系到教育公平实现程度，有学者提出基础教育信息资源均衡配置是教育公平问题研究的突破口。[5] 财政分权不利于教育公共服务均等化，创新财政分权体制有助于促进我国教育公共服务均等化整体实现。[6] 政策文本分析显示，"双减"政策的施行将推进我国基础教育公共服务体系的重构与再造，包括建立全域优质义务教育公共服务体系，重构学校教育公共服务体系，以及建立校外教育公共服务体系等。[7]

基础教育公共服务水平的地区差异。 东部、中部、西部的对比分析研究表明，西部部分地区基础教育公共服务的投入规模逐渐增大，并且预算经费远远高于全国平均水平，但是这些地区的公共服务质量仍然比较落后。基础教育发展不均衡，资金利用效率也有

---

[1] 祁峰，高策. 教育公共服务均等化推动共同富裕研究[J]. 北京航空航天大学学报（社会科学版），2022（8）：1-8.
[2] 张茂聪. 教育公共服务均等化的路径选择[J]. 教育研究，2012（6）：155-159.
[3] 徐钦福，希象. 构建高水平教育公共服务体系——上海的战略思考与政策建议[J]. 教育发展研究，2008（9）：44-48.
[4] 汪凡，白永平，周亮，等. 中国基础教育公共服务均等化空间格局及其影响因素[J]. 地理研究，2019（2）：285-296.
[5] 杨宗凯，熊才平，吴瑞华，等. 信息技术促进基础教育公共服务均等化研究前景预判[J]. 中国电化教育，2015（1）：70-76.
[6] 杨东亮，杨可. 财政分权对县级教育公共服务均等化的影响研究[J]. 吉林大学社会科学学报，2018（2）：93-103.
[7] 张志勇，赵阳，李婉颖. 从"双减"试点看我国基础教育公共服务改革的未来走向[J]. 中国教育学刊，2022（11）：54-59.

待提升。①

区间内城乡和地区基础教育公共服务水平的差距出现缩小趋势，县村教育水平差距逆转趋势明显，但无论是东部、中部还是西部，教育资源向城市集中的态势仍未得到扭转。②

基础教育公共服务满意度研究。 已有研究表明，满意度是基础教育公共服务绩效评估的一个重要取向。基础教育满意度测评与学业质量评估相比不只是主体层面的差异，更是深层次的价值取向差异。办好人民满意的教育，是中国改善民生、促进和谐社会建设的重要内容。基础教育满意度测评作为评估的一种，收集数据、分析数据皆是手段，其最终目的在于推进基础教育改革和发展。③

基础教育公共服务满意度的调查研究显示，减轻中小学生过重课业负担，提高中小学生身体和心理素质是家长对基础教育公共服务满意度的主要洼地，也是重点改进领域；郊区学校的校际均衡与内涵发展水平是亟待改进区，建立中小学家长参与机制和基本公共教育服务均等化制度是改进的关键。④

学前教育公共服务水平研究。 学前教育公共服务水平的相关研究表明，普惠性学前教育公共服务财政投入严重不足，且存在明显省际差异；区域、城乡间普惠性学前教育资源配置不够均衡；家长对普惠性学前教育公共服务的满意度不高。⑤⑥学前教育公共服务体系建设存在的突出问题包括："入园难、入园贵"问题未得到根本解决，学前教育的均衡发展依然面临严峻挑战。⑦

在提高学前教育公共服务水平的对策方面，许多研究者提出，应把普惠性学前教育纳入基本公共服务范畴，加快立法，明确普惠性学前教育基本公共服务属性。⑧农村学前教育服务体系的逻辑起点应是"儿童幸福和发展"，侧重公平和均衡；⑨统筹全国城乡经济社会发展为学前教育公共服务体系的建构奠定了政治经济基础，提供了重要的事业发展契机。⑩

---

① 王靖，杨若愚.西藏地区基础教育公共服务均等化现状与评价——基于东、中、西三省的对比分析［J］.西藏民族大学学报（哲学社会科学版），2017（3）：86-92.
② 陈鑫.我国基础教育公共服务均等化差异研究［J］.求索，2012（3）：71-73.
③ 李伟涛.基础教育公共服务满意度研究述评［J］.上海教育科研，2014（1）：11-15.
④ 李伟涛，郅庭瑾.基础教育公共服务的家长满意度分析与建议——以上海市为例的实证研究［J］.全球教育展望，2014（7）：43-50.
⑤ 王艺芳，姜勇.我国普惠性学前教育公共服务发展水平的测评与分析［J］.湖南师范大学教育科学学报，2022（4）：16-24.
⑥ 任慧娟，边霞.普惠性学前教育公共服务体系构建困境及政府治理对策研究［J］.教育理论与实践，2021（29）：20-23.
⑦ 姜勇，庞丽娟.我国普惠性学前教育公共服务体系建设的突出问题与破解思路［J］.湖南师范大学教育科学学报，2019（7）：51-58.
⑧ 刘焱，郑孝玲.关于普惠性学前教育公共服务属性定位的探讨［J］.教育研究，2020（1）：4-15.
⑨ 朱晓斌，蒋一之，郑报.从社会保障伦理视角看农村学前教育公共服务体系的建构［J］.教育学报，2020（1）：55-62.
⑩ 吕苹.基于统筹城乡发展的学前教育公共服务体制建构［J］.教育研究，2014（7）：63-68.

义务教育公共服务水平研究。 义务教育公共服务相关研究表明，义务教育均等化是基本公共服务均等化的重要组成部分。义务教育是外部性和溢出效应明显的公共产品，位列基本公共服务之首，义务教育均等化是实现教育公平的重要途径，提供义务教育公共服务是政府的职责。财政助推机制、资源配置机制以及政策实施机制等是义务教育公共服务均等化的实现机制。[①②]

从供给来看，义务教育公共服务的多中心框架强调义务教育公共服务供给结构的多元化，进而形成义务教育公共服务供给的网络结构。[③] 从意义及价值来看，县城义务教育公共服务的有效供给对于推进新型城镇化具有重要价值。县城义务教育学校的大班额现象严重，义务教育公共服务供需矛盾突出，拥挤效应的负面作用凸显。[④] 教育公共服务的户籍限制增加了流动人口子女留守的可能。[⑤]

综上，学界已在基础教育公共服务方面积累了较为丰硕的成果，对于基础教育公共服务水平的影响因素、地区差异、满意度等方面进行了较为广泛深入的研究，但已有研究中量化实证研究偏少，且专注于某一区域尤其是长三角区域的实证研究更少。因此，深入开展长三角区域基础教育公共服务水平的实证研究是非常有必要的。

（二）研究思路

本研究从高质量发展背景下长三角基础教育公共服务水平的纵向和横向对比切入，通过长三角与相关区域基础教育公共服务水平的泰尔指数研究，分析长三角与全国、东部、京津冀、长江经济带相比地带内、地带间基础教育公共服务均衡化水平差异，以及长三角内部地带间均衡化水平差异等；通过基础教育公共服务具体指标的对比，分析长三角一市三省及国内相关区域的基本公共服务均衡化水平差异。在实证分析的基础之上，提出进一步提升长三角基础教育公共服务均衡化水平的政策建议。

三、长三角与相关区域基础教育公共服务水平的对比实证研究

基础教育公共服务是政府基本公共教育服务的重要组成部分。基础教育公共服务水平是基本公共服务均等化水平的重要监测点之一。在本研究中，基础教育包括学前、小学、初中、普通高中及中等职业学校（机构）教育。

（一）基础教育公共服务水平的泰尔指数研究

泰尔指数（T）又被称为泰尔熵，最早由泰尔（Theil）和亨利（Henri）于1976年提出，

---

① 陈书全.论义务教育公共服务均等化政策取向[J].山东社会科学，2011（5）：170-173.
② 褚昭伟.教育公平类别的精细划分与义务教育公共服务的精准提供[J].教育理论与实践，2018（22）：21-25.
③ 毛寿龙，王猛.地方义务教育公共服务标准化指标体系构建——基于多中心的视角[J].教育发展研究，2015（22）：1-8.
④ 褚宏启，褚昭伟.我国县城义务教育公共服务的拥挤效应与有效供给[J].教育发展研究，2018（10）：1-6.
⑤ 李尧.教育公共服务、户籍歧视与流动人口居留意愿[J].财政研究，2020（6）：92-104.

常被用来对经济发展、收入分配、教育服务等领域的均衡化水平进行定量描述。本研究的泰尔指数测算以生均一般公共教育经费比重加权，计算公式如下。

$$T = \sum_{i=1}^{N} y_i \log \frac{y_i}{p_i}$$

上述公式中，N 为区域个数；y_i 为 i 地区生均一般公共教育经费占区域总计的份额；p_i 为 p 地区在校学生人数占区域总计的份额。以省（直辖市）为基本区域单位，对泰尔指数进行分解，i 区域（比如长三角地区、京津冀地区）的泰尔指数（T_i）计算公式如下。

$$T_i = \sum_{j} \frac{y_{ij}}{y_i} \log \frac{y_{ij}/y_i}{p_{ij}/p_i}$$

泰尔指数越大，基础教育公共服务差异越大；泰尔指数越小，基础教育公共服务差异越小，越均衡。

1. 数据来源及区域划分

本研究所采用的生均一般公共教育经费数据来自教育部历年"全国教育经费执行情况统计公告"[1]，在校学生人数数据来自教育部历年"教育统计数据"[2]。教育经费及在校生人数最初均收集了 2015—2020 年连续 6 年的数据，后考虑到 2015—2016 年与 2017 年及之后全国教育经费执行情况统计口径有不一致的地方，且 2015—2016 年学前教育经费统计数据缺失，因此最终采纳并深入分析了 2017—2020 年的数据。

根据研究需要，本研究主要对比分析了长三角地区与全国、东部地区、京津冀地区、长江经济带的泰尔指数，以及长三角地区内各省（市）间的泰尔指数，其中全国数据不含中国台湾、中国香港、中国澳门；东部地区包括北京、天津、河北、辽宁、上海、江苏、浙江、福建、山东、广东、海南；长三角地区包括上海、江苏、浙江、安徽；京津冀地区包括北京、天津、河北；长江经济带包括上海、江苏、浙江、安徽、江西、湖北、湖南、重庆、四川、贵州、云南。

2. 结果分析

（1）全国—长三角

图 3-1 显示，2017—2020 年全国基础教育公共服务以生均一般公共教育经费比重加权的泰尔指数整体呈平稳下降趋势，四年时间里从 0.345 降至 0.312，降幅为 9.57 个百分点，总差异在稳步缩小。这表明全国基础教育公共服务均衡化水平近四年在稳步提升。图 3-1 也表明，长三角地区基础教育公共服务泰尔指数整体低于全国指数。2017—2020 年长三角地区泰尔指数除 2019 年（0.270）略有上升外，2018 年（0.268）、2020 年（0.258）相比 2017 年

---

[1] 教育部. 全国教育经费执行情况统计公告［EB/OL］.［2022-11-05］. http://wap.moe.gov.cn/jyb_sjzl/sjzl_jfzxgg/.
[2] 教育部. 教育统计数据［EB/OL］.［2022-11-05］. http://www.moe.gov.cn/jyb_sjzl/moe_560/2020/.

（0.269）均有所下降，2020年长三角泰尔指数较2017年下降了4.09%。对比两者的泰尔指数，长三角地区基础教育公共服务均衡化程度高于全国整体水平。

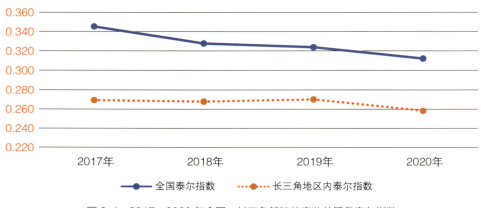

图3-1　2017—2020年全国—长三角基础教育公共服务泰尔指数

（2）东部—长三角

图3-2显示，2017—2020年东部地区基础教育公共服务以生均一般公共教育经费比重加权的泰尔指数也呈稳中有降趋势，与2017年（0.389）相比，2018年（0.388）、2019（0.385）年下降幅度较小，2020年（0.363）有了相对明显的下降，降幅为6.68个百分点。总的来讲，东部地区基础教育公共服务差异化程度近四年也在稳步缩小，但与长三角地区相比，前者基础教育公共服务均衡化水平明显低于后者。

图3-2　2017—2020年东部—长三角基础教育公共服务泰尔指数

（3）京津冀—长三角

图3-3显示，2017—2020年京津冀地区基础教育公共服务以生均一般公共教育经费比重加权的泰尔指数先略升后降，2017年为0.482，2018年上升至0.485，2019年下降至0.478，2020年继续下降，为0.466，2020年与2017年相比下降了3.32%。总体而言，京津冀地区基础教育公共服务差异化程度近四年逐步缩小，但与长三角地区相比，前者基础教育公共服务差异化水平明显低于后者。

图 3-3　2017—2020 年京津冀—长三角基础教育公共服务泰尔指数

（4）长江经济带—长三角

图 3-4 显示，2017—2020 年长江经济带基础教育公共服务以生均一般公共教育经费比重加权的泰尔指数除 2019 年略有上升之外，整体呈下降趋势。2017—2020 年该区域泰尔指数分别为 0.189、0.187、0.189、0.181，2020 年与 2017 年相比下降了 4.23%。总体而言，长江经济带基础教育公共服务差异化水平近四年稳中有降。两两相比的结果表明，长江经济带基础教育公共服务均衡化水平明显高于长三角地区。

图 3-4　2017—2020 年长江经济带—长三角基础教育公共服务泰尔指数

（5）全国—东部—长三角—京津冀—长江经济带地带内泰尔指数及东部—长三角—京津冀—长江经济带地带间泰尔指数

图 3-5 显示，2017—2020 年全国—东部—长三角—京津冀—长江经济带地带内泰尔指数由低到高的整体排序为长江经济带、长三角、全国、东部、京津冀，这就意味着，地带内基础教育公共服务差异化水平由低到高的排序为长江经济带、长三角、全国、东部、京津冀。相比之下，东部地区、长三角地区、京津冀地区、长江经济带地带间泰尔指数明显低于各地带内泰尔指数，2017—2020 年相关地带间泰尔指数为 0.026～0.020，因此，相关地带间基础教育公共服务均衡化水平明显高于地带内均衡化水平。

优质均衡

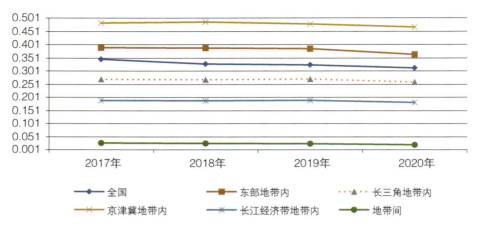

图 3-5　2017—2020 年全国—东部—长三角—京津冀—长江经济带地带内及地带间泰尔指数

（6）长三角内部地带间泰尔指数

图 3-6 显示，2017—2020 年长三角内部地带间泰尔指数整体由低到高的排序为江苏—安徽、江苏—浙江、浙江—安徽、上海—浙江、上海—江苏、上海—安徽。因此，两两相较之下，长三角内部地带间基础教育公共服务差异性最小的是江苏—安徽，差异性最大的是上海—安徽。相比之下，江苏—安徽、江苏—浙江、浙江—安徽基础教育公共服务地带间差异化水平整体差异较小，在 0.003 至 0.036 之间，而上海—浙江、上海—江苏、上海—安徽地带间差异化水平整体差异较大，在 0.201 至 0.405 之间。

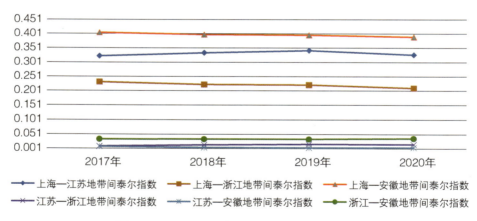

图 3-6　2017—2020 年长三角内部地带间泰尔指数

（二）基础教育公共服务具体指标的对比分析

基于数据获取的可能性，本部分先尝试以基础教育学校校舍危房面积、专任教师学历（高中阶段及以下毕业人数）、义务教育进城务工人员随迁子女公办就读比例等具体指标为切入口，对比分析长三角一市三省及国内相关区域的基本公共服务水平。

1. 基础教育学校校舍危房面积对比

图 3-7 显示，近五年安徽、广东两省基础教育学校校舍危房面积数量巨大。安徽省 2018 年更是达到近 28.0 万平方米的高位，其中小学及普通高中危房面积均超过了 10.0 万平方米。安徽省 2019、2020 年学校校舍危房面积有所下降，其中 2020 年为 11.2 万平方米。广东省基础教育学校校舍危房面积虽也较大，但近五年呈整体下降趋势，从 2016 年的近 19.0 万平方米下降至 2020 年的近 13.0 万平方米，其中幼儿园、小学、中等职业学校校舍危房面积占比较大。近五年北京市基础教育学校校舍危房面积基本维持在 1.0 万平方左右，上海市、江苏省、浙江省近两年的校舍危房面积均为零。

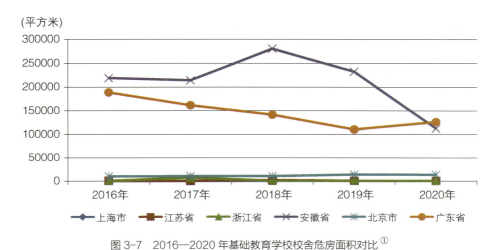

图 3-7　2016—2020 年基础教育学校校舍危房面积对比[①]

2. 基础教育学校专任教师学历为高中阶段及以下毕业人数对比

图 3-8 显示，基础教育学校专任教师学历为高中阶段及以下毕业人数整体最多的地区为广东省，2016 年超过 10.0 万人，其中幼儿园 2016 年此人数逾 8 万人，小学近 1.8 万人。广东省此数据近五年逐年下降，至 2020 年下降至近 6.0 万人。安徽省基础教育学校专任教师学历为高中阶段及以下毕业人数整体排第二位，近五年也呈下降趋势，2020 年下降至近 1.6 万人，其中幼儿园 1.1 万人，小学近 0.4 万人。江苏、浙江两省基础教育学校专任教师学历为高中阶段及以下毕业人数曲线几乎重合，江苏省比浙江省人数略多些，到 2020 年两省人数均下降至 0.4 万人左右。上海、北京两市基础教育学校专任教师学历为高中阶段及以下毕业人数相对最少，北京市从 2016 年的 0.4 万人左右下降至 2020 年的 0.2 万人左右，上海市从 2016 年的 0.2 万人左右下降至 2020 年的八百人左右。整体来讲，高中及以下学历师资主要集中在幼儿园和小学，初中、中等职业学校占比较小，散见于高中。

---

① 教育部. 教育统计数据［EB/OL］.［2022-11-05］. http://www.moe.gov.cn/jyb_sjzl/moe_560/.

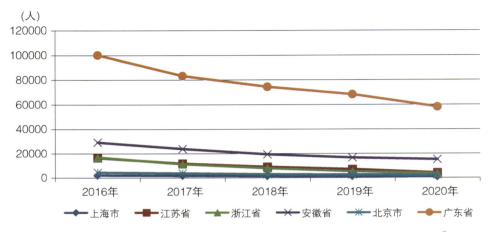

图 3-8　2016—2020 年基础教育学校专任教师学历为高中阶段及以下毕业人数对比[①]

3. 相关区域义务教育进城务工人员随迁子女公办学校就读比例对比

图 3-9 显示，2016—2020 年长三角地区义务教育进城务工人员随迁子女公办学校就读比例近五年稳步提高，从 83.1% 提高至 84.8%，但相对于京津冀、全国、长江经济带、东部地区，长三角地区随迁子女公办学校就读比例整体排名倒数第一。京津冀地区义务教育进城务工人员随迁子女公办学校就读比例近五年虽有起伏，但整体排名第一，2020 年达到 94.5%；全国、长江经济带此数据分别稳定在 88.0%、86.0% 左右；东部地区略高于长三角地区，2016—2019 年保持在 84.0% 左右，2020 年有明显提高，达到 86.0%。作为人口导入最集中的长三角地区，为切实推进义务教育高位优质均衡发展，随迁子女公办学校就读比例亟待提高。

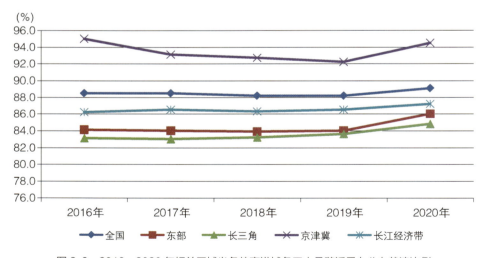

图 3-9　2016—2020 年相关区域义务教育进城务工人员随迁子女公办就读比例

---

① 教育部. 教育统计数据［EB/OL］.［2022-11-05］. http://www.moe.gov.cn/jyb_sjzl/moe_560/.

四、政策建议

（一）切实保障一市三省基础教育经费的稳步增长

泰尔指数的计算表明，教育经费的投入在很大程度上影响着各地教育均衡发展水平。近几年长三角地区基础教育公共服务均等化水平相较全国、东部地区、京津冀地区较高，这离不开一市三省生均一般公共教育经费增长的贡献。长三角地区作为中国经济发展最活跃、开放程度最高、创新能力最强的区域之一，经济基础相对较好，经济总量占全国的24.0%，但区域内经济发展差异明显。

基础教育经费资金以地方政府财政投入为主，地方经济发展差异会带来基础教育经费投入的差异。为进一步提升基础教育均等化水平，一市三省需根据自身经济社会发展实际状况，建立切实可行的教育经费稳步增长机制，比如可考虑将基础教育投入主体进一步上移至省级政府，建立基础教育经费投入总量与省（市）GDP增速、当地在校学生人数增长协同稳步增长机制，从制度层面保障基础教育均等化水平的不断提高。

（二）降低长三角地区区域内基础教育均等化差异

从泰尔指数看，区域内基础教育均等化发展的差异远大于区域间差异。当然，此处的"区域内"既可能是长三角一市三省之内，也可能是长三角某一省（市）之内。实现省（市）内基础教育的充分合作是长三角地区基础教育协同发展的第一步。

长三角地区省（市）内基础教育的充分合作可通过建立不同层次学校资源共享的"学区""教育集团""教育共同体"等形式，拓展优质教育资源共享的范围，最大程度地缩小学校之间、城乡之间的差异。此外，一市三省的基础教育协同发展，需充分发挥长三角教育现代化协同监测功能。通过统一的教育现代化监测体系建设，发现区域一体化背景下基础教育发展的优势与短板，为政府决策、基础教育学校办学方向的研判提供科学支撑。

（三）突破长三角地区基础教育均等化发展薄弱环节

前文对比分析显示，安徽省作为长三角一市三省中的相对后发地区，基础教育均等化发展薄弱环节较为突出。首先是基础教育学校校舍危房面积数量巨大，2020年仍有11.2万平方米的危房；其次是基础教育学校专任教师学历为高中阶段及以下毕业人数的数量较多，2020年仍有近1.6万人。

安徽省需要高度重视基础教育均等化发展过程中的突出问题，积极寻求尽快突破薄弱环节的综合有效方案；将保障师生的生命安全放在第一位，加大、加快基础教育危房改造专项投入，争取早日全面完成危房的修缮和改造工作；鼓励高中阶段及以下学历教师通过各种形式的继续教育深造提高；加大城乡薄弱学校师资培训及一对一帮扶力度。

（四）提高一市三省义务教育阶段随迁子女公办学校就读比例

2015—2020年长三角地区在义务教育阶段随迁子女公办学校就读比例区域之间对比排

名中垫底，这需引起重视。当然，长三角地区公办学校吸纳随迁子女就读的压力是客观存在的。"七普"数据显示，长三角地区是中国流动人口最活跃的地区，也是流入人口比例最高的地区，上海市流入人口占比达42.1%。上海市、江苏省与浙江省的省外流入人口均超过了一千万，这相当于欧洲芬兰和挪威两国的人口之和。在数量持续增长的同时，流动人口在流入地长期居住及相应的家庭化趋势已不可逆转，随迁子女的教育问题凸显。

随迁子女数量庞大不能成为长三角地区继续保持排名垫底的理由，作为致力于率先实现教育现代化的地区，长三角地区随迁子女义务教育阶段公办学校就读比例须稳步提高，脱离开庞大的随迁子女群体空谈教育现代化的实现是不可取的。长三角地区应充分发挥社会事业发展较快、一体化联动发展的优势，努力增加城市发展的包容性；更好地发挥居住证主渠道作用，早日破解随迁子女受教育机会受限的问题；尽量减少随迁子女公办学校入学审批环节和办事程序，简化公办学校入学手续；缩小城市间、城区间优质公共教育服务的供给差距，打破区域教育联动发展的体制机制壁垒，努力增加随迁子女义务教育阶段就近进入公办学校的便捷性和义务教育后升学的选择性，寻求区域范围内随迁子女教育困境突破的最优解。

三位一体

4 长三角战略性新兴产业与高校人才培养学科专业结构耦合度分析

王中奎

上海市教育科学研究院

习近平总书记强调，要立足服务国家区域发展战略，优化同新发展格局相适应的学科专业结构、人才培养结构。① 调整学科专业结构，把社会需求作为学科专业设置和调整的重要因素，建设好一批能够支撑国家急需、产业转型和区域发展的新兴交叉学科专业，形成与经济社会发展相协调的学科专业布局，是当前我国高等教育高质量发展和内涵建设的不可回避的现实议题。作为科技第一生产力、人才第一资源和创新第一动力的重要结合点，高校理应积极回应新发展格局需要，在服务支撑国家人才需要和产业创新需求等方面承担更为重要的责任，积极探索教育链、人才链与产业链、创新链的有机衔接，实现人才培养供给侧和产业需求侧结构要素的有效匹配和融合。

中国"十四五"规划和2035年远景目标纲要明确提出，到2035年将基本实现社会主义现代化，建成教育强国。"十四五"时期"建设高质量教育体系"，特别强调要"提高高等教育质量"。如何构建高质量高等教育体系，打造以有效服务产业需求为导向、强化服务国家战略需求的学科专业体系，无疑是关键内容和重要发力点。在教育部、财政部、国家发展改革委发布的《关于深入推进世界一流大学和一流学科建设的若干意见》（教研〔2022〕1号）中明确提出，"双一流"建设高校要服务国家急需，想国家之所想、急国家之所急、应国家之所需，面向世界科技前沿、面向经济主战场、面向国家重大需求、面向人民生命健康，率先发挥"双一流"建设高校培养急需高层次人才和基础研究人才的主力军作用，服务新发展格局，率先推进学科专业布局调整。② 事实上，高校积极回应国家战略性新兴产业的发展、传统产业的改造升级以及社会建设和公共服务领域对高层次专业人才的需求，把服务国家战略和区域经济社会发展作为学科设置、调整的前提条件，确保学科专业建设自身发展的"小逻辑"，服从于国家重大战略和经济社会发展的"大需求"，也是提升学科专业建设水平的重要路径。

---

① 杜玉波. 适应新发展格局需要 推进高等教育高质量发展［J］. 中国高教研究，2020（12）：1-4.
② 教育部，财政部，国家发展改革委. 关于深入推进世界一流大学和一流学科建设的若干意见［EB/OL］.（2022-01-29）［2022-05-07］. http://www.moe.gov.cn/srcsite/A22/s7065/202202/t20220211_598706.html.

一、研究背景

经济发展新格局需要高校提高人才培养与区域产业发展契合度。培养适应和引领产业发展的各类高素质人才，是高等教育支撑经济高质量发展的必然要求，也是推动高校分类发展、特色发展的重要举措。作为最主要的人力资源供给阵地、科学研究和社会服务的重要阵地，高等教育要深度融入社会发展进程，围绕国家和区域重点发展领域，面向产业转型发展和区域经济社会需求，以区域产业发展急需为牵引，科学定位人才培养目标，以立德树人为根本任务，以提高人才培养能力为核心，促进人才链与产业链、创新链的有机衔接，加快人才培养供给侧与产业需求侧的紧密对接，把人才培养与推动产业发展结合起来，不断优化以适应区域社会和产业发展需求的人才培养结构（包括学科专业结构和人才培养类型结构等），提高人才培养与区域产业发展的契合性，为提升产业竞争力和汇聚发展新动能提供人才支持和智力支撑，服务国家战略，满足区域产业结构提升、科技进步对不同类型高质量人力资源的需求。

长三角在产业发展和国家现代化建设大局中具有重要的战略地位。长三角区域是中国经济发展最活跃、开放程度最高、创新能力最强的区域之一。长三角一市三省常住人口占全国总人口的六分之一，经济总量约占全国的四分之一；高等教育在校博士、硕士研究生合计近70万人，占全国研究生在校规模的比例超过五分之一；本专科在校生超过500万人，超过全国的15%。根据第七次全国人口普查数据，长三角区域每10万人口中拥有大学文化程度的人口已经超过1.8万。长三角区位优势明显，在加快形成以国内大循环为主体、国内国际双循环相互促进的新发展格局中，长三角具有人才富集、科技水平高、制造业发达、产业链供应链相对完备和市场潜力大等诸多优势，具有勇当我国科技和产业创新开路先锋的基础。

长三角一市三省在教育"十四五"规划中都提出了高等教育人才培养适应性的问题，指出人才培养规模、结构、质量与城市建设和产业发展不够匹配，服务和支撑产业发展的能力亟待增强。在"双循环"新发展格局下，需要升级产业结构，而产业结构的升级和可持续发展则需要相应的人才支撑。长三角在产业发展和国家现代化建设大局中具有重要的战略地位，从国家战略出发，长三角产业发展需求与人才培养需要有较好的对应关系。同时，高等教育普及化需要高校进一步为经济社会发展提供强有力的人才保障和智力支持，要适应新发展阶段对"科技前沿和关键领域紧缺人才""跨学科拔尖人才""创新型、应用型、技能型人才"等不同人才类型的需求，调整优化人才培养结构。

由此，本研究遵循问题导向和实践导向，依据长三角一市三省的国民经济和社会发展第十四个五年规划和2035年远景目标纲要，以及一市三省主导产业的专项规划，分别对上海市、江苏省、浙江省和安徽省的"十四五"及未来一段时期重点发展的产业（10—20个）进行梳理，在此基础上，对长三角一市三省高等教育人才培养结构的现状、规模等进行分析，对长三角产业发展重点与高等教育人才培养结构的匹配对应关系进行宏观判断。

二、研究思路与方法

（一）研究思路

围绕高等教育满足产业升级和科技创新对高端紧缺人才的需要、为经济社会主战场培养输送高质量创新人才和应用型人才的重要职能，以长三角一市三省国家战略性新兴产业布局及对学科专业人才需求为依据，遵循推动"学科链、专业链对接产业链"、人才链与产业链有机衔接的思路，从人力资源供需平衡的角度，以人力资本理论关于高等教育对高新技术产业发展影响为基本理论，紧扣区域战略性新兴产业对人力资源的需求与高校人才培养学科专业结构的供需平衡，通过数据分析，梳理长三角高等教育人才培养学科专业结构的现状与特点，以及与一市三省战略性新兴产业发展对人才需求的总体契合度和宏观匹配度，进而从产业发展需求的角度研判长三角人才培养供给总体结构存在的短板与不足，最后从增强高等教育支撑、引领产业发展，推动经济转型升级的视角，并结合其他区域经验和国际有效做法，从宏观教育政策供给的角度提出优化长三角高等教育人才培养总体结构的建议。

图 4-1　总体分析框架

备注：1. 战略性新兴产业指数源自国家统计局《战略性新兴产业分类（2018）》目录中所确定的产业，本专题研究未包括"相关服务业"；2. 分行业从业人员是按《国民经济行业分类》（GB/T 4754-2017）进行划分的。

（二）主要研究方法

本研究的难点和重点是实现不同战略性新兴产业与学科专业类的科学合理的对应，为有效解决这一难点，本研究主要采用专家咨询法对相关领域知名专家学者进行多轮次的意见征询。判断长三角高校相关学科专业人才培养结构是否与战略性新兴产业发展相契合和适配，需要研判战略性新兴产业对人才的需求规模和未来缺口，并分析长三角高校相关学科专业人才培养供给情况，从人力资源供需平衡的角度对长三角高校相关人才的招生、在校生和毕业生规模变化趋势进行宏观把握。由此，对数据的统计分析也是本研究的重要方法之一。在此需要特别提及的是，尽管行业企业可通过全国乃至全球的人力市场对专业人才进行招聘，但已有研究普遍认为，约有80%的应届毕业生会在学校所在地进行就业或创业。同时，2021年长三角教育现代化监测评估结果也显示，在位于长三角的企业每年招聘的人才中，约有60%是来自长三角高校的应届毕业生。

1. 专家咨询法

专家咨询法，又称德尔菲法（Delphi method），是一种结构化的决策支持技术，通过多位专家的独立的反复主观判断，获得相对客观的信息、意见和见解。本研究对选定专家组进行多轮意见征询，并对每一轮的专家意见进行汇总整理，然后将整理后的材料通过电子邮件发给每位专家，供专家们独立分析判断，专家对整理后的材料提出新的论证意见。如此多次反复，不同专家的意见逐步趋于一致，最终获得比较一致且可靠性较强的结果。

专家咨询法使用的关键是对咨询专家的遴选。通常而言，专家选择的基本原则是突出广泛性、代表性和权威性，兼顾相关专业领域和地域（单位/机构）分布的多样性。一般而言，专家人数主要根据研究主题和课题需要而定。但从实际操作而言，专家人数一般为15人左右，进一步增加专家人数对咨询结果的影响不大。由此，本研究共邀请15位专家进行意见征询。

表4-1　咨询专家人数及构成

类　　别	人　数
大学校长（学科专家）	7
院士	3
科研机构负责人	3
政府行政部门负责人	2

根据本研究的目的，在文献研究的基础上编制专家咨询函，邀请长三角一市三省信息技术（人工智能）、新材料、新能源、车辆工程、生物医药等领域的院士，知名理工类大学（"双一流"大学、地方高水平大学）校长或分管学科建设的副校长，省级教育科学研究机构相关专家（研究领域与高等教育相关，在本领域研究工作年限5年及以上），省级教育行政部门的相关领导（分管业务与高等教育学科专业或人才培养政策相关，分管工作年限5年以上）填写专家咨询函，对于所列学科专业与战略性新兴产业的对应表进行逐个删减或增添修订。

本课题研究小组在编制长三角战略性新兴产业与学科专业对应表（草稿）和专家咨询函后，实施第一轮专家意见征询。准备好分发材料，征得专家同意后，通过电子邮件向专家发放咨询材料，包括专家咨询函、本研究的主要目的以及对德尔菲法基本原理的说明。第一轮征询包括对本研究的定性建议或意见，以便专家对整个研究提出改进建议。课题组对第一轮专家意见进行汇总、整理和分析，并据此对长三角战略性新兴产业与学科专业对应表进行修订，然后进行第二轮意见征询，专家改变或坚持第一轮建议，需要给出理由说明。整理第二轮专家意见材料，然后开展第三轮专家意见征询（所用方法与第二轮相同），不同的是加上了部分专家不同意见的结果。之后，对第三轮专家征询意见进行综合分析，形成本研究最终的长三角战略性新兴产业与学科专业结构对应表。

2. 数据统计分析法

对长三角战略性新兴产业与高校学科专业人才结构适应度的研判，需要大量数据的支撑，才能得出经得起经验推敲的结果。在形成战略性新兴产业与学科专业结构对应表的基础上，需要对近年来长三角高校相关学科专业的人才培养规模和变化趋势进行分析。由此，本研究将对2015—2020年长三角一市三省高校相关学科专业的招生、在校生和毕业生规模及相应占比和变化趋势进行整体研判，并根据需要与北京市、广东省、四川省等近年来高等教育改革发展较为明显的省市进行比较分析，进而从人力资源供需平衡分析、长三角一市三省高校人才培养纵向发展趋势研判以及与兄弟省市横向比较分析等多维度，实现对长三角战略性新兴产业人才需求与高校相关学科专业人才培养供给的契合程度与适应情况的整体把握，促进长三角高校围绕产业链、创新链动态调整优化学科专业设置，形成与战略性新兴产业布局相适应的学科专业布局结构，推进学科专业建设与产业需求的融合对接、同步发展。

三、主要结果

（一）新一代信息技术产业

新一代信息技术是引领创新和驱动转型的先导力量，是国务院确定的七个战略性新兴产业之一。根据《国务院关于加快培育和发展战略性新兴产业的决定》（国发〔2010〕32号），[①] 新一代信息技术产业包括：加快建设宽带、泛在、融合、安全的信息网络基础设施，推动新一代移动通信、下一代互联网核心设备和智能终端的研发及产业化，加快推进三网融合，促进物联网、云计算的研发和示范应用，着力发展集成电路、新型显示、高端软件、高端服务器等核心基础产业，提升软件服务、网络增值服务等信息服务能力，加快重要基础设施智能化改造等。在本研究中新一代信息技术产业具体涉及下一代信息网络产业、电子核心产业（包括电子元器件和集成电路制造等）、新兴软件和新型信息技术服务、互联网和云计算与大数据服务，以及人工智能。

电子信息产业是经济和社会高质量发展、数字化转型的关键性基础行业。近年来，我国着力提升电子信息制造业水平能级和产业链韧性，电子信息产业发展的综合实力不断增强，

---

① 国务院.国务院关于加快培育和发展战略性新兴产业的决定［EB/OL］.（2010-10-18）［2022-05-09］. http://www.gov.cn/zwgk/2010-10/18/content_1724848.htm.

产业规模持续扩大。以上海市为例，2016—2020年上海市电子信息产品制造业整体实现稳步增长，产业投资年均增速达28.5%，工业总产值年均增长2.0%；其中互联网信息服务业经营收入较"十二五"期末增长244.4%。① 根据规划，"十四五"期间上海市将初步建成具有全球影响力和竞争力的世界级电子信息产业集群，电子信息产业规模超过2.2万亿元；打造35家年收入超百亿元的龙头企业，50家具有自主创新能力、技术国内领先的创新型制造企业，330家上市软件和信息服务企业。② 党的十八大以来，工业化和信息化深度融合进一步加快，智能制造发展取得了积极成效。2018年，中国数字经济的规模达到31.3万亿元，居全球第二位。③ 然而，与此同时，制约中国电子信息产业发展的瓶颈短板仍亟待突破，产业高质量发展所需人才仍存缺口。

集成电路是新一代信息技术产业的核心基础产业，是引领新一轮科技革命和产业变革的关键力量，是支撑经济社会发展和保障国家安全的战略性、基础性和先导性产业。《国务院关于印发鼓励软件产业和集成电路产业发展若干政策的通知》（国发〔2000〕18号）印发以来，中国集成电路产业快速发展，有力地支撑了国家信息化建设。当前，全球半导体产业正值上升期，市场对于芯片的需求进一步扩大，集成电路领域人才的需求也呈现上升态势。中国拥有全球规模最大的集成电路市场，市场需求将继续保持快速增长。《中国集成电路产业人才发展报告（2020—2021年版）》显示，中国集成电路产业正处于布局和发展期，行业从业人员增多，2020年我国直接从事集成电路产业的人员约54.1万人，同比增长5.7%。但根据2023年全行业人才需求预测，仍存在超20万的缺口，④ 尤其是高端设计人才紧缺的状况更为突出。从全球集成电路产业发展的经验来看，技术、资金与人力资源是集成电路产业发展的三大要素，其中人的问题是最重要和最难解决的。就我国而言，人才因素仍是掣肘集成电路产业的最大问题之一。近年来，中央和各级政府部门高度重视集成电路产业的人才供给。《国家集成电路产业发展推进纲要》《教育部等七部门关于加强集成电路人才培养的意见》（教高〔2016〕1号）等文件对解决集成电路产业发展中人才培养和引进问题提出了明确要求。2020年12月，国务院学位委员会和教育部联合发布《关于设置"交叉学科"门类、"集成电路科学工程"和"国家安全学"一级学科的通知》（学位〔2020〕30号），决定设置"集

---

① 上海市经济和信息化委员会.上海市经济和信息化委员会关于印发《上海市电子信息产业发展"十四五"规划》的通知［EB/OL］.（2021-12-30）［2022-07-09］. http://www.sheitc.sh.gov.cn/cyfz/20211230/99677f56ada245ac834e12bb3dd214a9.html.
② 上海市经济和信息化委员会.上海市经济和信息化委员会关于印发《上海市电子信息产业发展"十四五"规划》的通知［EB/OL］.（2021-12-30）［2022-07-09］. http://www.sheitc.sh.gov.cn/cyfz/20211230/99677f56ada245ac834e12bb3dd214a9.html.
③ 新华社.我国是全世界唯一拥有全部工业门类的国家［EB/OL］.（2019-09-20）［2022-07-09］. http://www.gov.cn/xinwen/2019-09/20/content_5431714.htm.
④ 金叶子.集成电路人才缺口仍超20万,这些岗位最紧缺［EB/OL］.（2021-10-28）［2022-07-09］. https://www.yicai.com/news/101212081.html.

成电路科学与工程"一级学科,正式把集成电路专业作为一级学科。中国各省市也相继加大出台集成电路产业人才相关政策的力度。据不完全统计,2017—2020 年,出台集成电路人才相关政策最多的是江苏省,广东省和浙江省紧随其后。

人工智能(AI)是引领未来的战略性技术,正成为整个价值链上越来越重要的工具。麦肯锡研究表明,当前,人工智能(包括机器学习)每年为半导体行业贡献 50 亿至 80 亿美元的息税前利润,且这仅反映出人工智能在行业内全部潜力的 10% 左右。① 人工智能已成为国际竞争的新焦点,世界主要发达国家和经济体把发展人工智能作为提升国家竞争力、维护国家安全的重大战略。2017 年,国务院发布《新一代人工智能发展规划》,将发展人工智能提升至国家战略高度,同时,明确指出中国 AI 发展在人才方面面临的严峻态势,"人工智能尖端人才远远不能满足需求","把高端人才队伍建设作为人工智能发展的重中之重"。② 在国家"十四五"规划和 2035 年远景目标中,把人工智能、量子信息、集成电路作为国家安全和发展全局的基础核心领域。根据国际 AI 领域知名机构 Element AI 发布的 2020 年《全球 AI 人才流动报告》,自 2007 年以来,每年在 arXiv 上发表 AI 领域学术论文的作者总数平均每年增长 52.69%。从全球 AI 人才的区域分布来看,美国仍然占据着 AI 领域的主导地位,2019 年的 57 654 位 AI 论文作者中,来自美国的有 26 818 人,占比 46.52%。AI 领域论文作者第二多的是中国,2019 年有 6 401 人,占比 11.1%。但在 Research、AI/ML Engineering、Data Engineering/Architecture、AI/ML Productization 四个方向的总计 477 956 人的全球 AI 人才库中,美国拥有 188 300 人,再次位列第一;印度拥有 86 213 人,居次席;中国仅有 22 191 人,排在第四位,仅为美国的 11%。③ 哈佛大学肯尼迪学院近期发布的报告《伟大的技术竞争:中国与美国》佐证了上述观点,在全球 AI 人才区域分布中,中国仅占 11%,美国占 59%。

国家工业和信息化部人才交流中心发布的《人工智能产业人才发展报告(2019—2020年版)》中指出,京津冀地区、长三角地区、粤港澳大湾区和川渝地区是当前人工智能产业的主要发展高地,人才需求规模占全国总需求的 90.9%。受限于国内人工智能产业起步较晚、前期积累不足等问题,中国人工智能产业面临有效人才供给不足的窘境,如果要在 2030 年实现成为世界主要人工智能创新中心的目标,预计我国人工智能产业内有效人才缺口将达 30 万,特定技术方向和岗位上供需失衡比例尤为突出。当前企业对"算法研究岗""应用开发岗"和"实用技能岗"等技术型岗位的人才,需求最为旺盛,分别占整体需求岗位的

---

① Göke S, Staight K, Jrijen R. Scaling AI in the sector that enables it: Lessons for semiconductor–device makers[EB/OL].(2021-04-02)[2022-08-11]. https://www.mckinsey.com/industries/semiconductors/our-insights/scaling-ai-in-the-sector-that-enables-it-lessons-for-semiconductor-device-makers.
② 国务院. 国务院关于印发新一代人工智能发展规划的通知[EB/OL].(2017-07-20)[2022-08-11]. http://www.gov.cn/zhengce/content/2017-07/20/content_5211996.htm.
③ Hudson S, Mantha Y. Global AI Talent Report 2020[EB/OL].[2022-08-11]. https://jfgagne.ai/global-ai-talent-report-2020/.

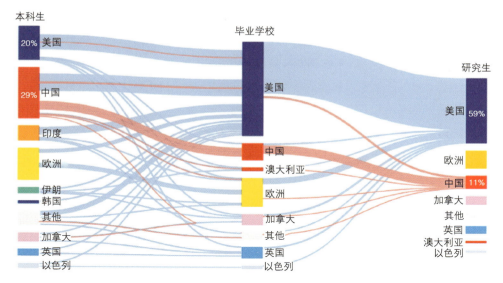

图 4-2　全球顶级人工智能人才流动桑基图

资料来源：Graham A. The Great Rivalry：China vs. the U.S. in the 21st Century［EB/OL］.（2021-12-07）[2022-09-02]. https://www.belfercenter.org/sites/default/files/GreatTechRivalry_ChinavsUS_211207.pdf.

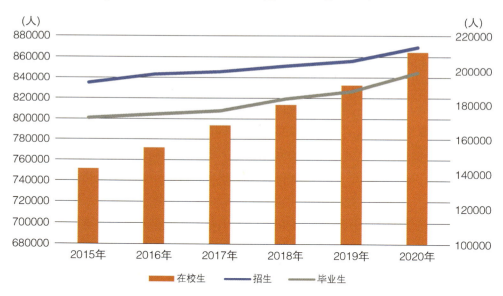

图 4-3　长三角新一代信息技术产业相关专业本科生规模变化

12.2%、19.8% 和 34.8%，但其人才供需比分别仅为 0.13、0.17 和 0.98；"机器学习"和"计算机视觉"在现阶段的人才需求最为突出，在整体需求岗位中的占比分别为 39.1% 和 33.4%，但相关技术方向的人才极度稀缺，人才供需比仅为 0.23 和 0.09，有效供给严重不足。①

---

① 工业和信息化部人才交流中心. 人工智能产业人才发展报告（2019—2020 年版）[EB/OL].（2020-07-06）[2022-09-02]. https://baijiahao.baidu.com/s?id=1673997273623078855&wfr=spider&for=pc.

根据2015—2020年长三角一市三省高校新一代信息技术产业相关专业本科招生数据，近年来，上海市、江苏省、浙江省和安徽省的本科招生数据总体保持增长态势，其中江苏省在长三角新一代信息技术相关专业每年的本科招生规模最大，且保持逐年增加的趋势，尤其是2020年比2019年增加了近6 000人。其次为安徽省，招生规模总体保持增长趋势，但每年招生规模约是江苏省的50%—60%。与总体趋势相同的是，近年来浙江省在新一代信息技术产业相关专业的本科招生规模也保持增长的态势，但招生规模相对较小，在长三角一市三省中排名第三位。2015—2020年上海市在新一代信息技术产业相关专业的本科招生规模也呈现较为明显的增长趋势，但总体规模在长三角一市三省中是最小的，每年的招生规模约为江苏省的30%左右。

图4-4 长三角新一代信息技术产业相关专业本科招生规模变化情况

从2015—2020年长三角一市三省新一代信息技术产业相关专业本科在校生规模数据来看，长三角新一代信息技术产业相关专业本科在校生规模整体保持增长趋势，其中江苏省的增长趋势最为明显，2020年新一代信息技术产业相关专业本科在校生较2015年增加了约20%；其次为安徽省，增长趋势也较为明显；浙江省和上海市新一代信息技术产业相关专业本科在校生规模较小，但近年来基本呈现稳中有升的趋势。从在校生规模看，江苏省新一代信息技术产业相关专业本科在校生规模最大，是长三角一市三省中位居第二位的安徽省的1.8倍，是浙江省的2.5倍，是上海市的3.4倍。

从长三角一市三省新一代信息技术产业相关专业本科毕业生规模变化情况来看，2015—2020年，上海市、江苏省、浙江省和安徽省的新一代信息技术产业相关专业本科毕业生规模总体保持增长趋势。其中江苏省新一代信息技术产业相关专业本科毕业生规模最大，且保持逐年增加的趋势，2020年比2015年增加了20%之多。其次为安徽省，本科毕业生规模也呈现增长态势，2020年比2015年也增加了20%左右，但每年毕业生规模约是江苏省的50%。

与总体趋势相同的是，近年来浙江省和上海市新一代信息技术产业相关专业本科毕业生规模保持稳中有增的态势，但毕业生规模相对较小。2020年浙江省和上海市新一代信息技术产业相关专业本科毕业生规模分别为3.5万人和2.5万人，分别约为江苏省的39.6%和27.9%。

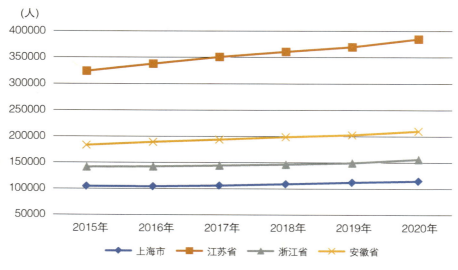

图4-5 长三角新一代信息技术产业相关专业本科在校生规模变化情况

图4-6 长三角新一代信息技术产业相关专业本科毕业生规模变化情况

从相对占比变化情况来看，长三角一市三省新一代信息技术产业相关专业本科招生占比在2015—2020年期间，总体保持大体稳定的态势。具体而言，江苏省新一代信息技术产业相关专业本科招生规模占当年招生总规模的比例由2015年的32.36%增长至2020年的33.93%，是长三角一市三省中增幅最大的省份。安徽省和上海市新一代信息技术产业相关专业本科招生占比情况近年来保持总体稳定的态势，安徽省招生占比由2015年的30.20%增加至2020年的30.48%，同期上海市由29.55%增加至30.00%。浙江省是一市三省中新一代信息技术产业相关专业本科招生占比唯一下降的省份，由2015年的24.42%减少至2020年的23.37%。

图4-7　长三角新一代信息技术产业相关专业本科招生占比变化情况

与招生占比情况变化趋势不太相同的是，2015—2020年长三角一市三省新一代信息技术产业相关专业本科在校生占比整体保持稳中有升的态势。具体而言，江苏省相关专业本科在校生占比由2015年的31.34%增加至2020年的32.74%，是一市三省中增幅最大且保持持续增长趋势的省份。安徽省和上海市相关专业本科在校生规模分别占当年本科在校生总规模的三成左右，且近年来相关专业本科在校生占比呈现"过程小幅波动，整体稳中有升"的态势。尽管浙江省新一代信息技术产业相关专业本科在校生占比是长三角一市三省中最小的，但2015—2020年间，浙江省相关专业本科在校生占比整体呈现小幅增长趋势。

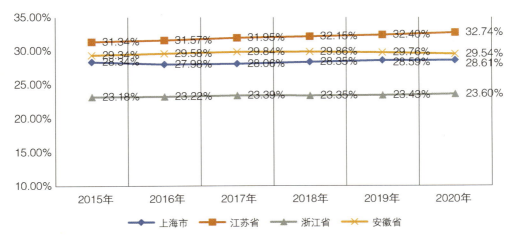

图4-8　长三角新一代信息技术产业相关专业本科在校生占比变化情况

从长三角一市三省新一代信息技术产业相关专业本科毕业生占比变化情况来看，2015—2020年，江苏省和安徽省新一代信息技术产业相关专业本科毕业生占比分别呈现"先小幅减低，后小幅增长"的整体小幅增长的态势。浙江省呈现"先小幅下降、后小幅持续增长"的整体稳中有升的趋势。上海市相关专业本科毕业生占比是长三角一市三省中唯一呈"2015—2019年持续小幅降低，2020年小幅反弹翘尾"的整体下降态势的省份。此外，从数据表现来看，江苏省相关专业本科毕业生占比是长三角一市三省中最大的省份；其次为安徽省，二者相关专业本科毕业生占比均在30%左右；再次为上海市；浙江省相关专业本科毕业生占比是长三角一市三省中最小的。

图4-9 长三角新一代信息技术产业相关专业本科毕业生占比变化情况

根据上述分析，长三角一市三省高校在新一代信息技术产业相关专业本科人才的培养上具有以下特点。从绝对规模来看，2015—2020年上海市新一代信息技术产业相关专业本科招生、在校生和毕业生在长三角一市三省中均为最小值，但保持总体稳中有升的趋势；从相对占比来看，浙江省新一代信息技术产业相关专业本科招生占比、在校生占比和毕业生占比均是长三角地区中最小的，且从2015—2020年的变化趋势来看，浙江省新一代信息技术产业相关专业本科招生占比呈现小幅下降的态势。

（二）高端装备制造产业

我国高端装备制造产业的战略布局是，重点发展以干支线飞机和通用飞机为主的航空装备，做大做强航空产业；积极推进空间基础设施建设，促进卫星及其应用产业发展；依托客运专线和城市轨道交通等重点工程建设，大力发展轨道交通装备；面向海洋资源开发，大力发展海洋工程装备；强化基础配套能力，积极发展以数字化、柔性化及系统集成技术为核心的智能制造装备。① 本研究具体关注的是：智能制造装备产业、航空装备产业、卫星及应用产业、轨道交通装备产业、海洋工程装备产业。

---

① 国务院. 国务院关于加快培育和发展战略性新兴产业的决定［EB/OL］.（2010-10-18）［2022-10-10］. http://www.gov.cn/zwgk/2010-10/18/content_1724848.htm.

世界上许多国家都在试图通过发展先进制造业，打造全球竞争新优势。例如，2018年，美国国家科学技术委员会发布了《先进制造业美国领导力战略》（Strategy for American Leadership in Advanced Manufacturing）报告，提出"先进制造业的发展需要大力发展制造业技术及基础设施"，"先进制造业劳动力需要在科学、技术、工程和数学（STEM）方面做好高水平的准备"。① 再如，2019年，德国联邦经济和能源部发布《德国工业战略2030》（National Industrial Strategy 2030：Strategic Guidelines for a German and European Industrial Policy），提出"到2030年，逐步将制造业增加值在德国和欧盟的增加值总额（GVA）中所占的比重分别扩大到25%和20%"。②

我国制造业具有全球最完整的产业链条，根据世界银行数据，2018年我国制造业增加值占全世界的份额达到28%以上，世界500余种主要工业品中，中国有220余种工业品产量居世界第一，③但与美、德、日对比，我国装备制造业水平整体处于中低端。2019年，工程院对26类有代表性的制造业产业进行评估，结果显示，我国制造业产业链60%安全可控，部分产业对国外依存度很大，其中有8类产业对外依存度极高，占比31%左右。比如，85%的国内高档机床市场份额被日本发那科、牧野、马扎克，德国DMG、哈默，美国哈斯等公司控制，其中95%的数控系统依赖西门子等公司进口，尤其关键轴承等部件达到100%进口。工业和信息化部副部长辛国斌指出，党的十八大以来，中国制造业取得重大成就，但关键核心领域尚存在很多短板，尤其是高端装备存在重大弱项，已成为制约我国制造业高质量发展、危及产业安全的核心瓶颈。我国高端装备之所以存在诸多短板，高级技术人才短缺是重要原因之一。目前我国机器人应用人才缺口为20万人左右，且每年仍以20%—30%的速度增长。我国轴承行业人才向国外轴承企业单向流动态势明显，如NSK中国研发中心科研人员就达到400人，这些技术人员虽然提升了NSK开拓中国市场的能力，但也削弱了我国本身就非常单薄的高端轴承人才队伍。④

在高档数控机床方面，目前中国机床产业产值超过千亿，但产品多集中在中低端市场，五轴以上联动机床等高档数控机床产品自主化率仍处于较低水平。在工业机器人方面，2019年我国制造业每万名工人机器人保有量仅为187台，不足新加坡和韩国的四分之一，与美日德等装备制造业强国相比仍有较大差距。总体来说，中国装备制造业仍处于全球价值链中低端，在基础零部件、基础材料、基础工艺、基础技术、基础软件等环节仍较为薄弱。部分高端装备产品关键零部件的发展速度无法匹配主机产品和成套设备的生产需求，部分高端装备

---

① Strategy for American Leadership in Advanced Manufacturing［EB/OL］.［2022-10-15］. https://www.manufacturingusa.com/reports/strategy-american-leadership-advanced-manufacturing.
② 人民智库.《德国工业战略2030》全解析［EB/OL］.（2019-12-02）［2022-10-15］. https://baijiahao.baidu.com/s?id=1651802458456369035.
③ 王政. 我国已成为全世界唯一拥有全部工业门类的国家［EB/OL］.（2019-09-21）［2022-10-15］. https://www.sohu.com/a/342362817_119038.
④ 王万. 浅谈我国高端装备制造业存在的问题及发展思路［J］. 中国设备工程，2020（4）：25-26.

产品面临"空壳化"难题。①

2021年7月发布的《上海市先进制造业发展"十四五"规划》提出,"发挥长三角产业基础雄厚、技术创新能力强、区域合作紧密的优势","到2025年,进一步提升长三角产业协同水平,共同打造若干世界级先进制造业集群"……在此背景下,长三角的产业集群加速形成。根据《长三角产业创新发展报告:分布与协同》研究报告的数据,从2013年至2020年,制造业高新技术企业以年均49%的增速在长三角全域快速增长,并在局部区域集聚呈现"以上海为中心,向西沿长江形成'沪宁合产业带',向南沿东海岸线形成'沪杭甬瓯产业带'"的分布态势。②《杭州市重点产业紧缺人才需求目录(2021年)》显示,从各重点产业中筛选出的紧缺程度排名前30位的共计180个具体岗位中,数字经济产业、高端装备制造产业、金融服务产业中"非常紧缺"岗位数量位列前三。③

表4-2 制造业十大重点领域人才需求预测(单位:万人)

序号	十大重点领域	2015年 人才总量	2020年 人才总量预测	2020年 人才缺口预测	2025年 人才总量预测	2025年 人才缺口预测
1	新一代信息技术产业	1 050.0	1 800.0	750.0	2 000.0	950.0
2	高档数控机床和机器人	450.0	750.0	300.0	900.0	450.0
3	航空航天装备	49.1	68.9	19.8	96.6	47.5
4	海洋工程装备及高技术船舶	102.2	118.6	16.4	128.8	26.6
5	先进轨道交通装备	32.4	38.4	6.0	43.0	10.6
6	节能与新能源汽车	17.0	85.0	68.0	120.0	103.0
7	电力装备	822.0	1 233.0	411.0	1 731.0	909.0
8	农机装备	28.3	45.2	16.9	72.3	44.0
9	新材料	600.0	900.0	300.0	1 000.0	400.0
10	生物医药及高性能医疗器械	55.0	80.0	25.0	100.0	45.0

资料来源:《教育部、人力资源和社会保障部、工业和信息化部关于印发〈制造业人才发展规划指南〉的通知》(教职成〔2016〕9号)。

根据2015—2020年长三角一市三省高端装备制造产业相关专业本科招生数据,近年来,上海市、江苏省、浙江省和安徽省的本科招生规模总体保持增长态势。其中江苏省高端装备制造产业相关专业本科招生规模最大,且呈现持续增加的趋势,2020年江苏省相关专业本科招生

---

① 张业佳. 从2021年《财富》榜单看我国装备制造业发展态势[J]. 数字经济,2021(11):34-38.
② 徐宁,谢凡. 南京大学长江产业经济研究院发布《长三角产业创新发展报告:分布与协同》研究报告[EB/OL].(2021-12-10)[2022-11-05]. https://idei.nju.edu.cn/7a/48/c26386a555592/page.htm.
③ 杭州市人力资源和社会保障局. 杭州市重点产业紧缺人才需求目录(2021年)[EB/OL].(2021-12-17)[2022-11-05]. http://hrss.hangzhou.gov.cn/art/2021/12/17/art_1229125918_3980492.html.

规模比 2019 年增加了近 15%。其次为安徽省，招生规模也呈持续增长态势，但每年招生规模约是江苏省的二分之一。与总体趋势相同的是，近年来浙江省高端装备制造产业相关专业本科招生规模也保持增长趋势，但每年招生规模相对较小，在长三角一市三省中排名第三位。2015—2020 年上海市高端装备制造产业相关专业本科招生规模呈现稳中有升的总体趋势，但招生规模在长三角一市三省中是最小的，每年的招生规模不及江苏省的三分之一。

图 4-10　长三角高端装备制造产业相关专业本科招生规模变化情况

从 2015—2020 年长三角一市三省高端装备制造产业相关专业本科在校生规模数据来看，长三角高端装备制造产业相关专业本科在校生规模整体保持增长趋势。具体而言，2015—2020 年江苏省高端装备制造产业相关专业本科在校生实现了逐年持续增加的趋势，且增幅明

图 4-11　长三角高端装备制造产业相关专业本科在校生规模变化情况

显。2020年江苏相关专业本科在校生较2015年增加了15%左右，是长三角一市三省中增幅最大的省份。高端装备制造产业相关专业本科在校生规模位居长三角第二位的是安徽省，近年来也呈逐年增加的趋势。浙江省和上海市相关专业本科在校生规模相对较小，近年来呈现稳中有升的趋势。从在校生绝对规模来看，江苏省高端装备制造产业相关专业本科在校生规模最大，是长三角一市三省中位居第二位的安徽省的近2倍，是浙江省的2.4倍，是上海市的3.7倍。

从长三角一市三省高端装备制造产业相关专业本科毕业生规模变化情况来看，2015—2020年，上海市、江苏省、浙江省和安徽省的相关专业本科毕业生规模总体保持稳中有升的增长趋势。具体而言，江苏省在长三角一市三省中相关专业每年的本科毕业生规模最大，且基本呈持续增加的趋势，2020年相关专业本科毕业生较2015年增加了约14%。高端装备制造产业相关专业本科毕业生规模位居第二位的是安徽省（约为江苏省的一半），近年来也呈现增长态势，2020年比2015年增加了20%左右，增幅是长三角一市三省中最大的。与总体趋势相同的是，2015—2020年浙江省高端装备制造产业相关专业本科毕业生规模保持稳中有增的态势，上海市在此期间呈"先小幅下跌，后反弹翘尾"的整体增长趋势，但浙江省和上海市的相关专业本科毕业生规模均相对较小。2020年浙江省和上海市高端装备制造产业相关专业本科毕业生规模分别约为江苏省的四成和两成。

图4-12　长三角高端装备制造产业相关专业本科毕业生规模变化情况

从相对占比变化情况来看，2015—2020年期间长三角一市三省高端装备制造产业相关专业本科招生占比总体保持基本稳定的态势。具体而言，江苏省相关专业本科招生规模占当年招生总规模的比例由2015年的36.74%增长至2020年的37.87%，是长三角一市三省中增幅最为明显的省份。上海市相关专业本科招生占比情况近年来呈"先升后降"，但总体增长的趋势。2015—2020年，江苏省和上海市是长三角一市三省中高端装备制造产业相关专业本科招生占比保持整体增长趋势的省份。安徽省和浙江省在此期间的相关专业本科招生占比均呈小幅下降的态势，具体来看，安徽省相关专业本科招生占比由 2015 年的 33.38% 减少至 2020 年的 32.98%，且在此期间呈现"持续减低最后止跌反弹"的特点。浙江省相关专业本科招生占比呈"波动下降"的特点，由 2015 年的 27.56% 降至 2020 年的 27.00%。

图 4-13　长三角高端装备制造产业相关专业本科招生占比变化情况

从数据表现来看，2015—2020 年长三角一市三省高端装备制造产业相关专业本科在校生占比整体呈现稳中有升的趋势。具体来看，2015—2020 年江苏省相关专业本科在校生占比由 2015 年的 36.31% 持续增加至 2020 年的 36.69%，是一市三省中增幅最大，且是唯一基本保持持续增长趋势的省份。上海市相关专业本科在校生规模分别占当年本科在校生总规模的近三成，且近年来呈现"先降后升"的整体增长态势。2015—2020 年浙江省高端装备制造产业相关专业本科在校生占比均是长三角一市三省中最小的，2020 年浙江省高端装备制造产业相关专业本科在校生占比与 2015 年相同，在此期间浙江省相关专业本科在校生占比整体呈现基本稳定的特点。安徽省相关专业本科在校生规模占当年本科在校生总规模的比例呈现"稳中有降"的态势，是长三角一市三省中唯一呈降低趋势的省份。

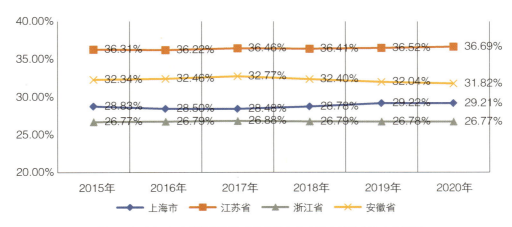

图 4-14　长三角高端装备制造产业相关专业本科在校生占比变化情况

从长三角高端装备制造产业相关专业本科毕业生占比变化情况来看，2015—2020年，安徽省高端装备制造产业相关专业本科毕业生占比呈"过程小幅波动"的整体小幅增长趋势，且是长三角一市三省中唯一保持增长趋势的省份；江苏省在此期间的相关专业本科毕业生占比呈现基本稳定的态势。上海市和浙江省高端装备制造产业相关专业本科毕业生占比均呈现整体下降的趋势，但与浙江省稍微不同的是，上海市2015—2020年高端装备制造产业相关专业本科毕业生占比呈"2015—2019年持续下降但2020年反弹翘尾"的特点，具有止跌增长的趋势。此外，从数据表现来看，江苏省相关专业本科毕业生占比是长三角一市三省中最大的省份；其次为安徽省，二者相关专业本科毕业生占比均大于30%；再次为上海市；浙江省相关专业本科毕业生占比是长三角一市三省中最小的。

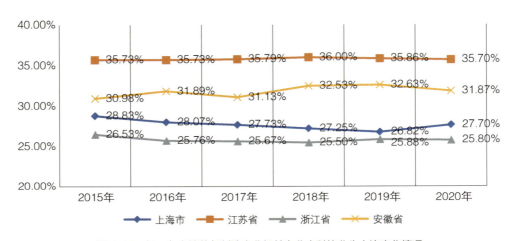

图4-15　长三角高端装备制造产业相关专业本科毕业生占比变化情况

通过上述分析发现，长三角高端装备制造产业相关专业本科人才培养具有以下特点。从绝对规模来看，2015—2020年上海市高端装备制造产业相关专业本科招生、在校生和毕业生规模在长三角一市三省中均是最小的，但保持总体稳中有升的趋势；从相对占比来看，浙江省相关专业本科招生占比、在校生占比和毕业生占比均是长三角最小的，且从变化趋势来看，整体呈现小幅下降的态势。此外，值得关注的是，安徽省近三年高端装备制造产业相关专业本科招生和毕业生占比呈现小幅波动，且在校生占比呈整体减少的特点。

（三）新材料产业

新材料是指新出现的具有优异性能或特殊功能的材料，或是传统材料改进后性能明显提高或产生新功能的材料。新材料产业是国民经济的战略性、基础性产业，承担着引领材料工业升级换代，支撑战略性新兴产业发展，保障国民经济等重要使命。中国新材料产业发展取得了长足进步，有力地支撑了国民经济发展和国防科技工业建设。但中国新材料产业起步晚、底子薄、总体发展慢，仍处于培育发展阶段；材料先行战略没有得到落实，核心技术与专用装备水平相对落后，关键材料保障能力不足，人才团队缺乏。①

我国对新材料产业的战略布局主要是：大力发展稀土功能材料、高性能膜材料、特种玻璃、功能陶瓷、半导体照明材料等新型功能材料；积极发展高品质特殊钢、新型合金材料、工程塑料等先进结构材料；提升碳纤维、芳纶、超高分子量聚乙烯纤维等高性能纤维及其复合材料发展水平；开展纳米、超导、智能等共性基础材料研究。具体包括：先进钢铁材料、先进有色金属材料、先进石化化工新材料、先进无机非金属材料、高性能纤维及制品和复合材料、前沿新材料等。

目前，全球范围内都在积极发展新材料产业，尤其是发达国家，新材料是决定一国高端制造及国防安全的关键因素，世界发达国家纷纷制定相关战略计划并投入巨资，抢占新材料产业新高地。美国制定了"材料基因组计划"，欧盟出台了"欧洲新材料研究规划"，俄罗斯也启动了"2030年前材料与技术发展战略"，等等。为贯彻实施制造强国战略，加快推进新材料产业发展，2016年12月，国务院成立国家新材料产业发展领导小组。②加快发展新材料，对推动技术创新、支撑产业升级、建设制造强国具有重要战略意义。党的十八大以来，中国新材料产业正在从量的积累迈向质的飞跃，从点的突破迈向系统能力的提升。近年来，我国新材料产值年复合增长率超过20%，先进储能材料、光伏材料、超硬材料等百余种材料产量居世界首位，新材料产业发展取得了长足进步，产业体系初步完善，为支撑制造强国建设作出了重要贡献。但我国新材料产业创新能力薄弱、产学研用合作不紧密、人才团队缺乏等问题没有得到根本解决，仍然是制约制造强国建设的瓶颈。③新材料是国家十大重点领域之一，到2025年人才需求将增至1 000万人，人才缺口约为400万人。④

长三角是中国新材料产业基地数量最多的地区，也是新材料产品的重要消费市场，目前已经形成包括航空航天、新能源、电子信息、新兴化工等领域的新材料产业集群。《长江三角洲区域一体化发展规划纲要》明确提出，建设世界级新材料产业集群。本研究通过分析长三角新材料产业集群的现状与短板，提出应加强规划引导、培育领军企业、搭建创新平台、设立创新基金、强化政策创新，推动新材料产业集群的建设。长三角新材料企业相对集聚在上海、苏州、无锡等城市，沪苏新材料产业园区数量众多，浙皖零星分布。根据中商产业研

---

① 工业和信息化部，发展改革委，科技部，财政部.工业和信息化部、发展改革委、科技部、财政部关于印发新材料产业发展指南的通知［EB/OL］.（2017-02-27）［2022-11-15］.https://www.miit.gov.cn/ztzl/lszt/zgzz2025/wjfb/art/2020/art_18f3756724d14c3c9fb2405e84fa8ad9.html.
② 国务院办公厅.国务院办公厅关于成立国家新材料产业发展领导小组的通知［EB/OL］.（2016-12-23）［2022-11-15］.http://www.gov.cn/zhengce/content/2016-12/28/content_5153721.htm.
③ 工业和信息化部，发展改革委，科技部，财政部.工业和信息化部、发展改革委、科技部、财政部关于印发新材料产业发展指南的通知［EB/OL］.（2017-02-27）［2022-11-15］.https://www.miit.gov.cn/ztzl/lszt/zgzz2025/wjfb/art/2020/art_18f3756724d14c3c9fb2405e84fa8ad9.html.
④ 教育部，人力资源和社会保障部，工业和信息化部.三部门关于印发《制造业人才发展规划指南》的通知［EB/OL］.（2017-02-24）［2022-11-15］.http://www.gov.cn/xinwen/2017-02/24/content_5170697.htm.

究院整理数据，全国新材料产业园数量已超 500 家，在列举的 283 个新材料产业园区中，有 64 个分布在长三角地区。以上海市等大城市为核心的创新集群初步形成，上海市是我国新材料科研、开发、生产的重要基地和最大的应用市场资源。[①] 数据显示，中国新材料产业产值从 2011 年的 0.8 万亿元增至 2019 年的 4.5 万亿元，年均复合增速超过 20%，预计到 2025 年产业总产值将达到 10 万亿元。[②]

2015—2020 年长三角一市三省新材料产业相关专业本科招生数据显示，近年来，上海市、江苏省、浙江省和安徽省的本科招生规模均保持总体增长之势。其中江苏省新材料产业相关专业每年的本科招生规模最大，且呈现逐年增加的态势，2020 年江苏省相关专业本科招生规模比 2015 年增加了 13%，是长三角一市三省中增幅最大的省份。安徽省新材料产业相关专业每年的本科招生规模是长三角第二大的，且 2015—2020 年招生规模基本呈持续增长之势，但每年招生规模是江苏省的六成左右。与总体趋势相同的是，近年来浙江省和上海市新材料产业相关专业本科招生规模也保持稳中有升的趋势，但每年招生规模相对较小。2015—2020 年，浙江省相关专业本科招生规模为江苏省的四成左右，上海市招生规模在长三角一市三省中是最小的，每年的招生规模约为江苏省的 30%。

图 4-16　长三角新材料产业相关专业本科招生规模变化情况

从 2015—2020 年长三角一市三省新材料产业相关专业本科在校生规模数据来看，长三角新材料产业相关专业本科在校生规模整体保持增长趋势。具体而言，2015—2020 年江苏省新材料产业相关专业本科在校生逐年持续增加，且增幅明显。2020 年江苏省相关专业本科在校生较 2015 年增加超过 15%，是一市三省中增幅最大的省份。新材料产业相关专业本科在校生规模位

---

① 尚勇敏，王振. 长三角携手打造新材料产业集群世界高地 [J]. 浙江经济，2021（9）：35-37.
② 怡婷，唐一鑫. 新材料产业发展前景广阔 [N]. 人民日报，2021-09-29（18）.

居长三角第二位的是安徽省，且近年来也呈持续增加之势，2020 年较 2015 年增幅为长三角一市三省中第二高。浙江省和上海市相关专业本科在校生规模相对较小，但近年来也呈稳中有升的态势。从在校生绝对规模来看，江苏省新材料产业相关专业本科在校生规模最大，是长三角一市三省中位居第二位的安徽省的 1.7 倍，是浙江省的 2.3 倍，是上海市的 3 倍多。

图 4-17　长三角新材料产业相关专业本科在校生规模变化情况

长三角一市三省新材料产业相关专业本科毕业生规模数据显示，2015—2020 年，上海市、江苏省、浙江省和安徽省的相关专业本科毕业生规模总体保持稳中有升的态势。具体来看，2015—2020 年江苏省在长三角一市三省中相关专业每年的本科毕业生规模最大，且基本呈持续增加的趋势，2020 年相关专业本科毕业生较 2015 年增加了约 16%。新材料产业相关

图 4-18　长三角新材料产业相关专业本科毕业生规模变化情况

专业本科毕业生规模位居第二位的是安徽省，近年来相关专业本科毕业生规模也呈逐年增长之势，2020年比2015年增加了16%左右，增幅与江苏省基本持平。与总体趋势相同的是，2015—2020年浙江省新材料产业相关专业本科毕业生规模保持小幅波动但整体增长的态势，上海市在此期间相关专业本科毕业生规模呈"先期基本稳定，后反弹翘尾"的整体增长态势，但浙江省和上海市毕业生规模均相对较小。2020年浙江省和上海市新材料产业相关专业本科毕业生规模分别约为江苏省的四成和三成。

从相对占比变化情况来看，2015—2020年期间长三角一市三省新材料产业相关专业本科招生占比，总体保持稳中有降的态势。具体而言，江苏省相关专业本科招生规模占当年招生总规模的比例由2015年的42.10%增长至2020年的43.29%，是长三角一市三省中增幅最明显且唯一增长的省份。浙江省新材料产业相关专业本科招生占比呈"波动下降"的特点，由2015年的33.5%降至2020年的32.2%，是长三角一市三省中降幅最大的省份。除了浙江省近年来呈下降趋势外，安徽省和上海市新材料产业相关专业本科招生占比也呈减少的态势。2015—2020年，上海市相关专业本科招生占比由2015年的39.66%降低至2020年的39.59%；安徽省在此期间的相关专业本科招生占比由2015年的41.78%减少至2020年的41.56%，是长三角一市三省中降幅最大的省份。

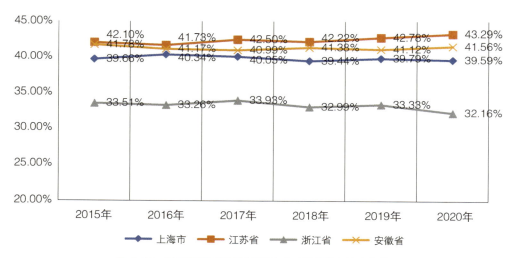

图4-19 长三角新材料产业相关专业本科招生占比变化情况

根据2015—2020年长三角一市三省新材料产业相关专业本科在校生占比变化情况，长三角新材料产业相关专业本科在校生占比整体呈现稳中有升的态势。具体而言，2015—2020年江苏省相关专业本科在校生占比由2015年的40.72%持续增加至2020年的41.41%，是一市三省中增幅最大的省份。在此期间，上海市相关专业本科在校生规模分别占当年本科在校生总规模的近四成，且近年来呈现持续增长的趋势。2015—2020年，除了江苏省和上海市新材料产业相关专业本科的在校生占比均呈总体增长之势外，浙江省和安徽省相关专业本科在校生比例均为整体减少的态势。数据显示，2015—2020 年安徽省新材料产业相关专业本科在校生占比由 2015 年的 40.31% 减少至 2020 年的 39.40%，降幅是长三角一市三省中最大的；在此期间浙江省相关专业本科在校生占比整体呈现稳中有降的特点，且浙江省相关专业本科在校生占比是长三角一市三省中最小的。

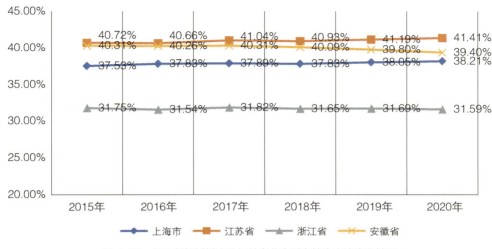

图 4-20　长三角新材料产业相关专业本科在校生占比变化情况

从长三角新材料产业相关专业本科毕业生占比变化情况来看，2015—2020 年，上海市新材料产业相关专业本科毕业生占比呈"先小幅减低，后明显反弹翘尾"的整体小幅增长趋势，且是长三角一市三省中增长趋势最为明显的省份。江苏省在此期间的相关专业本科毕业生占比呈现"过程波动"但整体小幅增长的趋势。浙江省和安徽省新材料产业相关专业本科毕业生占比均呈现整体下降的趋势，其中浙江省是长三角一市三省中降幅最为明显的省份。

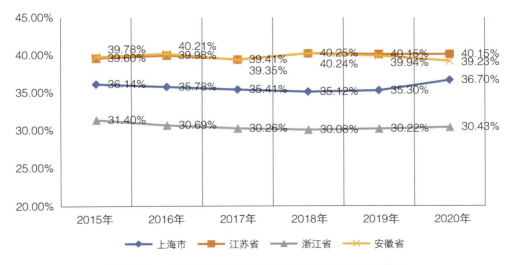

图 4-21　长三角新材料产业相关专业本科毕业生占比变化情况

但与安徽省稍微不同的是，浙江省 2015—2020 年新材料产业相关专业本科毕业生占比呈现出以下特点：2015—2019 年持续下降，但 2020 年止跌反弹。此外，从数据表现来看，江苏省新材料相关专业本科毕业生占比是长三角一市三省中最大的省份；其次为安徽省，二者新材料相关专业本科毕业生占比均在 40% 左右；再次为上海市；浙江省新材料产业相关专业本科毕业生占比是长三角一市三省中最小的。

根据上述分析来看，长三角新材料产业相关专业本科人才培养具有以下特点。从绝对规模来看，2015—2020 年长三角新材料产业相关专业本科人才培养呈现稳中有升之势；上海市新材料产业相关专业本科招生、在校生和毕业生在长三角一市三省中均为最小的，但保持总体稳中有升的趋势。从相对占比来看，长三角相关专业本科人才占比基本稳定，浙江省相关专业本科招生占比、在校生占比和毕业生占比均是长三角最小的；从变化趋势来看，浙江省和安徽省新材料产业相关专业本科招生、在校生和毕业生占比整体均呈现小幅下降的态势。

（四）生物产业

中国生物产业的战略布局为：大力发展用于重大疾病防治的生物技术药物、新型疫苗和诊断试剂、化学药物、现代中药等创新药物大品种，提升生物医药产业水平；加快先进医疗设备、医用材料等生物医学工程产品的研发和产业化，促进规模化发展；着力培育生物育种产业，积极推广绿色农用生物产品，促进生物农业加快发展；推进生物制造关键技术开发、示范与应用；加快海洋生物技术及产品的研发和产业化，具体包括生物医药产业、生物医学工程产业、生物农业及相关产业、生物质能产业等。

根据 2015—2020 年长三角一市三省生物产业相关专业本科招生数据来看，近年来，上海市、江苏省、浙江省和安徽省的本科招生规模均呈总体增长之势。其中江苏省在长三角生物产业相关专业每年的本科招生规模最大，且基本呈现持续增加的态势，2020 年江苏省相关

图 4-22　长三角生物产业相关专业本科招生规模变化情况

专业本科招生规模较 2015 年有所增加。安徽省生物产业相关专业每年的本科招生规模是长三角中第二大的，每年招生规模是江苏省的六成左右，2015—2020 年安徽省生物产业相关专业本科招生规模基本呈稳中有升的态势，在此期间的增幅为长三角第二高。与总体趋势相同的是，近年来浙江省和上海市生物产业相关专业本科招生规模也保持稳中有升的趋势，但每年招生规模相对较小。2015—2020 年，浙江省相关专业本科招生规模约为江苏省的四成。上海市生物产业相关专业本科招生规模在长三角一市三省中是最小的，但其在 2015—2020 年的招生增幅是长三角最大的。

根据 2015—2020 年长三角一市三省生物产业相关专业本科在校生规模数据，长三角生物产业相关专业本科在校生规模整体保持增长趋势。具体而言，江苏省生物产业相关专业本科在校生规模在 2015—2020 年期间逐年持续增加，且增幅明显。2020 年江苏省生物产业相关专业本科在校生较 2015 年增加了 13%，是一市三省中增幅第二大的省份。安徽省生物产业相关专业本科在校生规模在长三角位居第二，且近年来呈稳中有升的趋势，2020 年与 2015 年相比也实现了较为明显的增加。浙江省和上海市生物产业相关专业本科在校生规模相对较小，但近年来整体也呈逐年持续增加的态势，其中上海市生物产业相关专业本科在校生规模在 2015—2020 年的增幅是长三角最大的。从在校生绝对规模来看，江苏省生物产业相关专业本科在校生规模最大，是长三角一市三省中位居第二位的安徽省的约 1.7 倍，是浙江省的约 2.3 倍，是上海市的约 3.4 倍。

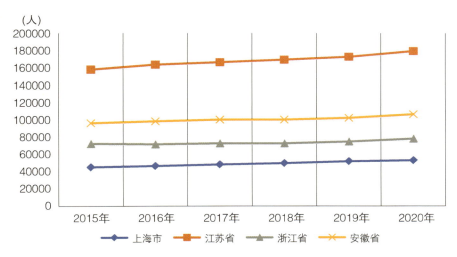

图 4-23 长三角生物产业相关专业本科在校生规模变化情况

从长三角一市三省生物产业相关专业本科毕业生规模变化情况来看，2015—2020 年，上海市、江苏省、浙江省和安徽省的相关专业本科毕业生规模总体保持稳中有升的趋势。具体而言，江苏省在长三角一市三省中相关专业每年的本科毕业生规模最大，且基本呈持续增加的趋势，2020 年相关专业本科毕业生较 2015 年增加了约 12%。生物产业相关专业本科毕业生规模位居第二位的是安徽省，2015—2020年安徽省相关专业本科毕业生规模也呈现增长态势，2020年比2015年增加了约10%。尽管浙江省和上海市的毕业生规模均相对较小，2020年浙江省和上海市生物产业相关专业本科毕业生规模分别约为江苏省的四成和三成。但与总体趋势相同的是，2015—2020年浙江省生物产业相关专业本科毕业生规模保持稳中有增的态势，上海市在此期间相关专业本科毕业生规模呈"前期基本稳定，后明显反弹翘尾的"增长趋势，且上海市生物产业相关专业本科毕业生规模的增幅为长三角最大值。

图4-24 长三角生物产业相关专业本科毕业生规模变化情况

从相对占比变化情况来看，2015—2020年期间长三角一市三省生物产业相关专业本科招生占比，总体保持稳中略升的态势。具体而言，安徽省生物产业相关专业本科招生规模占当年招生总规模的比例由2015年的15.82%增长至2020年的16.52%，是长三角一市三省中增幅最为明显的省份。长三角一市三省中另一个在生物产业相关专业本科招生占比上实现总体增长的是上海市，上海市相关专业本科招生占比由2015年的12.50%增加至2020年的13.13%。江苏省相关专业本科招生占比在近年来总体呈基本稳定但略微降低的态势。在长三角一市三省中，浙江省生物产业本科相关专业招生占比呈明显的"波动下降"特点，由2015年的12.65%降至2020年的12.30%，是长三角一市三省中降幅最大的省份。

从数据表现来看，2015—2020年长三角一市三省生物产业相关专业本科在校生占比整体呈现基本稳定的态势。具体来看，2015—2020年江苏省生物产业相关专业本科在校生占比由2015年的15.25%波动保持至2020年相同水平。浙江省生物产业相关专业本科在校生占比在此期间均是长三角一市三省中最小的，2020年浙江省生物产业相关专业本科在校生占比与2015年基本相同，尽管此期间呈现小幅波动的特点。2015—2020年安徽省相关专业本科在校生规模占当年本科在校生总规模的比例呈现较为明显的"稳中有降"的态势，是长三

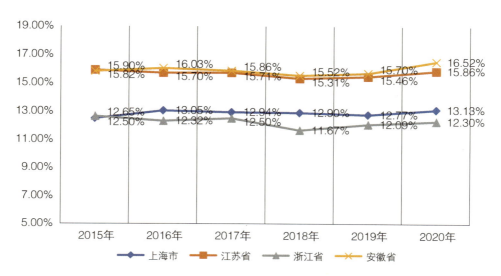

图 4-25　长三角生物产业相关专业本科招生占比变化情况

图 4-26　长三角生物产业相关专业本科在校生占比变化情况

角一市三省中唯一呈明显降低趋势的省份，相关专业本科在校生占比由 2015 年的 15.40 降至 2020 年的 14.95%。上海市相关专业本科在校生规模分别占当年本科在校生总规模的近三成，整体呈现持续增长态势，且是长三角一市三省中生物产业相关专业本科招生占比唯一呈增长趋势的省份。

从 2015—2020 年长三角生物产业相关专业本科毕业生占比变化情况来看，上海市生物产业相关专业本科毕业生占比呈整体小幅增长趋势，且是长三角一市三省中唯一一个呈增长趋势的省份。江苏省在此期间的生物产业相关专业本科毕业生占比呈现"过程波动"但整体小幅降低的趋势。浙江省和安徽省生物产业相关专业本科毕业生占比也均呈现整体下降的趋势，其中安徽省是长三角一市三省中降幅最为明显的省份。与安徽省近三年呈现持续下降的趋势稍微不同的是，浙江省生物产业相关专业本科毕业生占比在2015—2020年间呈现先期持续下降，但2020年具有止跌反弹的特点。此外，从数据表现来看，安徽省相关本科专业毕业生占比是长三角一市三省中最大的；紧随其后的是江苏省，二者相关专业本科毕业生占比均在15%左右；再次为上海市；浙江省生物产业相关专业本科毕业生占比是长三角一市三省中最小的。

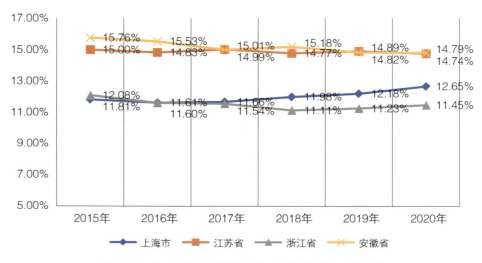

图4-27　长三角生物产业相关专业本科毕业生占比变化情况

通过上述分析发现，长三角生物产业相关专业本科人才培养具有以下特点。从绝对规模来看，2015—2020年长三角生物产业相关专业本科人才培养呈现稳中有升之势；上海市生物产业相关专业本科招生、在校生和毕业生规模在长三角一市三省中均为最小，但在招生、在校生和毕业生规模增幅方面均居长三角第一位。从相对占比来看，长三角生物产业相关专业本科人才占比呈稳中略降的态势，浙江省生物产业相关专业本科招生占比、在校生占比和毕业生占比均是长三角中最小的，上海市位居倒数第二位，但一市三省的差距有所收窄。从变化趋势来看，2015—2020年，上海市生物产业相关专业本科招生、在校生和毕业生占比均保持增长态势；江苏省、浙江省和安徽省生物产业相关专业本科招生、在校生和毕业生占比整体呈不同程度的降低。

（五）新能源汽车产业

我国新能源汽车产业的战略布局为，[①] 着力突破动力电池、驱动电机和电子控制领域关键核心技术，推进插电式混合动力汽车、纯电动汽车推广应用和产业化。同时，开展燃料电池汽车相关前沿技术研发，大力推进高能效、低排放的节能汽车发展。本研究具体包括：新能源汽车整车制造，新能源汽车装置、配件制造，新能源汽车相关设施制造，新能源汽车相关

---

① 国务院.国务院关于加快培育和发展战略性新兴产业的决定［EB/OL］.（2010-10-18）［2022-12-01］. http://www.gov.cn/zhengce/content/2010-10/18/content_1274.htm.

服务等行业。

根据2015—2020年长三角一市三省新能源汽车产业相关专业本科招生数据，近年来，上海市、江苏省、浙江省和安徽省新能源汽车产业相关专业本科招生规模整体呈稳中有升的趋势。一市三省中江苏省新能源汽车产业相关专业的每年本科招生规模最大，且呈逐年持续增加的趋势，2020年江苏省新能源汽车产业相关专业本科招生规模比2015年增加了一成。安徽省新能源汽车产业相关专业每年本科生招生规模是江苏省的六成左右，但仍是长三角第二大的。2015—2020年安徽省新能源汽车产业相关专业本科招生规模总体呈现稳中略升之势。与总体趋势相同的是，近年来浙江省和上海市新能源汽车产业相关专业本科招生规模也保持稳中有升的小幅增长趋势，但每年招生规模相对较小。2015—2020年，浙江省新能源汽车产业相关专业本科招生规模为江苏省的四成左右；上海市相关专业本科招生规模在长三角一市三省中是最小的，但上海市在2015—2020年的招生增幅与江苏省相当，为长三角第二大。

图4-28　长三角新能源汽车产业相关专业本科招生规模变化情况

根据2015—2020年长三角一市三省新能源汽车产业相关专业本科在校生规模数据，长三角新能源汽车产业相关专业本科在校生规模呈小幅增长态势。具体来看，江苏省新能源汽车产业相关专业本科在校生规模在2015—2020年期间实现了逐年增长，且增幅较为明显。2020年江苏省相关专业本科在校生较2015年增加约16%，是一市三省中增幅最大的。安徽省新能源汽车产业相关专业本科在校生规模位居长三角第二位，且近年来也呈持续小幅增加的态势，2020年较2015年增加幅度为长三角一市三省中的第二大。浙江省和上海市新能源汽车产业相关专业本科在校生规模都相对较小，但近年来也呈稳中略升的态势。从在校生绝对规模来看，江苏省新能源汽车产业相关专业本科专业在校生规模最大，是长三角一市三省中位居第二位的安徽省的近2倍，是浙江省的约2.5倍，是上海市的3.3倍。

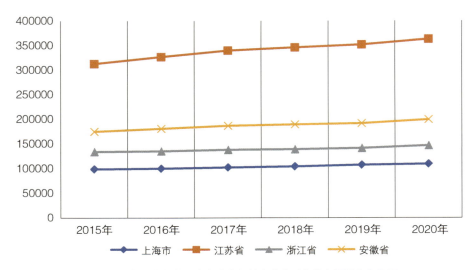

图 4-29　长三角新能源汽车产业相关专业本科在校生规模变化情况

根据 2015—2020 年长三角一市三省新能源汽车产业相关专业本科毕业生规模数据，上海市、江苏省、浙江省和安徽省新能源汽车产业相关专业本科毕业生规模总体保持小幅增长态势。具体而言，2015—2020 年，江苏省新能源汽车产业相关专业每年的本科毕业生规模最大，且呈逐年持续增加之势；2020 年江苏省新能源汽车产业相关专业本科毕业生较 2015 年增加了约 20%。安徽省新能源汽车产业相关专业本科毕业生规模位居长三角第二位，近年来相关专业本科毕业生规模也呈逐年递增的趋势，2020 年比 2015 年增加了 23% 左右，是长三角一市三省中的增幅最大者。与总体趋势相同的是，2015—2020 年浙江省新能源汽车产业相关专业本科毕业生规模保持稳中略升的态势，上海市在此期间相关专业本科毕业生规模呈

图 4-30　长三角新能源汽车产业相关专业本科毕业生规模变化情况

"先期基本稳定，后期反弹翘尾"的整体增长之势，但浙江省和上海市的毕业生规模、增长幅度均相对较小。2020 年浙江省和上海市新能源汽车产业相关专业本科毕业生规模分别约为江苏省的四成和三成，新能源汽车产业相关专业本科毕业生规模增幅均不足 10%，上海市的增幅甚至不足 5%。

从长三角新能源汽车产业相关专业本科招生相对规模变化来看，2015—2020 年期间长三角一市三省相关专业本科招生占比总体保持稳中略降的趋势。具体表现为，江苏省新能源汽车产业相关专业本科招生规模占当年招生总规模的比例，由 2015 年的 31.46% 增长至 2020 年的 31.86%，是长三角一市三省中增幅最为明显的省份。但从 2015—2020 年的发展趋势看，江苏省相关产业本科招生规模占当年招生规模的比例呈现"先升后降，整体略增"的态势。长三角一市三省中另一个在新能源汽车产业相关专业本科招生占比上实现总体增长的是上海市。上海市新能源汽车产业相关专业本科招生占比由 2015 年的 27.66% 增加至 2020 年的 28.05%。2015—2020 年，上海市和江苏省相关专业本科招生占比是长三角唯二实现整体增长的省份，且发展态势和增幅均高度相似。在长三角一市三省中，浙江省新能源汽车产业相关专业本科招生占比呈现明显的"波动下降"特点，由 2015 年的 23.43% 降至 2020 年的 22.46%，是长三角一市三省中降幅最大的省份。安徽省新能源汽车产业相关专业本科招生规模占当年招生总规模的比例呈现"先小幅降低后增加，但整体减少"的态势，由 2015 年的 29.55% 减少至 2020 年的 29.12%，是长三角一市三省中降幅第二的省份。

图 4-31　长三角新能源汽车产业相关专业本科招生占比变化情况

从 2015—2020 年长三角一市三省新能源汽车产业相关专业本科在校生占比变化情况来看，长三角新能源汽车产业相关专业本科在校生占比整体呈现稳中略升的发展趋势。具体表现为，2015—2020 年江苏省新能源汽车产业相关专业本科在校生占比由 2015 年的 30.30% 波动增加至 2020 年的 30.88%，是一市三省中增幅最大的省份，也是一市三省中新能源汽车产业相关专业本科在校生占比最高的省份。在此期间，上海市新能源汽车产业相关专业本科在校生规模分别占当年本科在校生总规模的近三成，且近年来总体呈持续增长之势，增幅为一市三省中的第二大。2015—2020 年，浙江省和安徽省相关专业本科在校生比例呈稳中略增之势。数据显示，2015—2020 年浙江省新能源汽车产业相关专业本科在校生占比由 2015 年的 21.99%略增至 2020 年的 22.11%，但浙江省新能源汽车产业相关专业本科在校生占比是长三角一市三省中最低的。在此期间，安徽省新能源汽车产业相关专业本科在校生占比整体呈现稳定发展的特点，2020 年安徽省相关专业本科在校生占比为 28.02%，与 2015 年基本持平。

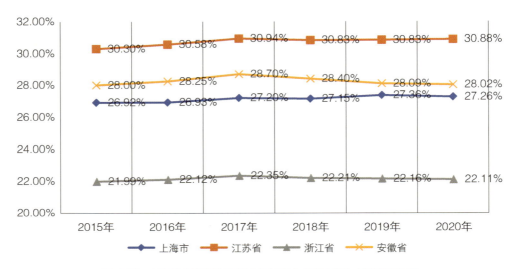

图 4-32　长三角新能源汽车产业相关专业本科在校生占比变化情况

从 2015—2020 年长三角新能源汽车产业相关专业本科毕业生占比变化情况来看，长三角新能源汽车产业相关专业本科毕业生占比保持稳中略增的趋势。在一市三省中，江苏省和安徽省新能源汽车产业相关专业本科毕业生占比保持整体增长的趋势，上海市和浙江省相关专业本科毕业生占比均呈现总体减少的态势。具体而言，江苏省新能源汽车产业相关专业本科毕业生占比呈整体不断增加的态势，且是长三角一市三省中增幅最大的省份，也是相关专业本科毕业生占比最大的省份。安徽省相关专业本科毕业生占比在此期间呈波动增加的特点，增幅为一市三省中的第二大，新能源汽车产业相关专业本科毕业生占比紧随江苏省之后。浙江省和上海市新能源汽车产业相关专业本科毕业生占比均呈现整体下降的趋势。从趋势表现来看，浙江省和上海市新能源汽车产业相关专业本科毕业生占比均呈"先降后升，但整体波动下降"的特点，且与浙江省相比，上海市 2020 年止跌反弹的特点更为明显。从数据表现来看，浙江省新能源汽车产业相关专业本科毕业生占比是长三角一市三省中最小的，其次为上海市。

图 4-33 长三角新能源汽车产业相关专业本科毕业生占比变化情况

根据上述分析，长三角新能源汽车产业相关专业本科人才培养具有以下特点。从绝对规模来看，2015—2020 年长三角新能源汽车产业相关专业本科人才培养呈现稳中有升之势；上海市新能源汽车产业相关专业本科招生、在校生和毕业生规模在长三角一市三省中均是最小的，但在招生、在校生和毕业生规模增幅方面均居长三角第一位。从相对占比来看，长三角相关专业本科人才占比呈稳中略降的态势，浙江省新能源汽车产业相关专业本科招生占比、在校生占比和毕业生占比均是长三角最小的，上海市位居倒数第二位，但一市三省的差距有所收窄。从变化趋势来看，2015—2020 年期间，上海市新能源汽车产业相关专业本科招生、在校生和毕业生占比均保持增长态势；江苏省、浙江省和安徽省新能源汽车产业相关专业本科招生、在校生和毕业生占比整体呈不同程度的略微降低之势。

（六）新能源产业

我国新能源产业的战略布局为：积极研发新一代核能技术和先进反应堆，发展核能产业；加快太阳能热利用技术推广应用，开拓多元化的太阳能光伏光热发电市场；提高风电技术装备水平，有序推进风电规模化发展，加快适应新能源发展的智能电网及运行体系建设；因地制宜开发利用生物质能。[1] 本研究具体关注以下方面：核电产业、风能产业、太阳能产业、生物质能及其他新能源产业、智能电网产业。

2015—2020 年长三角一市三省新能源产业相关专业本科招生数据显示，近年来，上海市、江苏省、浙江省和安徽省的本科招生规模均呈现总体增长的趋势。其中江苏省新能源产业相关专业每年的本科招生规模最大，且保持逐年小幅增加的态势，2020 年江苏省相关专

---

[1] 国务院. 国务院关于加快培育和发展战略性新兴产业的决定［EB/OL］.（2010-10-18）［2022-12-09］. http://www.gov.cn/zhengce/content/2010-10/18/content_1274.htm.

业本科招生规模比 2019 年增加逾 10%，是长三角一市三省中增幅第二大的省份。安徽省新能源产业相关专业每年的本科招生规模位居长三角第二位，且 2015—2020 年招生规模呈稳中略升之势，但每年招生规模是江苏省的一半左右。与总体趋势相同的是，近年来浙江省和上海市新能源产业相关专业本科招生规模也保持稳中有升的小幅增长趋势，但每年的招生规模相对较小，2015—2020 年，浙江省新能源产业相关专业的本科招生规模为江苏省的四成左右，上海市招生规模在长三角一市三省中是最小的，每年的招生规模为江苏的 30% 左右。从增长幅度来看，2015—2020 年长三角一市三省新能源产业相关专业本科招生规模增幅最大的为上海市（12.13%），其次为江苏省（10.81%），安徽省（6.69%）和浙江省（2.77%）增幅依次减小。

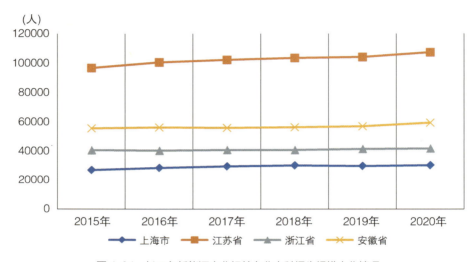

图 4-34　长三角新能源产业相关专业本科招生规模变化情况

根据 2015—2020 年长三角新能源产业相关专业本科在校生规模数据，长三角新能源产业相关专业本科在校生规模呈稳中有升的态势。具体而言，江苏省新能源产业相关专业本科在校生规模在 2015—2020 年期间保持了逐年持续增长之势，且增幅较为明显。2020 年江苏省新能源产业相关专业本科在校生较 2015 年增加逾 13%，是一市三省中增幅最大者。安徽省新能源产业相关专业本科在校生规模位居长三角第二位，且近年来也呈逐步小幅增加态势。浙江省和上海市相关专业本科在校生规模相对较小，但近年来也呈稳中略升的趋势。从在校生绝对规模来看，江苏省新能源产业相关专业本科在校生规模最大，是长三角一市三省中位居第二位的安徽省的近 2 倍，是浙江省的近 2.5 倍，是上海市的 3.5 倍之多。从增长幅度来看，2015—2020 年长三角一市三省新能源产业相关专业本科在校生规模增幅最大的为江苏省（13.42%），其次为安徽省（12.68%），上海市（10.82%）和浙江省（8.09%）依次随后。

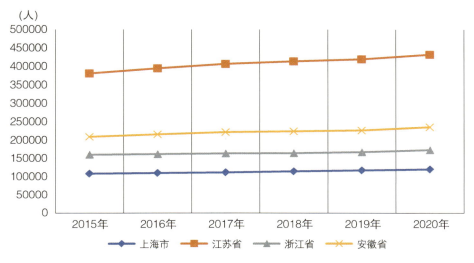

图 4-35　长三角新能源产业相关专业本科在校生规模变化情况

根据 2015—2020 年长三角一市三省新能源产业相关专业本科毕业生规模数据，上海市、江苏省、浙江省和安徽省的相关专业本科毕业生规模总体保持小幅增长态势。具体而言，2015—2020 年江苏省在长三角一市三省中新能源产业相关专业每年的本科毕业生规模是最大的，且呈现逐年持续增加之势；2020 年相关专业本科毕业生较 2015 年增加逾 13%。安徽省新能源产业相关专业本科毕业生规模位居长三角第二位，近年来也呈逐年递增的趋势。与总体趋势相同的是，2015—2020 年浙江省新能源产业相关专业本科毕业生规模保持稳中略升的态势，上海市在此期间相关专业本科毕业生规模整体呈"先期基本稳定，后期反弹翘尾"的增长之势，但浙江省和上海市毕业生规模相对较小。2020 年浙江省和上海市新能源产业相关

图 4-36　长三角新能源产业相关专业本科毕业生规模变化情况

专业本科毕业生规模分别约为江苏省的四成和三成。从增长幅度来看，2015—2020 年长三角一市三省新能源产业相关专业本科毕业生规模增幅最大的为安徽省（19.58%），其次为江苏省（13.79%），上海市和浙江省的增幅相对较小。数据显示，2015—2020 年浙沪新能源产业相关专业本科毕业生规模增幅在 5% 左右。

从相对占比变化情况来看，2015—2020 年期间长三角一市三省新能源产业相关专业本科招生占比总体保持基本稳定的态势。具体而言，江苏省新能源产业相关专业本科招生规模占当年招生总规模的比例由 2015 年的 37.88% 波动稳定至 2020 年的 37.97%，是长三角一市三省中实现正增长的两个省市之一。上海市相关专业本科招生占比情况近年来呈"先升后降"，但总体增长的趋势。2015—2020 年，上海市是长三角一市三省中新能源产业相关专业本科招生占比增幅最为明显的。上海市和江苏省是长三角一市三省中新能源产业相关专业本科招生占比保持整体增长趋势的省份。安徽省和浙江省在此期间的相关专业本科招生占比均呈小幅下降之势。具体来看，安徽省相关专业本科招生占比由 2015 年的 35.39% 减少至 2020 年的 35.12%，且在此期间呈现"持续减低，最后止跌反弹"的特点。浙江省新能源产业相关专业本科招生占比呈"波动下降"的特点，由 2015 年的 27.59% 下降至 2020 年的 26.91%，是一市三省中新能源产业相关专业本科招生占比降幅最为明显的省份。

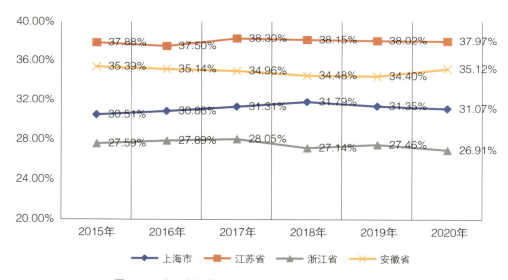

图 4-37 长三角新能源产业相关专业本科招生占比变化情况

从 2015—2020 年长三角一市三省新能源产业相关专业本科在校生占比变化情况来看，长三角新能源产业相关专业本科在校生占比整体呈现稳中略降的发展趋势。具体表现为，2015—2020 年江苏省新能源产业相关专业本科在校生占比是一市三省中最高的，但该比例由 2015 年的 37.00% 波动略降至 2020 年的 36.90%。上海市新能源产业相关专业本科在校生规模占当年本科在校生总规模的近三成，且近年来总体呈持续增长之势，增幅是一市三省中最高的，也是长三角在此期间唯一保持正增长的省份。2015—2020年，长三角中除了江苏省新能源产业相关专业本科在校生占比呈总体稳中略降的趋势之外，浙江省和安徽省相关专业本科在校生比例也呈小幅降低的态势。数据显示，2015—2020年浙江省新能源汽车产业相关专业本科在校生占比由2015年的26.42%略降至2020年的26.27%，且浙江省相关专业本科在校生占比是长三角一市三省中最低的。在此期间安徽省新能源产业相关专业本科在校生占比降幅最大，2020年安徽省相关专业本科在校生占比为33.32%，明显低于2015年的33.67%。

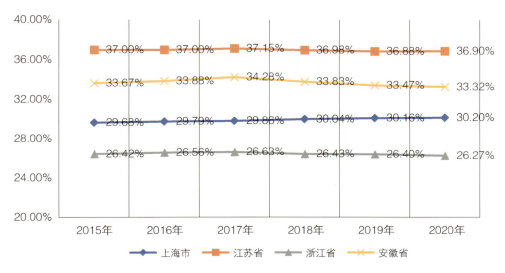

图4-38　长三角新能源产业相关专业本科在校生占比变化情况

从2015—2020年长三角新能源产业相关专业本科毕业生占比变化情况来看，长三角新能源产业相关专业本科毕业生占比呈现小幅降低的趋势。在一市三省中，安徽省新能源产业相关专业本科毕业生占比保持整体增长的趋势，上海市、江苏省和浙江省相关专业本科毕业生占比均呈现总体减少的态势。具体而言，江苏省新能源产业相关专业本科毕业生占比是长三角一市三省中最大的，但2015—2020年呈整体不断减少的态势。浙江省和上海市新能源产业相关专业本科毕业生占比也均呈现整体下降的趋势。从趋势表现来看，浙江省和上海市新能源产业相关专业本科毕业生占比均呈"先降后升，但整体波动下降"的特点，且与浙江省相比，上海市2020年止跌反弹的特点更为明显，但上海市是一市三省中降幅最为明显的。从数据表现来看，浙江省新能源产业相关专业本科毕业生占比是长三角一市三省中最小的。安徽省新能源产业相关专业本科毕业生占比紧随江苏省之后，但江苏省相关专业本科毕业生占比在此期间呈波动下降的特点。

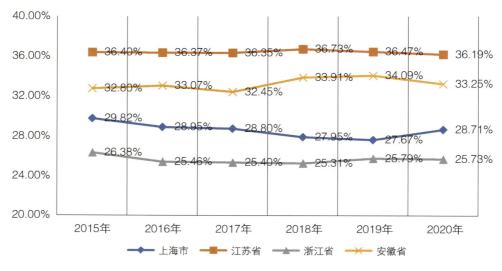

图 4-39 长三角新能源产业相关专业本科毕业生占比变化情况

根据上述分析，长三角新能源产业相关专业本科人才培养具有以下特点。从绝对规模来看，2015—2020 年长三角新能源产业相关专业本科人才培养呈现稳中有升的趋势；上海市新能源汽车产业相关专业本科招生、在校生和毕业生规模在长三角一市三省中均是最小的，但在招生、在校生规模增幅方面均居第一位。从相对占比来看，长三角一市三省相关专业本科人才占比总体稳定，浙江省新能源产业相关专业本科招生占比、在校生占比和毕业生占比均是长三角一市三省中最小的，上海市位居倒数第二位。从变化趋势来看，2015—2020 年，上海市新能源产业相关专业本科招生、在校生和毕业生占比均保持总体增长态势；江苏省、浙江省和安徽省新能源产业相关专业本科招生、在校生和毕业生占比整体呈不同程度的降低趋势。

（七）节能环保产业

根据国家产业战略布局，我国的节能环保产业布局为：重点开发推广高效节能技术装备及产品，实现重点领域关键技术突破，带动能效整体水平的提高；加快资源循环利用关键共性技术研发和产业化示范，提高资源综合利用水平和再制造产业化水平；示范推广先进环保技术装备及产品，提升污染防治水平；推进市场化节能环保服务体系建设；加快建立以先进技术为支撑的废旧商品回收利用体系，积极推进煤炭清洁利用、海水综合利用。[1] 此处分析具体关注的是：高效节能产业、先进环保产业、资源循环利用产业。

从 2015—2020 年长三角一市三省节能环保产业相关专业本科招生数据来看，近年来，上海市、江苏省、浙江省和安徽省的本科招生规模均呈总体增长之势。其中江苏省在长三角一市三省中节能环保产业相关专业每年的本科招生规模最大，且基本呈现持续增加的态势，

---

[1] 国务院. 国务院关于加快培育和发展战略性新兴产业的决定［EB/OL］.（2010-10-18）［2022-12-15］. http://www.gov.cn/zhengce/content/2010-10/18/content_1274.htm.

2020年江苏省相关专业本科招生规模比2015年增加了逾10%。安徽省节能环保产业相关专业每年的本科招生规模是长三角第二大的，是江苏省的六成左右。2015—2020年安徽省节能环保产业相关专业本科招生规模基本呈稳中有升的态势。与总体趋势相同的是，近年来浙江省和上海市节能环保产业相关专业本科招生规模也保持稳中有升的小幅增长趋势，但每年招生规模相对较小。2015—2020年，浙江省相关专业本科招生规模为江苏省的四成左右；上海市节能环保产业相关专业本科招生规模在长三角中是最小的。从增长幅度来看，2015—2020年长三角一市三省节能环保产业相关专业本科招生规模增幅最大的是江苏省，其次为上海市，安徽省和浙江省依次随后。

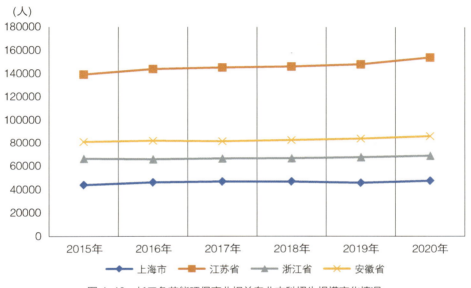

图4-40 长三角节能环保产业相关专业本科招生规模变化情况

从2015—2020年长三角节能环保产业相关专业本科在校生规模数据来看，长三角节能环保产业相关专业本科在校生规模呈稳中有升的态势。具体而言，江苏省节能环保产业相关专业本科在校生规模在2015—2020年期间保持了逐年持续增长态势，且增幅较为明显。2020年江苏省节能环保产业相关专业本科在校生较2015年增加逾13%，是一市三省中增幅最大者。安徽省新能源产业相关专业本科在校生规模位居长三角第二位，且近年来也呈逐步小幅增加态势。浙江省和上海市相关专业本科在校生规模相对较小，但近年来也呈稳中略升的趋势。从在校生绝对规模来看，江苏省节能环保产业相关专业本科在校生规模最大，是长三角一市三省中位居第二位的安徽省的约1.8倍，是浙江省的逾2.5倍，是上海市的逾3.2倍。从增长幅度来看，2015—2020年长三角一市三省节能环保产业相关专业本科在校生规模增幅最大的为江苏省（13.94%），其次为安徽省（11.77%），上海市（9.28%）和浙江省（8.85%）依次随后。

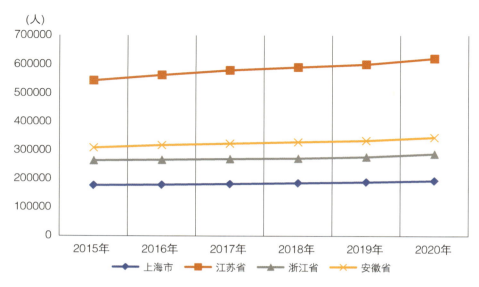

图 4-41 长三角节能环保产业相关专业本科在校生规模变化情况

2015—2020年长三角一市三省节能环保产业相关专业本科毕业生规模数据显示，上海市、江苏省、浙江省和安徽省的相关专业本科毕业生规模总体保持小幅增长态势。具体而言，2015—2020年，江苏省在长三角一市三省中节能环保产业相关专业每年的本科毕业生规模最大，且呈现逐年持续增加之势；2020年相关专业本科毕业生较2015年增加了近15%。安徽省节能环保产业相关专业本科毕业生规模位居长三角第二位，近年来也呈逐年递增的趋势。与总体趋势相同的是，2015—2020年浙江省节能环保产业相关专业本科毕业生规模保持稳中略升的态势，上海市在此期间相关专业本科毕业生规模呈"先期稳定发展，

图 4-42 长三角节能环保产业相关专业本科毕业生规模变化情况

后期反弹翘尾"的整体增长特点，但浙江省和上海市毕业生规模相对较小。2020年浙江省和上海市节能环保产业相关专业本科毕业生规模分别约为江苏省的四成和三成。从增长幅度来看，2015—2020年长三角一市三省节能环保产业相关专业本科毕业生规模增幅最大的为安徽省（18.03%），其次为江苏省（14.93%），浙江省（8.83%）和上海市（5.89%）依次排后。

从相对占比变化情况来看，2015—2020年长三角一市三省节能环保产业相关本科专业招生占比总体呈现小幅减少的态势。具体而言，江苏省节能环保产业相关专业本科招生规模占当年招生总规模的比例由2015年的54.46%波动稳定至2020年的54.55%，是长三角一市三省中唯一实现正增长的省份。上海市相关专业本科招生占比情况近年来呈"先升后降"，但总体略降的趋势。2015—2020年，上海市是长三角一市三省中节能环保产业相关专业本科招生占比降幅最为明显的省市。安徽省和浙江省在此期间的相关专业本科招生占比均呈小幅下降。具体来看，安徽省相关本科专业招生占比由2015年的51.47%减少至2020年的51.06%，且在此期间呈现"持续减低后止跌反弹"的特点。浙江省相关专业本科招生占比呈"波动下降"的特点，由2015年的44.94%降至2020年的44.40%，浙江省是一市三省中节能环保产业相关专业本科招生占比降幅较为明显的省份之一。

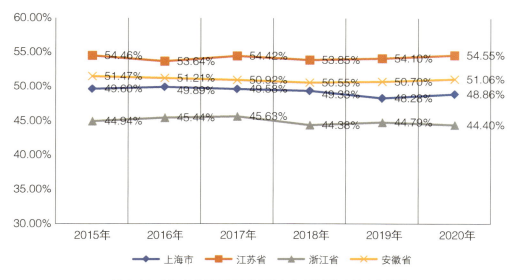

图4-43 长三角节能环保产业相关专业本科招生占比变化情况

从2015—2020年长三角一市三省节能环保产业相关专业本科在校生占比变化情况来看，长三角节能环保产业相关专业本科在校生占比整体呈现稳中略降的发展趋势。具体表现为，2015—2020年江苏省相关本科专业在校生占比是一市三省中节能环保产业相关专业本科在校生占比最高的省份，该比例由2015年的52.83%波动至2020年的52.94%。上海市相关专业本科在校生规模占当年本科在校生总规模的近一半,且近年来总体呈稳中略增之势,增幅为一市三省中最高的。2015—2020 年,长三角中除了上海市和江苏省节能环保产业相关专业本科在校生占比呈总体稳中略升的趋势之外,浙江省相关专业本科在校生比例保持基本稳定发展的趋势。数据显示,2015—2020 年浙江省节能环保产业相关专业本科在校生占比由 2015 年的 43.55% 稳定保持至 2020 年的 43.61%,但浙江省节能环保产业相关专业本科在校生占比是长三角一市三省中最低的。在此期间安徽省节能环保产业相关专业本科在校生占比降幅最大,2020 年安徽省节能环保产业相关专业本科在校生占比为 48.71%,明显低于 2015 年的 49.62%,是长三角中节能环保产业相关专业本科在校生占比唯一负增长的省份。

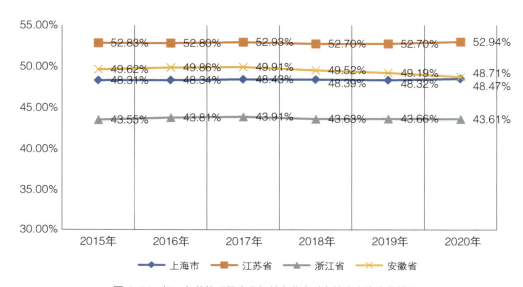

图 4-44　长三角节能环保产业相关专业本科在校生占比变化情况

从 2015—2020 年长三角节能环保产业相关专业本科毕业生占比变化情况来看,长三角节能环保产业相关专业本科毕业生占比呈现小幅降低的特点。在一市三省中,上海市节能环保产业相关专业本科毕业生占比呈现整体减少的趋势,江苏省、浙江省和安徽省相关专业本科毕业生占比均呈现总体稳定的态势。具体而言,江苏省节能环保产业相关专业本科毕业生占比是长三角一市三省中最大的,2015—2020 年呈整体波动略增的态势。浙江省和安徽省节能环保产业相关专业本科毕业生占比均呈现整体稳定的趋势。从趋势表现来看,浙江省新能源产业相关专业本科毕业生占比呈"先降后升,整体稳定"的特点。尽管 2015—2020 年上海市是一市三省中节能环保产业相关专业本科毕业生占比唯一减少的省份,但其 2020 年止跌反弹的特点明显。从 2020 年节能环保产业相关专业本科毕业生占比数据表现来看,浙江省相关专业本科毕业生占比是长三角一市三省中最小的,江苏省最大,安徽省紧随江苏省之后,上海市节能环保产业相关专业毕业生占比位居第三位。

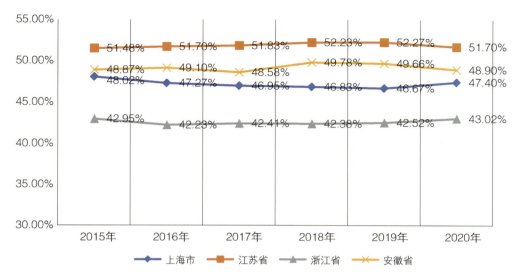

图 4-45　长三角节能环保产业相关专业本科毕业生占比变化情况

根据上述分析,长三角节能环保产业相关专业本科人才培养具有以下特点。从绝对规模来看,2015—2020 年长三角节能环保产业相关专业本科人才培养呈现稳中有升之势。其中江苏省节能环保产业相关专业每年的本科招生规模在长三角中是最大的,且呈现逐年增加的趋势;在节能环保产业相关专业本科招生、在校生增幅方面,江苏省均是一市三省中的最大者。从相对占比来看,长三角节能环保产业相关专业本科人才占比呈稳中略降的态势,上海市相关专业本科招生占比、在校生占比、毕业生占比呈小幅波动但总体稳定的特点;浙江省节能环保产业相关专业本科招生占比、在校生占比均为长三角的最小值。从变化趋势来看,2015—2020 年,上海市、江苏省、浙江省节能环保产业相关专业本科招生、在校生占比均保持小幅波动但总体稳定的态势;安徽省节能环保产业相关专业本科招生、在校生和毕业生占比整体呈不同程度的略微降低的趋势。

(八) 数字创意产业

作为现代信息技术与文化创意产业融合而成的新经济形态,数字创意产业经历了从文化产业到数字创意产业,再到数字创意经济的不间断发展升级过程,是文化产业和国民经济发展的新动能,也是当今数字经济的重要组成部分。在 5G、大数据、VR、人工智能、云计算及区块链技术快速发展的背景下,数字创意产业的发展不仅能够带动影视、动漫、游戏、会展商务、旅游、公共管理等领域的进步,提升各领域产品和服务的创意、文化内涵和数字化水平,促进跨产业交流合作,还能辐射到社会各个方面,满足人民群众日益增长的多样化、多层次精神文化需求。[①]

---

① 杨阳腾. 数字创意产业释放强劲活力 [N]. 经济日报, 2021-09-25 (9).

2015—2020年长三角一市三省数字创意产业相关专业本科招生数据显示，近年来，上海市、江苏省、浙江省和安徽省的本科招生规模均呈总体保持增长态势。其中江苏省数字创意产业相关专业每年的本科招生规模是长三角中最大的，且呈现逐年增加的趋势；2020年江苏省相关专业本科招生规模比2015年增加了逾15%，是长三角一市三省中增幅第二大的省份。安徽省数字创意产业相关专业每年的本科招生规模是长三角中第二大的，尽管2015—2020年招生规模基本呈持续增长之势，但安徽省相关专业每年本科招生规模是江苏省的六成左右。与总体趋势相同的是，近年来浙江省和上海市数字创意产业相关专业本科招生规模也保持稳中有升的小幅增长趋势，但每年招生规模相对较小。2015—2020年，浙江省相关专业每年的本科招生规模约为江苏省的一半。上海市招生规模在长三角一市三省中是最小的，每年的招生规模约为江苏省的30%，但上海市数字创意产业相关专业本科每年招生规模在此期间的增幅是一市三省中最大的。

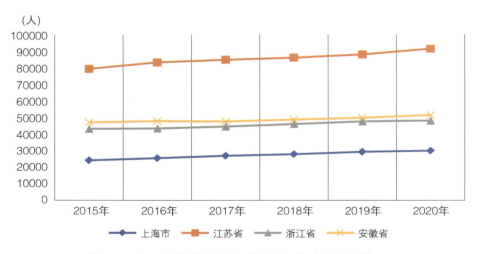

图4-46　长三角数字创意产业相关专业本科招生规模变化情况

从2015—2020年长三角一市三省的数字创意产业相关专业本科在校生规模数据表现来看，长三角数字创意产业相关专业本科在校生规模整体保持增长趋势。具体而言，2015—2020年江苏省数字创意产业相关专业本科在校生实现了逐年持续增加的趋势，且增幅较为明显。2020年江苏省数字创意相关专业本科在校生规模较2015年增加逾20%，是一市三省中增幅最大的省份。数字创意产业相关专业本科在校生规模位居长三角第二位的是安徽省，且近年来也呈持续增加的态势，2020年较2015年增幅为长三角一市三省中第二大。浙江省数字创意产业相关专业本科在校生规模在此期间的变化趋势均与安徽省高度相似。上海市数字创意相关专业本科在校生规模相对较小，为一市三省中的最小值，但近年来呈现稳中有升的态势。从在校生绝对规模来看，江苏省数字创意产业相关专业本科在校生规模最大，分别约是安徽省和浙江省的1.8倍，是上海市的逾3倍。

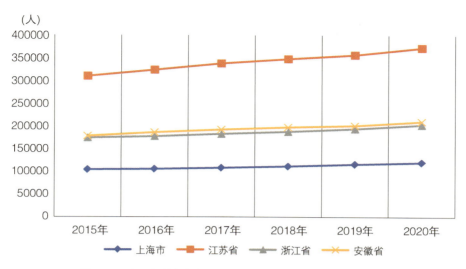

图 4-47 长三角数字创意产业相关专业本科在校生规模变化情况

从长三角一市三省数字创意产业相关专业本科毕业生规模数据来看，2015—2020 年，上海市、江苏省、浙江省和安徽省数字创意产业相关专业本科毕业生规模总体保持稳中有升的增长态势。具体而言，2015—2020 年江苏省数字创意相关专业每年的本科毕业生规模在长三角一市三省中是最大的，且呈逐年持续增加的趋势。2020 年江苏省数字创意产业相关专业本科毕业生较 2015 年增加了约 20%。数字创意产业相关专业本科毕业生规模位居第二位的是安徽省，并且近年来相关专业本科毕业生规模也呈逐年增长之势，2020 年比 2015 年增加了 33% 左右，是一市三省中增幅最大的。与安徽省发展趋势相同的是，2015—2020 年浙江省数字创意产业相关专业本科毕业生规模呈现整体持续增长的态势。上海市在此期间相关专业本科毕业生规模呈"先期基本稳定，后反弹翘尾"的整体增长态势，但值得提及的是，上

图 4-48 长三角数字创意产业相关专业本科毕业生规模变化情况

三位一体

海市数字创意产业相关专业本科毕业生规模为一市三省中的最小值。2020年上海市数字创意产业相关专业本科毕业生规模约为江苏省的三成。

从相对占比变化情况来看，2015—2020年长三角一市三省数字创意产业相关本科专业招生占比总体保持稳中有升的态势。从具体数据来看，江苏省数字创意产业相关专业本科招生规模占当年招生总规模的比例由2015年的31.03%增长至2020年的32.32%，是长三角一市三省中增幅较为明显的省份之一。2015—2020年，上海市数字创意产业相关专业本科招生占比由2015年的27.13%明显增长至2020年的30.65%，上海市成为长三角一市三省中数字创意产业相关专业本科招生所占比例增幅最大的省份。浙江省数字创意产业相关专业本科招生占比呈现"先期持续增长，后小幅减少，但总体增长"的特点，由2015年的29.51%持续增加至2019年的31.68%，但在2020年小幅降至31.14%。安徽省数字创意产业相关专业本科招生占比呈现"先小幅降低，后反弹增长"的趋势，由2015年的30.12%略增至2020年的30.53%，是长三角一市三省中增幅最小的。

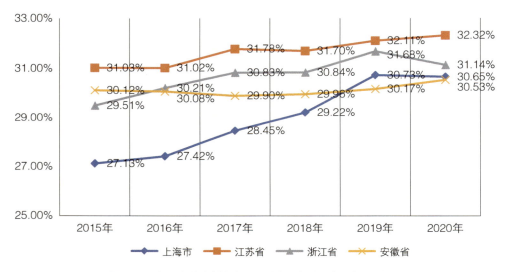

图4-49　长三角数字创意产业相关专业本科招生占比变化情况

从2015—2020年长三角一市三省数字创意产业相关专业本科的在校生占比变化情况来看，长三角数字创意产业相关专业本科在校生占比整体呈现稳中有升的态势。具体而言，2015—2020年江苏省数字创意产业相关专业本科在校生占比由2015年的30.08%持续增加至2020年的31.78%。在此期间，上海市数字创意产业相关专业本科在校生规模分别占当年本科在校生总规模的近三成，且近年来呈现基本持续增长的趋势，增长幅度与江苏省相当。2015—2020年，浙江省数字创意产业相关专业本科在校生占比也呈持续增加的特点，由2015年的28.75%持续增加至2020年的30.83%，是一市三省中增幅最大的。总体上看，2015—2020年江苏省、浙江省和上海市数字创意产业相关专业本科在校生占比均呈现持续增加的发展趋势。安徽省相关专业本科在校生占比在此期间呈现"先期持续增长，后期稳定发展"，但整体增加的特点。从 2020 年的数据来看，江苏省数字创意产业相关专业本科在校生占比最高，浙江省次之，上海市、安徽省依次随后。

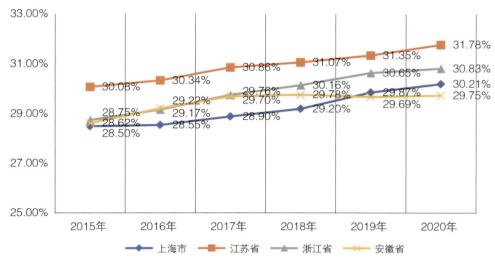

图 4-50　长三角数字创意产业相关专业本科在校生占比变化情况

从长三角一市三省数字创意产业相关专业本科毕业生占比变化情况来看，2015—2020 年，长三角一市三省数字创意产业相关专业本科毕业生占比均表现出整体增长的发展趋势。安徽省数字创意产业相关专业本科毕业生占比在 2015—2020 年呈持续增长的特点，由 2015 年的 26.54%持续增加至 2020 年的 29.95%，是长三角一市三省中增长趋势最为明显的省份。

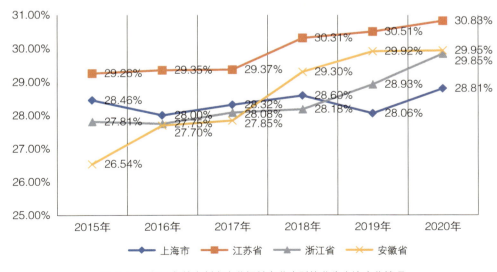

图 4-51　长三角数字创意产业相关专业本科毕业生占比变化情况

与安徽省数字创意产业相关专业本科毕业生占比发展趋势相似的是，江苏省和浙江省在此期间的数字创意产业相关专业本科毕业生占比也呈现持续增加的特点。2015—2020年，上海市数字创意产业相关专业本科毕业生占比呈"先小幅增长，中间较低最后反弹翘尾"的"过程波动整体小幅增长"的趋势。此外，从数据表现来看，江苏省数字创意相关专业本科毕业生占比是长三角一市三省中最大的，其次为安徽省和浙江省，再次为上海市，上海市数字创意产业相关专业本科毕业生占比是长三角一市三省中最少的。

从上述分析来看，长三角数字创意产业相关专业本科人才培养具有以下特点。从绝对规模来看，2015—2020年长三角数字创意产业相关专业本科人才培养呈现稳中有升之势。其中江苏省数字创意产业相关专业每年的本科招生规模最大，且呈现逐年增加的趋势。上海市数字创意产业相关专业本科每年招生规模在此期间的增幅是一市三省中最大的。从相对占比来看，长三角数字创意产业相关专业本科人才占比呈稳中略升的态势。上海市相关专业本科招生占比、在校生占比呈逐步增加的特点，毕业生占比则小幅波动但总体稳定。上海市数字创意产业相关专业本科招生占比、在校生占比由之前长三角的最小值，升为第二小值，但2019—2020年的毕业生占比为长三角的最小值。从变化趋势来看，2015—2020年，上海市、江苏省、安徽省、浙江省数字创意产业相关专业本科在校生、毕业生占比均保持基本增长态势；浙江省相关专业本科招生占比呈不同程度的略微降低之势，但毕业生占比呈明显的增长趋势。

5 长三角 2015—2021 年普通高校本科专业设置优化基本情况及特点

陈越洋

上海市教育科学研究院

调整优化学科专业既是普通高校适应、服务和支撑国家及区域经济社会发展的重要手段，同时也是推动高等教育高质量发展、提升贡献度和影响力的有效途径。2015—2021 年，全国普通高校本科共调整优化专业 17 776 个，其中，新增备案专业 13 492 个，新增审批专业 1 331 个，调整学位授予门类或修业年限专业 340 个，撤销专业 2 613 个。2015—2021 年长三角区域普通高校本科共有 2 702 个专业进行了调整优化，占全国优化总量的 15.2%。另外，从新增本科专业年度变化数据来看，2015—2021 年京津冀地区和东部地区新增专业数量占全国比例的提升幅度分别为 27.0% 和 17.0%，而长三角地区新增专业数量在全国占比变化基本持平。

一、长三角普通高校本科专业调整的基本情况

（一）长三角普通高校本科专业调整年度变化情况

从年度变化数据来看，2015—2016 年，全国普通高校本科专业调整数量为 2 360 个左右，2017 年度上升至 2 603 个，2 018—2019 年数量有所回落，近两年保持在 2 830 个左右。总体看来，全国普通高校本科专业调整力度呈现加大趋势。

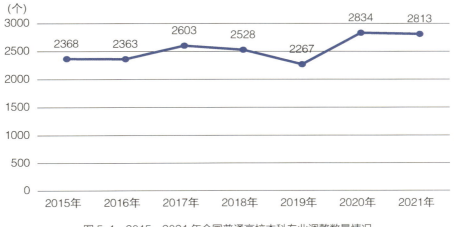

图 5-1　2015—2021 年全国普通高校本科专业调整数量情况

从部分省份普通高校新增本科专业数量来看，2015—2021 年北京市普通高校新增本科专业从 2015 年的 61 个增加到 2021 年的 124 个，本科专业数量增速明显提升；上海市自 2016 年新增本科专业数量达 57 个后，增速逐年放缓，至 2021 年恢复到 56 个；而江苏省、浙江省、安徽省 2015—2021 年普通高校新增本科专业数量都呈现波动下降的趋势。

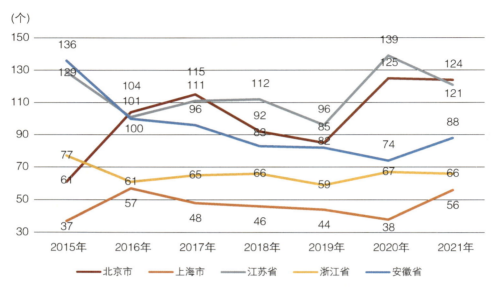

图 5-2　2015—2021 年部分省份普通高校新增本科专业数量情况

（二）长三角普通高校新增备案[①]本科专业情况

2015—2021 年，长三角普通高校新增备案本科专业 2 026 个，平均每所普通本科高校[②]9.0 个，低于全国平均水平（10.6 个），低于东中西部平均水平，低于京津冀地区平均水平（9.7 个），低于长江经济带地区平均水平（10.5 个）。从长三角地区内部一市三省来看，安徽省普通高校新增备案本科专业校均（13.3 个），在全国 31 个省（直辖市、自治区）中排第 3 位，江苏省（9.5 个）、浙江省（6.9 个）、上海市（6.5 个）分别排在全国第 20、27、29 位。上海市、浙江省新增备案专业数量校均全国排名靠后，意味着两省市高校对照《专业目录》所设专业新增专业的意愿和成效低于全国其他省份。

2015—2021 年，长三角一市三省各普通高校新增备案本科专业呈现数量不等的情况，有 13 所普通高校新增备案本科专业数量为 20 个及以上。从一市三省内部来看，上海市新增备案本科专业数量最多的高校是上海大学，共新增备案本科专业 25 个；江苏省新增备案本

---

① 根据教育部《普通高等学校本科专业设置管理规定》，高校设置的《专业目录》内的专业（除国家控制布点专业外），经报教育部备案后为新增备案专业．

② 因各省市普通高校数量存在较大差异，故本研究采用平均每所普通本科高校专业调整数量（校均数量）进行分析．

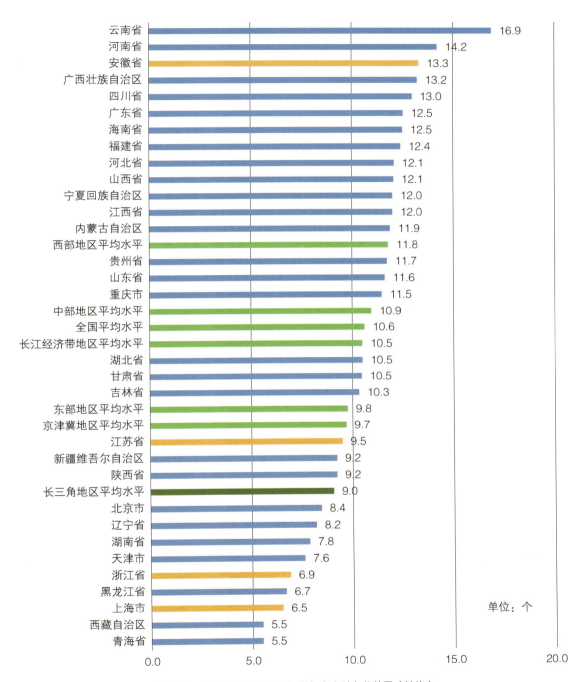

图 5-3 全国各地普通高校新增备案本科专业数量（校均）

注：图中数字作了四舍五入处理，但相应条块对应的是初始数值，所以会出现相同数字对应条块长度不一致的情况。

科专业数量最多的高校是宿迁学院，共新增备案本科专业 35 个；浙江省新增备案本科专业数量最多的高校是浙江越秀外国语学院，共新增备案本科专业 22 个；安徽省新增备案本科专业数量最多的高校是亳州学院，共新增备案本科专业 29 个。

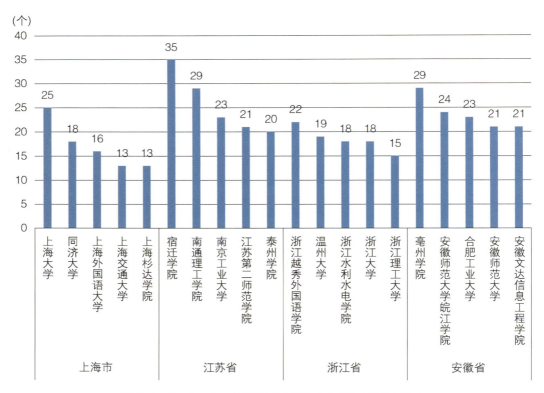

图 5-4　长三角一市三省普通高校新增备案专业的高校分布情况

（三）长三角普通高校新增审批[①] 本科专业情况

2015—2021 年，长三角地区普通高校新增审批本科专业 229 个，平均每所普通本科高校 1 个，与全国平均水平基本持平，高于中部地区平均水平（0.9 个），低于京津冀地区平均水平（1.5 个），低于东西部地区平均水平（1.1 个）。从长三角地区内部一市三省来看，上海市普通高校新增审批本科专业校均 1.7 个，全国排行第 2 位；安徽省校均 1.0 个，排第 17 位；而江苏省校均 0.9 个，排第 21 位；浙江省校均 0.8 个，排 27 位。上海市新增审批专业数量校均全国排名领先，充分反映了上海市高校在回应国家战略、科技创新和社会发展需求的新专业设置方面力度较大，体现了上海市高等教育勇于先行先试、敢于开拓创新的发展导向和特点。

---

① 根据教育部《普通高等学校本科专业设置管理规定》，高校设置的尚未列入《专业目录》的新专业以及国家控制布点专业，经报教育部审批通过后为新增审批专业.

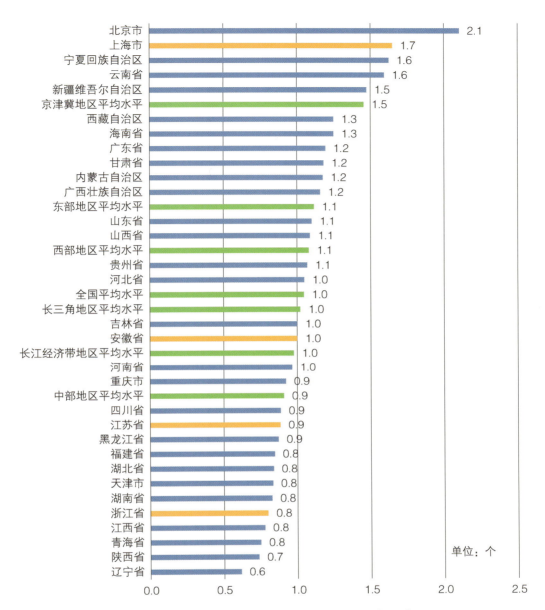

图 5-5　全国各地普通高校新增审批本科专业数量（校均）

注：图中数字作了四舍五入处理，但相应条块对应的是初始数值，所以会出现相同数字对应条块长度不一致的情况。

2015—2021 年，长三角一市三省普通高校新增审批本科专业呈现数量不等的情况，有 9 所普通高校新增审批本科专业数量为 5 个及以上。从一市三省内部来看，上海市新增审批本科专业数量最多的高校是同济大学和上海大学，分别新增审批本科专业 7 个；江苏省新增审批本科专业数量最多的高校是东南大学，共新增审批本科专业 5 个；浙江省新增审批本科专业数量最多的高校是杭州医学院和浙江中医药大学，分别新增审批本科专业 6 个；安徽省新增审批本科专业数量最多的高校是安徽医科大学，共新增审批本科专业 7 个。

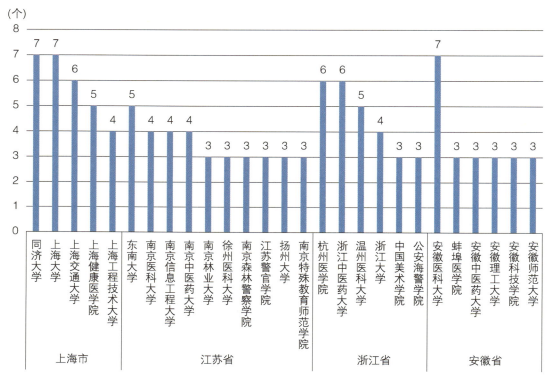

图 5-6 长三角普通高校新增审批专业的高校分布情况

（四）长三角普通高校调整学位授予门类或修业年限本科专业情况

2015—2021 年，长三角普通高校调整学位授予门类或修业年限本科专业 46 个，平均每所普通本科高校 0.2 个，低于全国平均水平，低于东中西部、京津冀、长江经济带地区平均水平。从长三角地区内部一市三省来看，上海市普通高校调整学位授予门类或修业年限本科专业校均在全国排名第 21 位，江苏省排名第 22 位。对比全国各地的情况，一市三省高校在相关专业的调整学位授予门类或修业年限方面的变动幅度不大。

2015—2021 年，长三角一市三省共有 38 所普通高校调整学位授予门类或修业年限本科专业，其中华东理工大学和浙江工业大学调整学位授予门类或修业年限本科专业各 3 个，宿迁学院、合肥师范学院、复旦大学、扬州大学各调整 2 个专业。

（五）长三角普通高校撤销本科专业情况

2015—2021 年，长三角普通高校撤销本科专业 401 个，平均每所普通本科高校 1.8 个，低于全国和长江经济带平均水平（2.1 个），高于京津冀地区平均水平（1.0 个）。从长三角地区内部一市三省来看，安徽省校均撤销本科专业数 2.5 个，全国排第 8 位；浙江省校均撤销专业 2.3 个，全国排第 9 位；江苏省校均撤销专业 1.7 个，全国排第 17 位；上海市校均撤销专业 0.4 个，全国排第 30 位。

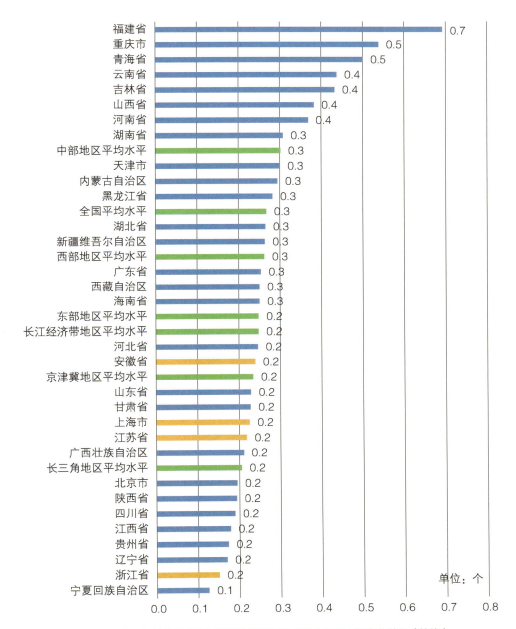

图 5-7 全国各地普通高校调整学位授予门类或修业年限本科专业数量（校均）

注：图中数字作了四舍五入处理，但相应条块对应的是初始数值，所以会出现相同数字对应条块长度不一致的情况。

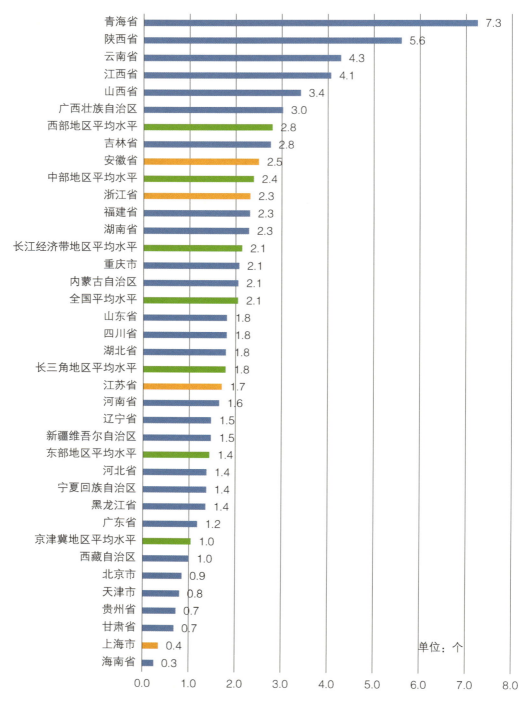

图 5-8　全国各省市普通高校撤销本科专业数量（校均）

注：图中数字作了四舍五入处理，但相应条块对应的是初始数值，所以会出现相同数字对应条块长度不一致的情况。

2015—2021 年，长三角共有 10 所普通高校撤销了 10 个及以上本科专业，其中温州理工学院撤销了 21 个本科专业，江苏师范大学科文学院和温州大学分别撤销了 15 个和 13 个本科专业。

上海市、江苏省高校撤销本科专业的数量低于全国平均水平，一方面说明两省市已有的本科专业办学水平较高，办学特色和核心竞争力较强，另一方面，也说明其高校在撤并专业上仍有一定的调整和选择空间，即未来在专业调整优化上更加注重高质量内涵式发展，立足办学特色、办学定位、办学条件进行专业设置和调整，撤销陈旧、不适应国家和区域发展战略要求、不满足经济社会发展需要、人才培养缺乏特色、软硬件支持度不够的本科专业，不断优化学科专业结构。

二、长三角普通高校新增及撤销本科专业的分布特点

（一）长三角普通高校新增本科专业门类情况

长三角普通高校新增本科专业的 44% 分布于工学门类，另有近四成分布于管理学、艺术学、医学和文学四个门类。

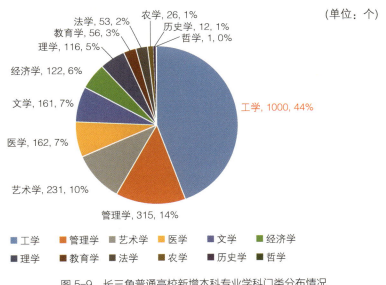

图 5-9　长三角普通高校新增本科专业学科门类分布情况

长三角普通高校新增本科专业中理工农医四个门类的专业数量占比达 58%，高于全国总体水平（52%），且高于京津冀、长江经济带以及东中西部地区的平均水平。

从长三角地区内部一市三省各门类新增专业数量占比来看，工学门类中江苏省新增专业数量占比近一半，高于其他三个省市的占比水平；管理学门类中安徽省新增专业数量占比为

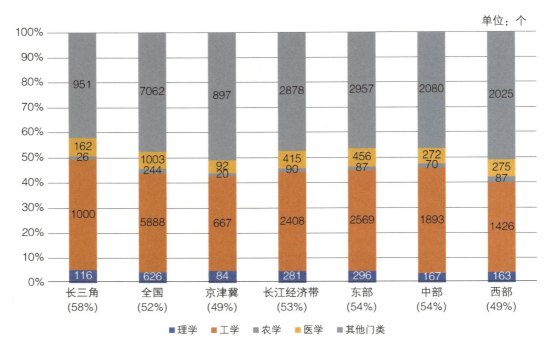

图 5-10 全国各区域普通高校新增本科专业理工农医门类占比情况

17%，高于其他三个省市的占比水平；艺术学门类中江苏省新增专业数量占比为 12%，高于其他三个省市的占比水平；医学门类中上海市、浙江省新增专业数量占比为 9%，高于其他省市的占比水平；文学门类中上海市新增专业数量占比为 10%，高于其他三个省市的占比水平；其他学科门类中一市三省新增学科数量占比大致相当。

表 5-1 一市三省 2015—2021 年新增本科专业在不同学科门类中的分布情况

学科门类	学科新增数量					各门类新增学科数量占新增学科数量比例				
	长三角	上海市	江苏省	浙江省	安徽省	长三角	上海市	江苏省	浙江省	安徽省
工学	1 000	129	396	185	290	44%	40%	49%	40%	44%
管理学	315	33	104	69	109	14%	10%	13%	15%	17%
艺术学	231	36	94	47	54	10%	11%	12%	10%	8%
医学	162	29	40	43	50	7%	9%	5%	9%	8%
文学	161	33	37	38	53	7%	10%	5%	8%	8%
经济学	122	21	33	28	40	5%	6%	4%	6%	6%
理学	116	18	49	26	23	5%	6%	6%	6%	3%
教育学	56	10	17	8	21	2%	3%	2%	2%	3%
法学	53	12	21	13	7	2%	4%	3%	3%	1%

续　表

学科门类	学科新增数量					各门类新增学科数量占新增学科数量比例				
	长三角	上海市	江苏省	浙江省	安徽省	长三角	上海市	江苏省	浙江省	安徽省
农学	26	2	12	3	9	1%	1%	1%	1%	1%
历史学	12	3	5	1	3	1%	1%	1%	0%	0%
哲学	1	0	1	0	0	0%	0%	0%	0%	0%

（二）长三角普通高校新增本科专业学科情况

长三角普通高校新增本科专业处于前五位的学科分别是计算机类、电子信息类、机械类、设计学类和工商管理类，其中计算机类新增本科专业最多，数量达到250个，占比达11%。

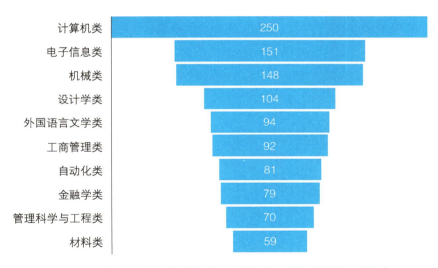

图5-11　长三角普通高校新增本科专业学科分布情况（数量前十学科）

与全国及其他区域普通高校新增本科专业处于前十位的学科相比，长三角区域普通高校新增本科专业较多的学科分布情况大体相当，其中数量位于第十位的材料类专业，在全国及其他区域均未进入前十，体现了长三角地区普通高校面向地区电子信息、高端装备、新材料等重点领域的产业发展需求，积极布局专业调整。

表5-2　全国各区域2015—2021年新增本科专业学科分布情况（前十）

序号	长三角	全国	京津冀	长江经济带	东部	中部	西部
1	计算机类	计算机类	计算机类	计算机类	计算机类	计算机类	计算机类
2	电子信息类	电子信息类	外国语言文学类	电子信息类	电子信息类	机械类	外国语言文学类

续 表

序号	长三角	全国	京津冀	长江经济带	东部	中部	西部
3	机械类	外国语言文学类	电子信息类	机械类	外国语言文学类	电子信息类	工商管理类
4	设计学类	机械类	设计学类	外国语言文学类	机械类	外国语言文学类	电子信息类
5	外国语言文学类	设计学类	机械类	设计学类	设计学类	设计学类	设计学类
6	工商管理类	工商管理类	金融学类	工商管理类	工商管理类	工商管理类	金融学类
7	自动化类	金融学类	戏剧与影视学类	金融学类	金融学类	金融学类	机械类
8	金融学类	管理科学与工程类	管理科学与工程类	管理科学与工程类	管理科学与工程类	自动化类	音乐与舞蹈学类
9	管理科学与工程类	自动化类	工商管理类	自动化类	自动化类	管理科学与工程类	管理科学与工程类
10	材料类	音乐与舞蹈学类	新闻传播学类	音乐与舞蹈学类	戏剧与影视学类	音乐与舞蹈学类	体育学类

（三）长三角普通高校新增本科专业具体情况

长三角普通高校新增本科专业数量处于前五位的分别是数据科学与大数据技术、人工智能、机器人工程、智能制造工程、智能科学与技术，其中数据科学与大数据技术专业新增数量最多，达到121个。

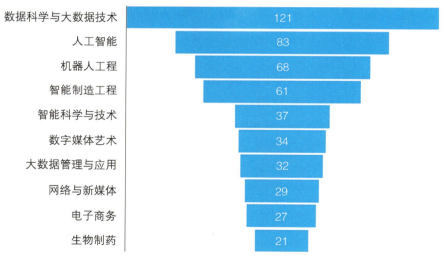

图5-12 长三角普通高校新增本科专业分布情况（数量前十专业）

长三角以及全国、京津冀、长江经济带和东中西部地区高校新增数量前五的本科专业基本一致,新增专业数量排名前两位的都是数据科学与大数据技术、人工智能。

表 5-3　全国各区域 2015—2021 年新增本科专业情况(前十)

序号	长三角	全国	京津冀	长江经济带	东部	中部	西部
1	数据科学与大数据技术	数据科学与大数据技术	数据科学与大数据技术	数据科学与大数据技术	数据科学与大数据技术	数据科学与大数据技术	数据科学与大数据技术
2	人工智能	人工智能	人工智能	人工智能	人工智能	人工智能	人工智能
3	机器人工程	机器人工程	大数据管理与应用	机器人工程	机器人工程	机器人工程	网络与新媒体
4	智能制造工程	智能制造工程	网络与新媒体	智能制造工程	智能制造工程	网络与新媒体	机器人工程
5	智能科学与技术	网络与新媒体	机器人工程	网络与新媒体	大数据管理与应用	智能制造工程	智能制造工程
6	数字媒体艺术	数字媒体艺术	智能制造工程	数字媒体艺术	网络与新媒体	商务英语	数字媒体艺术
7	大数据管理与应用	大数据管理与应用	物联网工程	智能科学与技术	数字媒体艺术	数字媒体艺术	智能科学与技术
8	网络与新媒体	商务英语	数字媒体艺术	大数据管理与应用	智能科学与技术	电子商务	大数据管理与应用
9	电子商务	智能科学与技术	智能科学与技术	电子商务	物联网工程	物联网工程	物联网工程
10	生物制药	物联网工程	网络空间安全	商务英语	商务英语	软件工程	电子商务

从新增数量前十的专业分布看,长三角新增本科专业分布除了和全国及其他地区有相类似的地方外,也有体现与长三角战略性产业集群相匹配特点的专业,如电子商务、生物医药等。

表 5-4　一市三省 2015—2021 年新增本科专业情况(前十)

序号	上海市	江苏省	浙江省	安徽省
1	数据科学与大数据技术	数据科学与大数据技术	数据科学与大数据技术	数据科学与大数据技术
2	人工智能	机器人工程	人工智能	人工智能
3	智能制造工程	人工智能	智能制造工程	智能科学与技术
4	大数据管理与应用	智能制造工程	机器人工程	机器人工程
5	智能科学与技术	数字媒体艺术	数字媒体艺术	网络与新媒体
6	机器人工程	大数据管理与应用	跨境电子商务	智能制造工程
7	网络与新媒体	电子商务	网络与新媒体	会计学

续表

序号	上海市	江苏省	浙江省	安徽省
8	材料科学与工程	艺术与科技	电子商务	互联网金融
9	汉语国际教育	智能科学与技术	金融工程	集成电路设计与集成系统
10	光电信息科学与工程	财务管理	生物制药	电子商务
11	经济统计学	物联网工程		健康服务与管理
12		新能源材料与器件		

从长三角地区内部一市三省新增本科专业情况来看，各省市新增本科专业数量分布趋于一致，专业调整定位及指向同质化现象较为明显，一市三省在人才培养规划及未来方向选择上"以我为主""各自为政"，未能体现对各省市不同战略发展定位的支撑，缺乏对支撑产业协同性及配套性的考虑，没有从区域一体化更高的层次、更大的空间范围规划本地的人才培养发展方向，新增专业存在较为严重的趋同现象。

未来一市三省可进一步从自身发展实际需要出发，适当增加符合自身产业发展特点及体现自身战略定位的专业设置，例如上海市可进一步对标2035年建成具有全球重要影响力的国际金融中心的战略目标，适度增加培养金融类人才的专业设置，支撑国际金融人才高地的加快构筑。

三、长三角普通高校本科专业优化调整的思考

（一）对接国家区域重大战略，充分体现本科专业调整的需求导向

2021年，国务院办公厅印发《关于深化新时代高等教育学科专业体系改革的指导意见》（国办发〔2021〕1号），系统部署高校学科结构、专业设置调整优化、动态调整机制工作，为本科专业调整指明了方向。本科专业调整要面向世界科技前沿、面向经济主战场、面向国家重大需求、面向人民生命健康，主动适应科技进步、产业升级、社会治理等需求，坚持服务国家和区域重大战略需求的导向。

一方面，省级政府要落实国家有关精神要求，出台本科专业调整的相关政策文件，深化新时代高等教育学科专业体系改革，优化调整学科专业结构布局，建立健全学科专业动态调整机制。例如，2022年，安徽省人民政府印发《深化高校学科专业结构改革服务产业创新发展实施方案（2022—2025年）》，围绕提升教育链、人才链与创新链、产业链的匹配度，就高校学科专业建设提出针对性的目标和举措："增设服务十大新兴产业发展和重大民生急需的本专科专业点1 000个"，"服务十大新兴产业的学科专业比例达到70%以上"[①]；2021年，

[①] 安徽省人民政府关于印发《深化高校学科专业结构改革服务产业创新发展实施方案（2022—2025年）》（皖政〔2022〕66号）.

宁夏自治区人民政府办公厅印发《关于深化新时代高等教育学科专业体系改革的实施意见》，要求围绕黄河流域生态保护和高质量发展先行区建设及自治区九大重点产业发展，明确到2025年基本建成结构更加优化、布局更加合理、特色更加鲜明、机制更加健全、供给更加优质的高等教育学科专业体系，并从优势特色学科专业建设、基础学科、重点产业、医疗健康、现代农业以及人文社科等领域加强对学科专业改革的政策联动和统筹管理[①]；2021年，河北省人民政府学位委员会、河北省教育厅联合印发《关于深化新时代高等教育学科专业体系改革的实施意见》，要求主动面向京津冀协同发展、雄安新区建设等国家战略，分别针对人文哲学社会科学学科专业、传统优势基础学科专业、应用学科专业、新兴交叉学科专业等不同类别学科专业的建设与发展设计了具体方案[②]；2021年，黑龙江省教育厅、省发展和改革委、省财政厅、省人社厅、省科技厅、省农业农村厅联合印发实施《黑龙江省涉农本科高校学科专业优化调整的实施意见》，面向农业重大需求，强化提升一批服务重大需求的涉农优势特色学科专业，布局建设一批涉农基础支撑和新兴交叉学科专业，加快淘汰一批落后学科专业，做强农业主体学科专业[③]；2022年，福建省教育厅发布《关于普通本科高校学科专业结构调整优化的指导意见》，高起点布局支撑国家原始创新能力的基础学科专业，支持建设大数据、云计算、卫星应用、5G、人工智能、区块链、集成电路等领域学科专业，坚持需求导向优先设置一批前沿、新兴、交叉的学科专业[④]。

另一方面，高校要落实学科专业改革发展的主体责任，主动对接国家和区域重大战略人才需求开展学科专业设置调整工作，根据国家发改委、教育部、财政部联合印发的《关于加强经济社会发展重点领域急需学科专业建设和人才培养的指导意见》，在集成电路、人工智能、储能技术、量子科技、高端装备、智能制造、生物技术、医学攻关、数字经济（含区块链）、生物育种等相关重点急需学科领域，加强学科专业调整与人才培养规划，制定切实可行的专业调整计划方案。例如，天津体育学院对接健康中国国家战略，培养服务于全民健身、体育产业发展的特色人才，新增大数据管理与应用专业；南开大学对接国家网络安全的自主创新和基础设施建设，新增密码科学与技术专业；天津大学面向国家能源战略重大需求，顺应我国新工科建设和国际工程教育发展新趋势，新增储能科学与工程专业；中南大学、湖南大学面向省内人工智能核心产业中机器人工程专业人才的巨大缺口，增设人工智能、机器人工程专业[⑤]。

---

① 宁夏自治区人民政府办公厅《关于深化新时代高等教育学科专业体系改革的实施意见》（宁政办发〔2021〕91号）。
② 河北省人民政府学位委员会、河北省教育厅《关于深化新时代高等教育学科专业体系改革的实施意见》（冀学位〔2021〕6号）。
③ 黑龙江省教育厅等《关于印发〈黑龙江省涉农本科高校学科专业优化调整的实施意见〉的通知》（黑教联〔2021〕27号）。
④ 福建省教育厅《关于普通本科高校学科专业结构调整优化的指导意见》（闽教高〔2022〕10号）。
⑤ 陈欣然，赖斯捷，鲁磊.新专业如何服务高质量发展——高校本科专业调整观察（上）[N].中国教育报，2021-04-09.

（二）对标长三角区域功能定位和重点产业发展需要，加强对高校本科专业设置的宏观调控

长三角地区是我国最具经济活力的资源配置中心，是具有全球影响力的科技创新高地。为鼓励高校办出特色、办出水平，避免非理性设置专业（如盲目扩张、一味跟风、贪大求全等），应对标长三角地区建设全国发展强劲活跃增长极、全国高质量发展样板区、率先基本实现现代化引领区、区域一体化发展示范区以及新时代改革开放新高地的战略目标定位，回应加快构建全球重要的现代服务业和先进制造业中心的人才需求，加强对高校本科专业设置的宏观指导与调控。

一是主管部门在尊重高校专业设置自主权的同时，指导和鼓励高校根据长三角"全国发展强劲活跃增长极、全国高质量发展样板区、率先基本实现现代化引领区、区域一体化发展示范区、新时代改革开放新高地"的功能定位以及电子信息、生物医药、航空航天、高端装备、新材料、节能环保、汽车、绿色化工、纺织服装、智能家电等重点产业发展的需要，结合高校自身特点、学科优势、硬件条件等因素，科学合理地进行本科专业调整，充分评估高校新增本科专业的各方面条件，系统地做好新增本科专业的备案和审批工作；

二是主管部门和高校都要站在国家战略发展全局的高度，对照长三角科技创新和人才培养的实际需求，制定长三角区域功能定位与学科专业结构优化调整深度融合的指导意见、专项规划及实施方案[①]，对接创新共同体和产业集群，明确高校设置专业服务和支撑地方产业发展的导向，大力支持有条件的高校主动布局一批新兴交叉学科专业以及经济社会发展急需的学科专业；

三是发挥人力资源与社会保障、发展改革委等政府部门宏观和前瞻性指导职能，从区域经济发展战略对人才需求影响的角度出发，利用已有相关统计数据，与行业机构合作，建立多方联合研究机制，开展重点产业人才需求数量统计与预测工作，为开展具体行业人才需求预测及专业设置优化研究工作提供支持。

（三）形成结构合理的学科专业生态体系

通过学科专业结构优化调整，深度整合高等教育资源，合理布局基础学科、理工类学科、新兴交叉学科，努力构建结构合理的高等教育学科专业生态体系。基础学科是国家创新发展的源泉、先导和后盾，长三角一市三省未来应进一步引导和支持高校高起点布局支撑国家原始创新能力和可持续发展能力的基础学科专业；工科类新增专业应满足适应长三角制造业转型升级的需求，适当提高支撑电子信息、生物医药、高端装备、新能源、新材料等领域专业所占比例，进一步匹配长三角制造业转型升级的发展需求；在新兴交叉学科方面，长三角未来应继续加大新专业设置力度，面向量子信息、类脑芯片、第三代半导体、下一代人工

---

① 例如，湖北省出台《关于加快建立普通高等学校学科专业动态调整机制的指导意见》；辽宁省制定《关于进一步优化高等学校学科专业结构的指导意见》；河南省发布《关于本科高校学科专业结构优化调整的指导意见》，提出力争到 2025 年，增设急需新兴专业 300 个左右.

智能、靶向药物、免疫细胞治疗、干细胞治疗、基因检测等未来产业八大领域，培养高层次的创新型、复合型、应用型人才。

（四）支持建立多方联合研究和信息发布机制

一方面，要建立长三角一市三省教育主管部门、社会中介组织、用人单位、行业协会、高校等多方联合研究和人才需要的信息发布机制，组建高校学科专业建设咨询专家库，联合开展职业需求与学科专业需求的预测研究，建立人才需求与专业人才培养的动态监测及服务支持系统，形成本科专业调整与长三角人才需求结构对应的联动机制，适时发布长三角本科专业优化调整动态、调查研究报告、意见建议及相关理论研究成果，建立鼓励、预警、淘汰等不同类型的专业目录，有针对性地指导服务高校调整学科专业。例如，早在 2012 年，贵州省就建立了普通高校本科专业预警及退出机制，要求将贵州省高校毕业生就业率较低（就业率排名倒数前十名）且布点较多的部分专业列入预警专业名单，连续 3 次列入预警名单的专业，除个别特殊专业外，将实行退出机制，停止招生[①]；安徽省建立基于人才需求预测预警的学科专业调整机制，围绕十大新兴产业，建设省级人才需求预测预警系统，同时健全高校毕业生就业状况统计分析与发布、跟踪调查与反馈制度，定期公布紧缺学科专业名单和就业去向落实率低的学科专业名单，为学科专业设置调整提供依据[②]；江西省教育厅印发《普通高等学校本科专业结构优化调整指导办法（试行）》，压减停撤错位过剩低质专业，对毕业去向落实率低于 50% 的专业点，给予黄牌提示，相应扣减高校招生计划，对连续两年毕业去向落实率低于 50% 的专业点，给予红牌警示，责令其停止招生[③]；河南省委办公厅、省政府办公厅印发《关于深化新时代河南省本科专业结构调整优化的实施意见》，探索建立本科专业设置"负面清单"制度，每年发布建议高校暂缓增设本科专业目录，对全省布点较多、规模较大、近三年社会就业率较低、社会需求饱和的本科专业发布"黄牌""红牌"预警，限制招生规模、暂停招生或调整撤销[④]。另一方面，联合开展专业评估、专业认证、国际评估、学校自评、行业评定等多种评价方式，通过学科专业排名、行业协会奖励、中介组织认证等多种方式，完善学科专业多方评价机制。例如，江苏省自 2018 年起启动普通高等学校本科专业综合评估工作，构建由专业目标与要求、师资队伍、教学资源、培养过程、学生发展、质量保障、附加项目等方面指标构成的《普通高等学校本科专业综合评估通用指标体系》，通过专业综合评估引导高校科学建立与社会经济发展需求相适应、符合学校发展定位的专业培养

[①] 贵州省教育厅《关于实施普通高校本科专业预警及退出机制的意见》（黔教高发〔2012〕243 号）.
[②] 安徽省人民政府《深化高校学科专业结构改革服务产业创新发展实施方案（2022—2025 年）》（皖政〔2022〕66 号）.
[③] 《江西省教育厅关于印发〈普通高等学校本科专业结构优化调整指导办法（试行）〉的通知》（赣教高字〔2022〕15 号）.
[④] 河南省委办公厅、省政府办公厅《关于深化新时代河南省本科专业结构调整优化的实施意见》（豫办〔2022〕17 号）.

目标，完善专业人才培养的全过程监测，健全专业人才培养质量保障体系。由省教育厅高等教育处指导，省教育评估院负责组织实施，依据专业综合评估标准，在专家评估的基础上，对评估结果和有关数据进行科学分析，形成《普通高等学校本科专业综合评估年度质量分析报告》。对评估结论为"暂缓通过"的专业，要求学校在下一年度内完成整改，整改期间对该专业"限制招生"，同时对学校限制增设新专业；对"不通过"的专业，省教育厅要求学校暂停该专业招生、暂停教学建设项目申报并督促整改，连续跟踪评估；对于连续两次评估结论为"不通过"的专业，省教育厅将减少或停止针对该专业的财政拨款[①]。

> **附件** 上海市高校新增本科专业支撑上海市重点产业情况分析

习近平总书记在浦东开发开放 30 周年庆祝大会上强调，上海市要聚焦关键领域发展创新型产业，加快在集成电路、生物医药、人工智能等领域打造世界级产业集群。《上海市国民经济和社会发展第十四个五年规划和二〇三五年远景目标纲要》明确提出，加快打造集成电路、生物医药、人工智能三大先导产业，以及电子信息、汽车、高端装备、先进材料、生命健康、时尚消费品六大重点产业。从上海市高校新增本科专业与以上重点产业的相关关系的一般经验判断，大约 21% 的新增专业支撑人工智能产业，13% 的新增专业支撑生命健康产业，12% 的新增专业支撑时尚消费品产业，12% 的新增专业支撑高端装备产业，6% 的新增专业支撑电子信息产业，4% 的新增专业支撑生物医药产业，3% 的新增专业支撑先进材料，汽车和集成电路产业有 1% 的新增专业支撑，但仍有 27% 左右的新增专业暂无法直接对应上海市重点产业的发展。

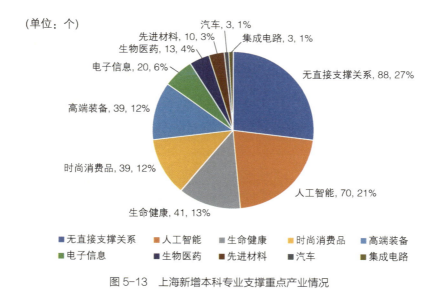

图 5-13　上海新增本科专业支撑重点产业情况

---

① 《江苏省教育厅关于印发〈江苏省普通高等学校本科专业综合评估工作实施方案〉的通知》（苏教高〔2018〕11 号）.

从未来的发展需求看，上海市高校本科专业调整还可以进一步对接上海市加快打造"三大先导产业和六大重点产业集群"的目标，满足上海未来在数字赋能、跨界融合、前沿突破、未来布局等方面占据发展主导权的人才需求，适度加大支撑战略性新兴产业方面新增本科专业的比例。

附 表

附表1 全国各省市普通高校专业设置优化情况表

序号	省、自治区、直辖市	新增备案本科专业（总数）	新增审批本科专业（总数）	调整学位授予门类或修业年限专业（总数）	撤销本科专业（总数）	总计	新增备案本科专业（校均）	新增审批本科专业（校均）	调整学位授予门类或修业年限专业（校均）	撤销本科专业（校均）
1	安徽	613	46	11	115	785	13.3	1.0	0.2	2.5
2	北京	565	141	13	57	776	8.4	2.1	0.2	0.9
3	福建	484	33	27	90	634	12.4	0.8	0.7	2.3
4	甘肃	230	26	5	15	276	10.5	1.2	0.2	0.7
5	广东	840	80	17	79	1 016	12.5	1.2	0.2	1.2
6	广西	503	44	8	115	670	13.2	1.2	0.2	3.0
7	贵州	340	31	5	21	397	11.7	1.1	0.2	0.7
8	海南	100	10	2	2	114	12.5	1.3	0.3	0.3
9	河北	737	64	15	84	900	12.1	1.0	0.2	1.4
10	河南	811	55	21	94	981	14.2	1.0	0.4	1.6
11	黑龙江	260	34	11	53	358	6.7	0.9	0.3	1.4
12	湖北	714	57	18	122	911	10.5	0.8	0.3	1.8
13	湖南	408	43	16	119	586	7.8	0.8	0.3	2.3
14	吉林	382	37	16	102	537	10.3	1.0	0.4	2.8
15	江苏	740	69	17	133	959	9.5	0.9	0.2	1.7
16	江西	540	35	8	183	766	12.0	0.8	0.2	4.1
17	辽宁	532	40	11	96	679	8.2	0.6	0.2	1.5
18	内蒙古	202	20	5	35	262	11.9	1.2	0.3	2.1
19	宁夏	96	13	1	11	121	12.0	1.6	0.1	1.4
20	青海	22	3	2	29	56	5.5	0.8	0.5	7.3
21	山东	813	77	16	127	1 033	11.6	1.1	0.2	1.8
22	山西	410	37	13	116	576	12.1	1.1	0.4	3.4
23	陕西	525	42	11	319	897	9.2	0.7	0.2	5.6
24	上海	260	66	9	14	349	6.5	1.7	0.2	0.4
25	四川	688	47	10	96	841	13.0	0.9	0.2	1.8

续　表

序号	省、自治区、直辖市	新增备案本科专业（总数）	新增审批本科专业（总数）	调整学位授予门类或修业年限专业（总数）	撤销本科专业（总数）	总计	新增备案本科专业（校均）	新增审批本科专业（校均）	调整学位授予门类或修业年限专业（校均）	撤销本科专业（校均）
26	天津	228	25	9	24	286	7.6	0.8	0.3	0.8
27	西藏	22	5	1	4	32	5.5	1.3	0.3	1.0
28	新疆	175	28	5	28	236	9.2	1.5	0.3	1.5
29	云南	541	51	14	137	743	16.9	1.6	0.4	4.3
30	浙江	413	48	9	139	609	6.9	0.8	0.2	2.3
31	重庆	298	24	14	54	390	11.5	0.9	0.5	2.1
32	全国	13 492	1 331	340	2 613	17 776	10.6	1.0	0.3	2.1
33	长三角	2 026	229	46	401	2 702	9.0	1.0	0.2	1.8
34	东部	5 712	653	145	845	7 355	9.8	1.1	0.2	1.4
35	中部	4 138	344	114	904	5 500	10.9	0.9	0.3	2.4
36	西部	3 642	334	81	864	4 921	11.8	1.1	0.3	2.8
37	京津冀	1 530	230	37	165	1 962	9.7	1.5	0.2	1.0
38	长江经济带	5 555	517	131	1 133	7 336	10.5	1.0	0.2	2.1

附表2　上海市新增本科专业与重点产业对应表

对应产业/占新增总量比例	新增专业名称	新增数量
集成电路 0.9%	集成电路设计与集成系统	2
	电子封装技术	1
生物医药 4.0%	生物制药	2
	药学	1
	精细化工	1
	应用化学	1
	临床药学	1
	临床医学	1
	药物分析	1
	神经科学	1
	生物技术	1
	生物信息学	1
	生物医学工程	1
	生物医学科学	1

续 表

对应产业/占新增总量比例	新增专业名称	新增数量
人工智能 21.5%	数据科学与大数据技术	21
	人工智能	15
	大数据管理与应用	7
	智能科学与技术	6
	经济统计学	4
	软件工程	3
	智能影像工程	1
	电机电器智能化	1
	电气工程与智能控制	1
	智能感知工程	1
	建筑电气与智能化	1
	统计学	1
	电子商务及法律	1
	金融数学	1
	系统科学与工程	1
	智慧能源工程	1
	智慧农业	1
	智能建造	1
	数据计算及应用	1
	数学与应用数学	1
电子信息 6.1%	网络与新媒体	5
	光电信息科学与工程	4
	金融科技	3
	互联网金融	1
	数字经济	1
	网络空间安全	1
	微电子科学与工程	1
	能源互联网工程	1
	物联网工程	1
	新媒体技术	1
	信息资源管理	1

续 表

对应产业/占新增总量比例	新增专业名称	新增数量
汽车 0.9%	车辆工程	2
	新能源汽车工程	1
高端装备 12.0%	智能制造工程	10
	机器人工程	6
	储能科学与工程	3
	机械设计制造及其自动化	2
	机械电子工程	2
	铁道工程	2
	能源与动力工程	2
	核电技术与控制工程	1
	核工程与核技术	1
	交通工程	1
	可持续能源	1
	工业设计	1
	能源服务工程	1
	能源化学	1
	测控技术与仪器	1
	飞行器制造工程	1
	新能源科学与工程	1
	应用物理学	1
	工业工程	1
先进材料 3.1%	材料科学与工程	4
	新能源材料与器件	3
	涂料工程	1
	复合材料成型工程	1
	材料设计科学与工程	1
生命健康 12.6%	健康服务与管理	3
	康复物理治疗	3
	影视摄影与制作	2
	养老服务管理	2
	智能医学工程	2
	听力与言语康复学	2

续 表

对应产业/占新增总量比例	新增专业名称	新增数量
生命健康 12.6%	医学影像技术	2
	预防医学	2
	体能训练	1
	护理学	1
	医学检验技术	1
	基础医学	1
	运动能力开发	1
	卫生检验与检疫	1
	康复工程	1
	儿科学	1
	康复治疗学	1
	运动与公共健康	1
	康复作业治疗	1
	口腔医学	1
	口腔医学技术	1
	临床工程技术	1
	体育经济与管理	1
	卫生教育	1
	社会体育指导与管理	1
	医疗产品管理	1
	运动康复	1
	运动训练	1
	食品安全与检测	1
	食品卫生与营养学	1
	助产学	1
时尚消费品 12.0%	表演	3
	艺术管理	3
	广播电视编导	2
	文化产业管理	2
	时尚传播	2
	播音与主持艺术	2
	音乐表演	2

续 表

对应产业/占新增总量比例	新增专业名称	新增数量
时尚消费品 12.0%	戏剧影视美术设计	1
	化妆品技术与工程	1
	数字媒体艺术	1
	会展	1
	绘画	1
	艺术与科技	1
	电影制作	1
	工艺美术	1
	戏剧学	1
	动画	1
	中国画	1
	零售业管理	1
	流行舞蹈	1
	流行音乐	1
	包装设计	1
	戏剧教育	1
	戏剧影视导演	1
	戏剧影视文学	1
	香料香精技术与工程	1
	艺术设计学	1
	产品设计	1
	实验艺术	1
	书法学	1
未能直接对应产业的新增专业 27.0%	汉语国际教育	4
	法语	3
	翻译	3
	马克思主义理论	3
	投资学	3
	海洋科学	2
	风景园林	2
	环境设计	2
	供应链管理	2

续表

对应产业/占新增总量比例	新增专业名称	新增数量
未能直接对应产业的新增专业 27.0%	学前教育	2
	世界史	2
	税收学	2
	思想政治教育	2
	海洋技术	2
	精算学	2
	海关检验检疫安全	1
	城市设计	1
	德语	1
	政治学与行政学	1
	会计学	1
	公共事业管理	1
	保密技术	1
	地质工程	1
	西班牙语	1
	小学教育	1
	国际商务	1
	监狱学	1
	资源环境科学	1
	体育旅游	1
	交通管理	1
	捷克语	1
	外交学	1
	乌兹别克语	1
	金融学	1
	经济学	1
	国际经济发展合作	1
	经济与金融	1
	匈牙利语	1
	俄语	1
	哈萨克语	1
	波兰语	1

续 表

对应产业/占新增总量比例	新增专业名称	新增数量
未能直接对应产业的新增专业 27.0%	考古学	1
	大气科学	1
	斯瓦希里语	1
	天文学	1
	朝鲜语	1
	管理科学	1
	土木工程	1
	罗马尼亚语	1
	财务管理	1
	文物保护与修复	1
	农业资源与环境	1
	人力资源管理	1
	塞尔维亚语	1
	商务英语	1
	国际经贸规则	1
	社区矫正	1
	生态学	1
	国际新闻与传播	1
	海关稽查	1
	语言学	1
	政治学、经济学与哲学	1
	知识产权	1
	工商管理	1
	市场营销	1
	海洋资源与环境	1
	航空服务艺术与管理	1

6　长三角地区产教融合典型案例研究报告

周　玲　范惠明　李佳欣　王静蕊　李闻君

华东理工大学

一、绪　论

深化产教融合，促进教育链、人才链与产业链、创新链有机衔接，是第四次产业革命背景下深化工程教育改革、推进人力资源供给侧结构性变革的迫切要求，对新形势下全面提高工程人才培养质量、扩大就业创业、推进经济转型升级、培育经济发展新动能、促进教育现代化具有十分重要的意义。

2021 年，是我国教育持续深化改革全面发展的一年，也是产教融合协同育人创新发展的一年。继国务院办公厅印发《关于深化产教融合的若干意见》和国家发展改革委、教育部等联合下发《国家产教融合建设试点实施方案》之后，2月，产学合作协同育人项目纳入新一轮普通高等学校本科教育教学审核评估指标体系。4月，习近平总书记对职业教育工作作出重要指示，强调深化产教融合、校企合作，深入推进育人方式、办学模式、管理体制、保障机制改革，稳步发展职业本科教育，培养更多高素质技术技能人才、能工巧匠、大国工匠；时任国务院总理李克强作出批示，要瞄准技术变革和产业优化升级的方向，推进产教融合、校企合作。10月，中共中央办公厅和国务院办公厅印发《关于推动现代职业教育高质量发展的意见》，提出协同推进产教深度融合，完善产教融合办学体制。同月，教育部产学合作协同育人项目写入《2030 年前碳达峰行动方案》和《提升全民数字素养与技能行动纲要》。8月和12月，教育部分两批公布了教育部产学合作协同育人项目立项名单，项目立项企业698 家，支持高校 1 115 所，立项 17 437 项。上述具有重要影响的教育新闻事件，见证了产教融合深入发展的各方努力，探寻了新时代产教融合的新作为，对于推动我国教育现代化和产教融合发展历程有着非常重要的意义。

长三角是我国经济发展最活跃、开放程度最高、创新能力最强的区域之一，在国家现代化建设大局和全方位开放格局中具有举足轻重的战略地位。沪苏浙皖在国家发布《关于深化产教融合的若干意见》《国家产教融合建设试点实施方案》《关于推动现代职业教育高质量发展的意见》等文件之后，为进一步深化产教融合，促进高素质应用型人才成长与发展，先后颁发了一系列政策文件，涉及面较为广泛，总体来看可分为五大类型，即平台建设、办学模式、教育教学、人才培养和师资发展。其中，平台建设多为教育行业、政府、企业等多主体共同协作构建有助于产教融合发展的平台或路径。办学模式多为企业参与学校办学，校企联合育人。教育教学主要涉及校企在课程、学科、专业等方面的具体措施。人才培养主要指校企育人模式、培养方式和培养目的等。师资发展则是为培养适应产教融合这一大背景，教师的培养目标以及需要做出的发展与变化。2021年，在国家发改委、教育部认定的21个国家产教融合试点城市和63家国家产教融合型企业中，长三角地区有杭州、宁波、常州和合肥入选试点城市，有12家企业入选产教融合型企业。事实上，各地高校也进行了持续不断的探索与实践。这些经验的提炼与研究对于深入推进长三角战略协同、资源共享、人才共育、开放共赢具有十分重要的意义。在深化产教融合的背景下，我们决定选取长三角地区相关高校产教融合典型案例进行分析，旨在为长三角地区教育现代化提供高质量人才培养的经验与启示。

二、核心概念与研究方法

关于产教融合的概念。 核心概念的清晰界定与理论基础的适切选择，是研究顺利进行的重要支撑。关于产教融合的界定，不同学者给出了各自的理解，尚无统一界定。产教融合的定义一直处于动态发展之中，此前我国有"产学合作""工学交替""校企合作""产学研""政产学研"等同义词被广泛使用，这些词语与产教融合都强调在人才培养过程中，注重对学生的实践教学，让学生能够将理论知识充分应用于工程实践，只是其侧重点略有不同，在本研究中都统一视为"产教融合"。结合相关学者的概念界定，本研究认为产教融合主要指产业与教育的高效协作互动，校企双方通过相互支持，实现教育教学与工程实践的有效对接，从而培养产业优化升级所需的高素质复合型人才的一种新型育人模式。

关于产教融合的本质。 杨善江认为，产教融合是产业与教育融通互动的一种经济教育活动方式，具有明显的互利特征，以实现各自利益最大化为目的[①]。邱晖和樊千将产教融合界定为一种独特的社会组织形式，企业、高校、政府等多个利益主体为实现共赢，加强项目合作交流，通过优质资源共建共享满足行业发展对技能人才的需求。这里的产教协作互动，既要实现岗位与人才的对接，也要实现产业与教育的对接[②]。钟云飞对新工科背景下的产教融合内涵进行了界定，认为产教融合是以需求为导向，通过结构优化、模式创新、学习技术以及质

---

① 杨善江.产教融合：产业深度转型下现代职业教育发展的必由之路[J].教育与职业，2014（33）：8-10.
② 邱晖，樊千.推进产教深度融合的动力机制及策略[J].黑龙江高教研究，2016（12）：102-105.

量体系改革，培养新时代急需人才的新育人模式[①]。

关于产教融合的特征。互利性是产教融合的重要特征，产教融合作为促进经济社会协调发展的重要举措，融入在经济转型升级的各个环节，贯穿在人才开发的全过程，对参与产教协作的各个利益主体意义重大。产业与教育的深度融合互动，有助于企业缩短人才培养周期，实现人才与岗位的无缝对接；有助于高校培养面向未来、面向世界、面向行业前沿发展的高素质复合型工程科技人才；有助于政府积极履行职能，促进经济社会蓬勃发展。总之，产教统筹互动通过实现供需对接和流程再造，对新形势下全面提高教育质量、扩大就业创业、推进经济转型升级、培育经济发展新动能具有重要意义。

关于本报告的研究方法。本研究在政策和文献研究的基础上，采用案例研究法，通过联系案例高校相关部门系统地收集数据和资料，并进行深入研究，进而探讨产教融合在实际案例高校环境中的产生、发展以及形成的特征。案例最终选取了长三角地区七所在产教融合方面比较有典型意义和特色的高校，分析介绍了案例高校促进产教融合的对策、举措与成效，从政策支持和高校自身不同的角度探讨了产教融合的成功经验和启示，并对长三角地区如何进一步深化产教融合提出了对策和建议。

本研究之所以选择这七个案例，是因为通过查阅教育部网站和产教融合研究文献，发现我国 3 000 余所高校中，地方所属院校超过 2 888 所，比例超过 96%，其中培养工程技术人才的院校占比超过 50%，地方院校培养了 94%以上的本科生和 51%的研究生，地方院校是我国产教融合教育的实施主体。选择多案例开展研究，是希望在进行单独案例及独立的整体分析的同时，进一步进行跨案例分析，通过采用描述性研究、解释性研究、评价性研究的方法，了解不同学校产教融合的关键时间、关键行动，以及其具体特征和动力机制，探索成功开展产教融合的典型经验，在抽象和归纳的基础上得出更加精辟的解释和有益的启示，并对长三角地区如何进一步深化产教融合提出对策和建议。本研究报告在长三角教育现代化监测评估中心组织的专题研讨会上进行了汇报，并根据专家意见和建议，进行了认真修改和调整。

三、案例高校概况

本研究报告基于地域和产教融合的人才培养特征，选取了上海工程技术大学、上海商学院、常熟理工学院、常州职业工程技术学院、温州大学、合肥学院和合肥职业技术学院等比较有代表性的七所地方院校作为案例高校进行研究。

---

① 钟云飞.基于新工科的应用型特色本科专业产教融合模式研究［J］.高教学刊，2021，7（20）：65-68.

表 6-1 案例高校基本情况表

地区	校名	建校历史	办学定位	人才培养特色
上海市	上海工程技术大学	1985年，上海交通大学机电分校、上海化工学院分院、华东纺织工学院分院合并组建	覆盖上海，辐射长三角，并对口支援我国西部分地区	与行业企业协同办学、协同育人、协同创新、协同就业的"四协同"模式和"一年三学期，工学交替"的产学合作教育模式
上海市	上海商学院	商科特色鲜明的公办应用型本科院校，前身是1950年成立的中央税务学校华东分校	坚持"以商立校、应用为本"办学理念，全力打造"应用型、创新性、国际化"办学特色，全面建设特色鲜明的高水平应用型商科大学	培养具有社会责任、专业素养、实践能力、创新精神、国际视野的高素质应用型商科人才
江苏省	常熟理工学院	1958年建校苏州师范专科学校。1989年，苏州师范专科学校与常熟职业大学合并，成立常熟高等专科学校。2004年，常熟高等专科学校升格为本科，更名为常熟理工学院	立足苏南，面向江苏和周边省市，构建理工为主的多科性办学格局，大力发展应用技术教育，建成特色鲜明、质量著称的与区域经济和社会事业良性互动的应用型本科院校	常熟理工学院坚持以应用型、地方性为导向，以培养适应地方经济和社会事业发展需要，专业基础扎实，实践能力较强，具有创新精神和职业素养的应用型专门人才为目标
江苏省	常州职业工程技术学院	创建于1958年，2002年由江苏省常州化工学校与江苏建筑材料工业学校合并组建而成	学校以"励志•践行"为校训，专业布局对接江苏省十三个重点产业集群和常州市十大先进制造业集群，设立7个二级学院，42个专业	构建以应用化工技术、智能焊接技术专业群为龙头，建筑工程技术、光伏材料制备技术、检验检测认证专业群为支撑的"2+3+N"专业发展体系，重点为绿色化工、高端装备制造、现代建筑、检验检测认证等行业培养高素质技术技能人才
浙江省	温州大学	1933年创办的省立温州师范学校，2006年与原温州大学合并组建而成。历经"两校合并，七校融合"的沿革变迁，温州大学已形成教师教育、创新创业教育、工程教育、华侨教育并举的办学特色	学校扎根温州、服务浙江、辐射全国、面向世界，深入实施质量立校、人才强校、学科驱动、科研兴校、学城联动、国际发展、依法治校、党建引领八大战略，努力建设特色鲜明的高水平教学研究型大学	学校着力培养"重实践、强创新、能创业、善管理、敢担当"的高素质人才。被确立为国家级创业型人才培养温州模式创新实验区、全国首批深化创新创业教育改革示范高校和浙江省教师教育基地
安徽省	合肥学院	创办于1980年的合肥联合大学。1985年，学校成为德方在中国重点援建的两所示范性应用型高校之一。2002年3月，经教育部批准，与合肥教育学院、合肥师范学校合并	办学定位是"地方性、应用型、国际化"，校训是"厚德、博学、善思、致用"。学校是全国应用型本科高校专门委员会副主席单位，长三角地区应用型本科高校联盟主席单位	学校坚持以生为本，人才培养模式从"八个转变"向产教深度融合发展。2016年，与德国埃姆登/里尔应用科学大学、德国大陆集团合作开设机械设计制造及其自动化专业"大陆班"，首创具有中国特色的"双元制"高等教育

续　表

地区	校名	建校历史	办学定位	人才培养特色
安徽省	合肥职业技术学院	原巢湖职业技术学院，成立于2002年，由原巢湖卫生学校、农业学校、财政学校等六校先后合并而成。2012年，教育部批准巢湖职业技术学院更名为合肥职业技术学院	学校以"国内一流、职教样板"为建设目标，以合肥市支柱产业和现代职业教育集团内的大中型企业为依托，形成了特色鲜明、灵活多样、充满活力的办学模式和机制，取得了良好的社会效应	学校坚持"以人为本，尚德重技，质量兴校，特色发展"的办学理念，走产教融合、校企合作的发展道路，培养面向生产、建设、管理和服务一线的高素质技能型人才

注：相关信息来自案例高校网站主页。

四、案例高校产教融合特征与举措

案例一：上海工程技术大学

（一）产学合作背景

早在20世纪80年代，上海工程技术大学就成功申请了"中加大学合作项目"的专项资助，与加拿大滑铁卢大学合作，率先在中国高等教育层次开展产学合作教育，逐步形成了产学合作应用型人才培养模式。SUES-UW合作教育模式是80年代高等教育改革开放的产物，是在原国家教委、上海市政府的支持下，上海工程技术大学借助加拿大国际开发署提供资金，在加拿大高校联合会支持下与滑铁卢大学开展中加大学机构合作项目。该项目的目的是从我国国情出发，参照加拿大合作教育的实践经验，在我国首先实施产学合作教育的新的教育体制改革试点。

（二）产学合作实践历程

1985年，上海工程技术大学参照加拿大滑铁卢大学合作教育体制并结合我国的具体国情，在全国率先启动"一年三学期"制的产学合作教育探索。为了方便对合作教育项目的具体工作进行指导，1989年11月上海工程技术大学成立了"厂校合作教育委员会"；1990年9月，成立了上海工程技术大学纺织学院合作教育研究室（办公室），开展合作教育理论和实践的课题研究。1993年11月，学校成功地举办了中加产学合作教育研讨会，到会代表来自全国各地几十所高等院校和企业。1996年，中国产学合作教育协会授予上海工程技术大学全国第一家本科院校产学合作教育示范单位的称号。2006年，学校获得全国本科院校第一家"全国产学合作教育示范基地"的称号。2019年开始，上海工程技术大学推进"一学年三学期五学段"滚动式产学合作教育改革深化。30多年来学校逐步完善合作教育，用"四维管理"突出人才培养的育人成效，坚持将教育与生产劳动和社会实践相结合，把"立德树人"

融入实践教育,对工程人才"理论与实践交替螺旋上升"的成长规律和"时空组合、工学交融"的培养规律进行了不懈探索,实施和推进了产学合作教育实践育人模式。

(三)产学合作具体举措

1. 育人模式

从"工学交替"向"工学交融"转变,形成产教深度融合的实践育人模式。推行"一学年三学期五学段"制,学生可自由选择和切换学习学期与工作学期的学段,逐步实现从"工学交替"向"工学交融"转变,形成产教深度融合的实践育人模式。

表6-2 一学年三学期五学段示意

	09—11月 (1学段)	12—01月 (2学段)	02—04月 (3学段)	05—06月 (4学段)	07—08月 (5学段)
大一年级	学习	学习	学习	学习/工作	学习/工作
大二年级	学习/工作	学习/工作	学习/工作	学习/工作	学习/工作
大三年级	学习/工作	学习/工作	学习/工作	学习/工作	学习/工作
大四年级	学习/工作	学习/工作	学习/工作	学习/工作	毕业

2. 运行机制

上海工程技术大学形成了独具特色的产学合作教育实践育人体系,确立了28字鲜明特征:工学结合(理论学习与定岗工作相互交替进行)、完整计划(将产学合作教育纳入学生培养计划)、定岗工作(以"职业人"身份到企业参加工作)、过程监督(学校对学生工作情况进行过程督导)、评价考核(企业学校对学生表现进行共同考核)、略有报酬(学生通过定岗工作得到相应的报酬)、时间保证(学生实践教育时间必须达到6—8周)。

在合作教育工作学期实施以下三个阶段。(1)准备阶段:教育动员、雇主洽谈、落实岗位。学校对一年级学生开设产学合作教育理论指导课,召开学院的产学合作教育动员会,为学生讲清参与实践育人,到企业真实的工作岗位上践行社会主义核心价值观的重要意义。同时,学校每年组织约500家企业参加双向见面会,为学生提供寻找单位的平台。自2018年起,产学合作教育双向见面会开始设立校友企业专区,为广大学生提供了优质资源和实习岗位。(2)实施阶段:定岗工作、走访企业、质量监督。每年有近万名大学生到社会的实践育人环境中去,接受教育、深化认识、感悟真谛,树立正确的世界观、价值观、人生观。实施

"校院四级走访机制""教育质量督察机制""业务报告诚信普查机制"和"学习成果答辩机制",确保工作学期质量。(3)总结阶段:评价考核、成绩评定、总结交流。学校、学院每年召开工作学期总结表彰会暨校企合作签约仪式,对全年的产学合作教育工作进行总结。学生带着思考走向社会,带着问题回到课堂,在总结交流中做到学思结合,知行合一。

为培养高素质应用型人才和优秀的工程师,上海工程技术大学十分注重产教融合课程体系建设,各专业实践课程学分占比达20%—35%,见表6-3。为保证培养质量,上海工程大学利用产学合作教育机制,建立了落实学生能力培养目标的实践教学体系,发挥行业企业在人才培养中的作用。

从图6-1实践课程体系中可以看出,上海工程技术大学以工程训练中心、学院中心实验室为平台进行基础实验教学,培养学生的基本实验技能和职业素养,以校内外实习基地、校

表6-3 上海工程技术大学各学科实践课程学分比例

学 科	实践课程学分占比	学 科	实践课程学分占比
工 学	26.21%	管理学	21.18%
艺术学	22.79%	经济学	20.83%
医 学	28.22%	文 学	21.95%

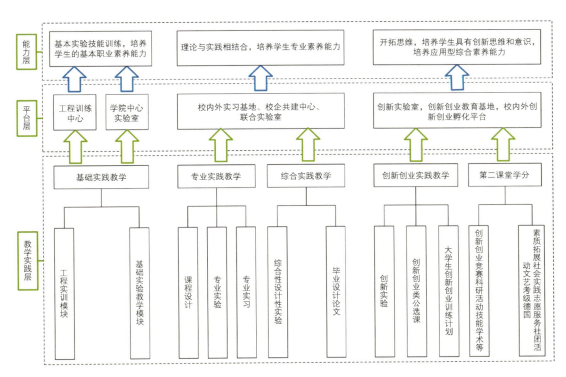

图6-1 上海工程技术大学实践课程体系

企共建中心和联合实验室为平台进行专业实践教学和综合实践教学，培养学生理论联系实际的能力、实践操作能力、工程设计能力等专业能力。通过创新实验室、创新创业教育基地、校内外创新创业孵化平台开展创新创业实践教学，培养学生的研究能力和创新精神。

3. 基地建设

学校注重与行业企业"协同育人、协同办学、协同创新"，与上汽、东航、交运、申通、东方国际等龙头企业建立产学研合作关系，产学合作教育基地规模快速增加，基地单位总数达 986 家。

4. 国际交流

每年组织学生赴海外参加国际化合作教育项目，拓宽学生的国际视野；选派教师参加世界产学合作教育协会年会并作主旨发言。滑铁卢大学产学合作教育中心主任曾来校交流，产学合作教育的影响力进一步扩大。

（四）产学合作育人成效

在育人成效上，通过调研产学合作教育学生与非产学合作教育学生对自身的能力评价，发现产学合作教育学生在抗挫折能力、组织能力、决策能力、交际能力和动手能力方面要远远大于非产学合作教育学生，学校就业率稳定保持在 98% 以上，毕业生居全国大学生毕业薪酬水平也处于较高排名。

案例二：上海商学院

（一）产教融合背景

上海商学院为落实上海市产教融合试点城市建设政策，满足上海市建设高水平酒店管理学院需求，创新国际化酒店管理人才培养模式，推进产教融合理念的实施和落地生根，在强化国内合作的同时，与美国、英国、澳大利亚等国家和地区的 90 余所高校及研究机构开展合作交流，发起成立"一带一路"国际商科教育联盟，建立中东欧海外教育基地。2020 年与衡山集团举行产教融合框架合作协议签约仪式，重点一是打造校企合作平台，推进双方产教融合成为试点城市建设中的示范平台；二是打造学习交流平台，形成高素质应用型商科人才培养模式与特色；三是打造成果转化平台，推动高校应用研究成果与企业实践的融合转化。2021 年，与瑞士洛桑酒店管理学院联合申报的中外合作办学机构"上海商学院上海洛桑酒店管理学院"正式获教育部批准设立，中外合作办学取得了实质性突破。

（二）上海洛桑酒店管理学院的国际探索

学校与瑞士洛桑学院开展合作办学，集聚国内、国际和行业资源，培养方案由中瑞双方共同制定，目标是共同打造建设国内一流、世界知名的产教融合型酒店管理学院，提高产教融合的国际化水平，为推动上海世界旅游城市建设作出积极贡献。学院既是中外合作办学机构，又是产教融合的国际化二级学院，院址是上海商学院漕宝路 121 号，占地约 130 亩，招生规模3 000人。根据国内一流、世界知名的产教融合型酒店管理学院的建设目标，按照"智慧、生态、开放、共享"的理念，建设示范性酒店校园、生态校园、智慧校园和开放校园，使之成为新的城市地标性校园及城市更新、存量改造的示范案例。产教融合、酒店校园，这意味着校园功能定位与实训酒店相匹配，校园公共设施设备如会议室、演讲厅、运动场地等与实训酒店共享共用，形成教学校园和实训酒店一体化的设计风格。校区设计充分考虑信息化高度集成，确保校园管理和实训酒店管理实现一个平台、不同模式的运营维护，提供校园电子引导、图书借阅、网络共享、实训酒店设施租用、运动场地预订、费用结算等自助服务，将校区融入周边环境，实现区域共享。此外，核心共享大厅、教学楼底层、学术中心、室内体育馆、实训教学区等功能区也均具有共享功能，扩大空间利用，提升教育品质。

（三）对标国际标准创新实践教学的具体举措

1. 对标国际标准完善培养体系

学院通过中外合作办学，对标酒店管理及服务业人才培养的国际最高标准，全面引入瑞士洛桑酒店管理学院先进的办学理念、人才培养模式和师资力量，打造高素质"双师型"队伍，持续完善理论知识和实践知识的衔接，进一步增加学生实操练习的比重，让学生有更多面向客人、服务客人的机会，为学生成长为服务行业领军人才打下扎实的基础，有助于系统培养学生扎实的专业技能、开阔的全球视野、良好的外语能力、国际化的思维方式，使学生成为酒店管理、高端康养管理、数据科学应用等泛服务业相关领域的高素质人才。

2. 精心组织教学严格质量管理

学院成立以来，上海商学院与东湖集团组成以双方领导、核心工作人员为构成的专班，及时对带教内容、带教方式、考评方式等内容进行讨论，并由东湖集团选派优秀的资深酒店管理者、学校选派优秀的青年博士，共同进行课程研发。在瑞士洛桑酒店管理学院课程设置的指导下，双方联合开展集体备课，编制完成了客房部、前厅部、中餐厅、西餐厅、全日制餐厅、酒吧咖啡吧、管事部等七个模块的授课课件和带教计划。为深入学习瑞士洛桑的教学理念，在实践教学开始之前，双方和瑞士方共同开展学习坊活动，由参加过瑞士方QLF培训的上海大厦酒店总经理黄嘉宇为所有带教老师开展专题培训，使所有老师都能领悟到"洛桑模式"的独特魅力。为不断提高教学质量，"双师"互相交流，持续研究学生实践学习期间的主要特征表现，丰富带教形式，各模块之间的带教内容紧密衔接，对带教计划进行调整或补充，及时提高学生实操练习的比例。定期召开带教老师阶段性总结会，对带教工作进行复盘，确保带教工作闭环管理，校企紧密合作，有效保证教学质量的监控与评估。

3. 完善评价考核筑牢职业底色

带教老师统筹安排理论和实践教学，给予学生实操的机会。设立前厅部、客房部、中餐厅、全日餐厅、西餐厅、酒吧咖啡吧、管事部，学生在实践中不断接受技能锻炼。学生通过参与劳动实践，树立正确的劳动意识，培养精益求精的工匠精神，锻造爱岗敬业的劳动态度，磨炼吃苦耐劳的顽强意志，掌握成长为一名合格"酒店人"所需要的职业素养。

（四）国际合作产教融合成效

洛桑酒店管理学院集团咨询公司对实践教学进行了专题审查，并与带教老师开展座谈交流，最后对实践教学给予充分肯定，认为酒店实践的学习经历，让学生直接接触到酒店人的工作状态和工作内容，将理论知识融入到实践中，使其获得了直接的职业体验，有助于加深对理论知识的印象，能帮助学生从实践中发现问题以及能力上的不足。

案例三：常熟理工学院

（一）产教融合背景

学院以"办好一流应用型本科教育，培养一流应用型本科人才"为目标，坚持"强化内涵、树立品牌、培育特色"，以品牌专业建设为引领，以专业认证为抓手，以产教融合为路径，探索基于现代产业学院建设的跨学科、跨专业的复合型应用型人才培养模式改革。现代产业学院人才培养模式改革特色明显，建立了全国第一家电梯工程学院，全省第一家光伏科技学院。在长期的探索实践过程中，该校对现代产业学院机制体制、管理运行、人才培养等内涵要素有了更加深刻的理解和认识，经历了整合、升级、淘汰等一系列发展过程及优化进阶，逐步形成了10家面向产业急需、行业特色鲜明的现代产业学院，逐步完成了从专业学院—行业学院—现代产业学院的人才培养组织体系改革，获批2个省级重点产业学院。

（二）产教融合举措

学院始终聚焦应用型人才培养，历经十二年的探索实践，将现代产业学院作为推动教育教学改革的载体，形成了"政—校—企"多元主体的产教融合长效机制，构建了"三对接、六融合、八共同"的应用型人才培养模式。

1.构建与区域产业契合的工科专业群，形成"政—校—企"产教融合长效机制

专业集群是对应产业集群上同一产业链、创新链的岗位（群）需求，按照群落状建设的原则，以与主干学科关联度高的核心专业（优势、特色专业）为龙头，充分融合若干个学科基础、工程对象与技术领域相同或相近的、具有内在关联的若干专业的有机集合[①]。学院积极探索专业集群建设，面向苏南地区战略性新兴产业及传统支柱产业，构建了新能源、纺织服装、智能制造、生物医药、人工智能、应急管理等六大工科专业群。学院专业集群建设坚持以市场需求为导向，成立了省市共建、校地合作等两个校政合作机构，10个校企合作共同体，25个专项工作小组，建立了现代产业学院管理运行机制，制定出台了《关于进一步推进现代产业学院建设的指导性意见》等5个政策文件。现代产业学院成为推动校地互动、校企合作的桥梁纽带，形成了"政—校—企"多元主体的产教融合长效机制，专业集群内坚持应

---

① 顾永安.应用本科专业集群：地方高校转型发展的重要突破口［J］.中国高等教育，2016（22）：35-38.

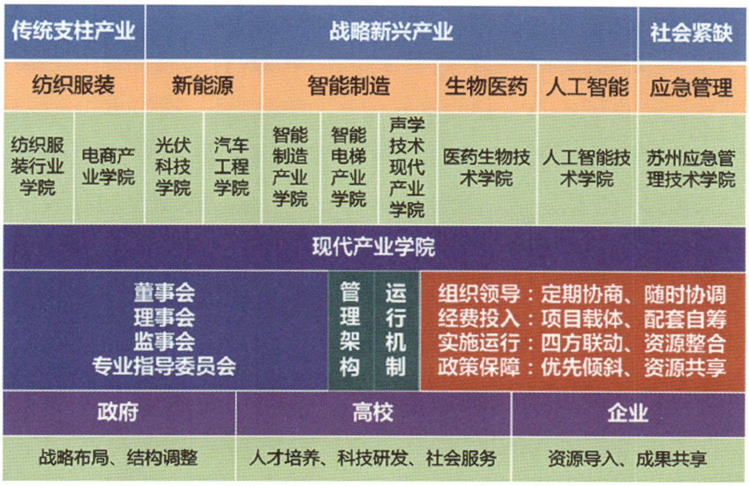

传统支柱产业	战略新兴产业				社会紧缺
纺织服装	新能源	智能制造	生物医药	人工智能	应急管理
纺织服装行业学院	电商产业学院 / 光伏科技学院 / 汽车工程学院	智能制造产业学院 / 智能电梯产业学院 / 声学技术现代产业学院	医药生物技术学院	人工智能技术学院	苏州应急管理技术学院
现代产业学院					
董事会 理事会 监事会 专业指导委员会	管理架构	运行机制	组织领导：定期协商、随时协调 经费投入：项目载体、配套自筹 实施运行：四方联动、资源整合 政策保障：优先倾斜、资源共享		
政府		高校		企业	
战略布局、结构调整		人才培养、科技研发、社会服务		资源导入、成果共享	

图 6-2　以现代产业学院为载体的产教融合长效机制

用型人才培养目标导向，与苏州地区的其他高校错位发展，解决了新兴专业人才供给不足与传统专业同质化严重、供给过剩的矛盾。

2. 构建"三对接、六融合、八共同"人才培养模式，全方位推进协同育人

在组织实施层面，由合作主体共同构建合作机制、确立培养目标、制定培养方案、开发课程内容、编写课程教材、构建师资队伍、搭建教学平台、评估培养质量。基于两轮教学内涵专项行动计划（2013—2016 年、2016—2019 年）持续推动行业课程建设，修订人才培养方案，一大批产业前沿的技术标准、工艺方法、工程案例等成为教学内容，进一步引领教学模式、评价机制等系列改革。2018 年，学院牵头发起《全国部分理工类地方本科院校联盟关于推进应用型课程教材建设的指导意见》，加强行业课程示范推广，推进"双结构型"师资队伍建设，探索应用型人才特色培养的新路径。

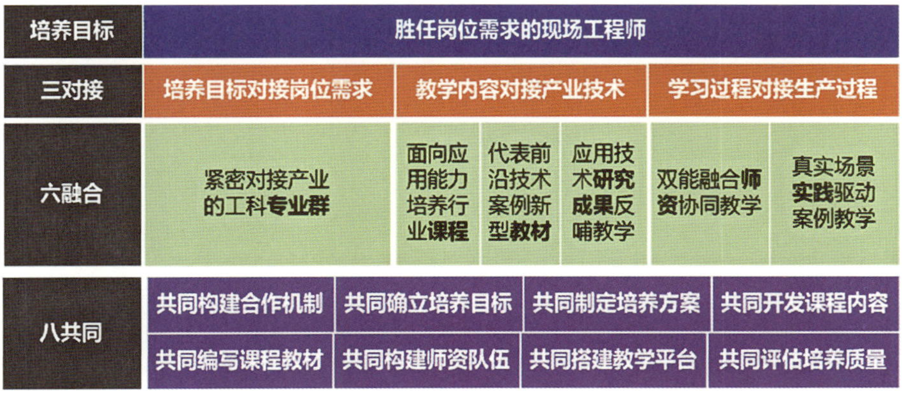

培养目标	胜任岗位需求的现场工程师				
三对接	培养目标对接岗位需求	教学内容对接产业技术		学习过程对接生产过程	
六融合	紧密对接产业的工科**专业群**	面向应用能力培养行业**课程**	代表前沿技术案例新型**教材**	应用技术**研究**成果反哺教学	双能融合师资协同教学	真实场景**实践**驱动案例教学
八共同	共同构建合作机制	共同确立培养目标		共同制定培养方案	共同开发课程内容
	共同编写课程教材	共同构建师资队伍		共同搭建教学平台	共同评估培养质量

图 6-3　"三对接、六融合、八共同"人才培养模式

3. 构建新型工程教育组织模式，探索高校内部组织模式变革新路径

学校组建了 10 个现代产业学院，类型多样，其中既有政府推动型（如光伏科技学院、苏州应急管理技术学院），又有行业协会主导型（如纺织服装行业学院），也有龙头企业带动型（如医药生物技术学院）。所组建的现代产业学院覆盖了 13 个一级学科、35 个本科专业，在管理机构、自主运行、学生管理、考核评估等方面有健全的机制，成为承载"人才培养、科技研发、社会服务"三位一体职能的新型工程教育组织模式，并成为学校办学资源配置的主体，开辟了"政—校—企"多元主体深度参与高等工程教育改革的新路径。

对内深化组织模式改革，突破校、院、专业的三级教学管理机构制定培养目标与培养方案的模式，将毕业生、用人单位、行业专家、学科教师的意见充分纳入到培养目标中。对毕业五年及以上的毕业生及其用人单位进行培养目标的合理性调查融合了工程教育认证的理念，即培养目标要体现学生毕业 5 年后在职业领域所能达到的成就以及可持续发展的能力。学院课程体系与教学模式突破了传统的二级学院—专业—课程的模式。学校与行业企业共同设计、合作开发行业课程模块，包括实践、实习、实训、毕业设计；通过"做中学"和"基于项目的教育和学习"，在培养学生行业实践能力和建立行业文化自觉的同时，培养自主学习能力、实践动手能力、创新能力和团队协作精神[1]。具体课程体系设置如表 6-4 所示。

表 6-4 汽车工程学院阶段性理论与实践课程

	第一阶段	第二阶段	第三阶段	第四阶段
理论课程	通识教育：人文社科与艺术类；计算机、语言工具类；数理化基础类；经济管理基础类	大类课程：电类课程；机类课程；汽车类课程	方向课程群：汽车零部件设计制造课程群；汽车电子课程群；汽车后市场服务课程群；汽车试验与检测技术课程群；汽车磨具课程群；焊接技术课程群	开放选修：校内项目化教学提升班；校外行业班（企业文化、通用知识、专业技术、领导力课程）
实践课程	基础实验课程：结合基础理论课程，掌握实验的基本步骤和方法，熟练使用仪器、分析数据、撰写实验报告	专业实践课程：通过汽车工程实训中心实训项目，培养学生专业基本技术能力、实践操作能力、认真细致的工作态度	创新实践课程：通过校内外创新实践平台，参与学科竞赛、创新设计、项目实践，培养工程设计能力、创新能力、实践能力	综合训练课程：学生在企业实践基地完成生产实习和职业技能训练，由企业导师指导和考核，培养综合的专业职业能力

学校为解决应用型人才能力培养薄弱的问题，利用校内汽车工程试验中心，联合企业共建校外实习基地，共同组建汽车工程实践教育中心和实践教学平台，聘请行业资深

---

[1] 徐正兴，孙士现．地方本科院校行业学院建设的现状分析——基于常熟理工学院行业学院的调查［J］．文化创新比较研究，2019，3（27）：153-154．

技术骨干、国内外汽车专家组建专家库，助力学生学习、教师培养，为师生融入业界搭建桥梁[①]。

（三）产教融合办学成效

从行业学院到现代产业学院，常熟理工学院开辟了一条以现代产业学院为载体的地方本科高校应用型人才特色培养新路径。毕业生工作与专业相关度、工作满意度、母校满意度、课程教学满意度、用人单位对毕业生全部知识满足度、全部职业能力满足度、全部职业素养满足度等指标大幅度提升，为学校高质量发展打开了新局面。学校入选国家应用型本科产教融合发展工程，成为教育部、江苏省现代产业学院建设标准的主要起草单位之一，获教育部产学合作协同育人项目264项，数次位居江苏高校首位。现代产业学院打通了人才培养与岗位需求的"最后一米"，人才培养质量得到了用人单位的高度认可。学校聚焦于应用型人才培养，从行业学院到现代产业学院，以现代产业学院作为推动教育教学改革的载体，形成了"政—校—企"多元主体的产教融合长效机制，构建了"三对接、六融合、八共同"的应用型人才培养模式，在推进全国现代产业学院建设中起到了奠基性、开拓性和示范引领的作用。

案例四：常州工程职业技术学院

（一）基本情况

常州工程职业技术学院始终坚持"立足常州、服务江苏、辐射长三角"的办学定位与宗旨，结合产业布局中标杆企业的实际需求，重点打造应用化工、智能制造、建筑工程、光伏材料、检验检测专业群，为绿色化工、高端装备制造、检验检测认证、现代建筑等行业培养高素质技术技能人才。在共建人才培养方案、共同开展技能培训的基础上，探索产教深度融合、校企进一步合作的新模式。学校牵头组建长三角绿色化工与医药一体化发展职教联盟，与中国化工教育协会共建国家开放大学石油和化工行业学院，实现学历教育与国民终身教育互通互认。学校建立中德职业教育与科技创新服务中心、"一带一路"倡议研究院等国际交流平台，对接"走出去"中资企业，建设学生海外实习基地暨海外人才培养基地。

（二）产教融合共促化工企业绿色安全转型

1. 面向行业和企业转型升级需求建立继续教育体系

我国正从化工大国向化工强国跨越，化工产业急需具备专业素养、工程实践能力和创新精神的应用型化工高素质人才。在学校服务辐射半径2小时车程内，被誉为"中国化工

[①] 许广举，周翔，陈庆樟，李铭迪，李学智. 校企合作共建汽车工程实践教育中心的实践与探索——以常熟理工学院为例[J]. 产业与科技论坛，2015，14（3）：112-113.

园区 30 强"的江苏省如东沿海经济开发区,园区内有农药、医药、化工中间体等传统精细化工企业 107 家,但在 5 万职工中专科以上学历比例仅占 51.6%。为破解企业和员工发展的难题,学校携手中国化工教育协会、江苏省如东沿海经济开发区化工园区,协同打造国家开放大学石油和化工学院,为化工行业绿色化、高端化发展培养优质化工工匠。在高质量建设石化行业学院的实践中,紧扣教育部"提质培优行动计划"、部省共建苏锡常都市圈职教改革高地要求,探索终身教育新范式,以构建"校—政—企—社会"教育共同体为平台,探索以学习成果认证单元为基础的学分认证、积累和转换规则,有效地将开放教育、职业继续教育有机融合起来,实现"分类、分层"精准培养,为化工企业绿色、安全和智能发展培养一批优秀人才。

2. 打造"校—政—企—社会"四维互动的教育共同体

为贯彻落实教育部"提质培优行动计划"、部省共建苏锡常都市圈职教改革高地的要求,学校通过科技镇长团项目,选派化工骨干教师到园区挂职,双方制定了校地产教融合协同推进计划。学校服务园区技术转型、员工技能提升,举办了三废处理、化学检验、安全应急等培训,培训人员 2 千余人次,服务能力和服务水平受到园区企业和管委会的高度认可。校地双方联合申办国家开放大学石油和化工学院学习中心,进一步明确建设"园区职工大学"的目标,成立联合管理委员会和工作组,统筹、协调校企协同育人工作,在实践中摸索了"学校—企业—学校"的"1+n+1"的服务对接模式,解决了如何与地方政府合力服务在职人员素质提升,如何依靠地方学校协力解决异地办学和学生组织管理松散等问题,以及处理好三方在"管、办、评"角色中的定位及关系。

3. 开发化工技术类专业学习成果认证单元

学校参与国家开放大学石油和化工学院建设,负责教育教学运行和管理工作。为实现学历证书和职业技能等级证书互通衔接,实现学习成果的认定、积累和转换,学校领衔研发了"工业分析技术"1—7 级学习成果认证单元,通过职业教育国家学分银行认证,并作为典型案例在国家开放大学中得到推广。认证单元在行业教育和培训领域的应用,形成分析与检验行业水平评价证书的基本框架,实现中、高、本三个层次学历教育的衔接,构建了行业水平评价证书与学历教育证书之间双向融通的整体模型,形成部分已有行业培训证书与专业课程学分之间的转换规则。该探索和实践为学校全面实施《学分兑换管理办法》提供了实证经验,加速了全日制和非全日制学生账户无缝接入江苏终身教育学分银行,实现对学习成果的追溯、查询和转换。

4. 探索开放教育与职业教育融合发展模式

对在职人员的培养,重视开放性和职业性,在关注其生涯发展的同时,兼顾全面素养的提升。根据国家职业教育学分银行学习成果认证及学分积累规则,在开发行业学院自建课程时,充分调研企业及员工需求,融入岗位技能、职业生涯等成就兑换规则;因地制宜,基于企业典型工艺开发实践课程，编制工作手册式讲义，配套视频微课二维码，让学习课件生动起来，进一步拓展了学习空间。开放教育的网络学习平台与职业教育实践性教学相辅相成，适应学历教育与培训场景，实现育训结合、长短结合、内外结合，成为"互联网 + 教育"的又一实践。通过产学研创活动，赋能企业发展，并引导行业企业深度参与技术技能人才培养培训。通过企业新型学徒制模式，校企共同研究制定人才培养方案，及时将新技术、新工艺、新规范纳入教学标准和教学内容。在校企协同育人的工作中，企业既是需求侧，又是供给侧，而学校在教学组织和设计上起主导作用，二者优势互补，相得益彰。

（三）产教融合成效

自 2019 年建成国家开放大学石油化工学院以来，助力如东沿海经济园区化工园区摘得"中国智慧化工园区试点示范单位"荣誉。"开放教育 + 职业继续教育"的建设和实践在第五届中国石油和化工教育教学成果奖评选中获得一等奖 3 项，二等奖 1 项。学校领衔研发了"工业分析技术"1—7 级学习成果认证单元，通过职业教育国家学分银行认证，并作为典型案例在国家开放大学中得到推广。探索了开放教育与职业继续教育融合发展模式，开放教育的网络学习平台与职业教育实践性教学相辅相成，适应学历教育与培训场景，实现育训结合、长短结合、内外结合，成为"互联网 + 教育"的又一实践。

案例五：温州大学

（一）基本情况

温州是国家自主创新示范区，国家"两个健康"的先行区，民营经济发祥地。温州大学是浙南闽北赣东区域唯一的综合性大学，学校坚持"顶天立地"，大力服务经济社会发展。学校与地方政府共建 10 个地方研究院，在生态环保、激光光电技术、低压电器等领域的研究大力助推区域产业转型升级，围绕智能装备、数字经济、新材料等战略性新兴产业，积极培育创新优势，在国家科技重大专项、重点研发计划以及助推国家海岛、港口建设和船舶制造和浙江省低压电器技术创新服务平台为千亿级电器产业集群等方面提供了人才和技术支撑。学校扎根温州、服务浙江、辐射全国、面向世界，努力建设特色鲜明的高水平教学研究型大学。

（二）产教融合举措

1. 以产业群需求为导向，建立产学研用协同育人新机制

区域产业集群发展对温州大学应用型人才知识、能力和素养等提出了更高要求。温州大学按"依产业需求建专业，融内外资源育人才"的理念，突破人才培养主体的单一性、资源的局限性，面向温州十大产业集群，建立八个专业群、十大产业研究院，建构以产业群为导向、院所群为枢纽、专业群为载体的育人共同体，为区域产业集群发展培养高质量应用型人才。以专业群为载体，按照"资源融汇、平台融通、学科融合"的思路，构建"课程模块

化、实践联动化、师资多元化"的开放式人才培养新模式。以产业研究院为枢纽，链接产业群与专业群，使研究院和企业共同成为人才培养环节的参与主体、培养要素的投入主体、培养成果的分享主体，创建"人才培养实验区、科教融合试验区、产教融合服务区、创新创业孵化区"四区一体的产学研用协同育人新机制。以产业群为导向，聚焦产业群发展对应用型人才的新需求，强化创新创业能力培养，开辟"专创融合、四级孵化"的创新创业教育新路径，为地方高校应用型人才培养提供了"温大方案"。

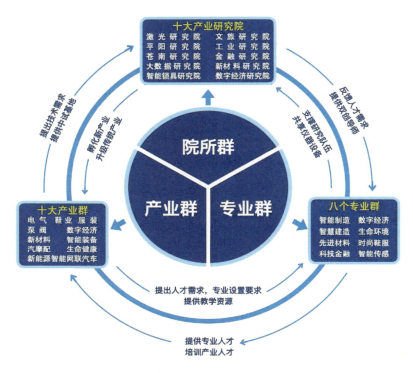

图 6-4 基于"三群"共建的应用型人才培养框架图

2. 以专业群为载体，按照"三融"思路构建"三化"人才培养模式

面向产业群，打破学科界限组建专业群，按照课程、教材资源融汇，实训、科创平台融通，文理、艺工学科融合的"三融"思路，构建课程模块化、实践联动化、师资多元化的"三化"人才培养新模式，解决人才培养链与产业发展链错位问题。学校对接区域产业群，建立智能制造、数据科学、智慧建造、生命环境、先进材料、时尚鞋服、科技金融、智能传感八个专业群，同步构建"通识教育＋学科基础＋专业基础＋专业核心＋创新提升"模块化课程体系、"实践课程＋综合项目＋专业赛事＋科研培育＋创业孵化"联动化实践体系、"企业工程师＋研究院导师＋高校教师"多元化教师队伍，为培养应用型人才提供核心支撑。

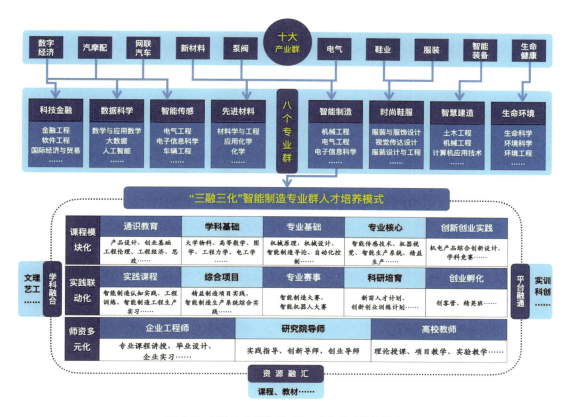

图 6-5 面向产业群的"三融三化"人才培养模式

3. 以产业研究院为枢纽，建立"四区一体"的产学研用协同育人机制

贯通产业群与专业群，校地共建集"人才培养实验区、科教融合试验区、产教融合服务区、创新创业孵化区"四区一体的十大产业研究院，发挥其协同育人的枢纽作用，促进人才培养链与产业发展链耦合，实现产业促进专业建设、专业催化产业发展，解决人才培养链与产业发展链脱节问题。学校依托研究院，开设制笔班、激光班、鞋履班等人才培养试验班，常态化举办专利周、"市长杯"工业设计大赛等科教融合活动，开展银校共建厅、文创工作坊等产教融合实训，师生团队嵌入研究院共同完成企业技术攻关，毕业设计、课程设计通过研究院直接回应企业需求，形成以研究院为枢纽，四区一体的产学研用协同育人新机制。

4. 以产业链、创新链需求为导向，进行专业群设置与调整

学校积极围绕区域性产业链、创业链进行专业调整与设置，把产业贡献力大、价值创造力高、结构带动力强的专业作为重点突破，形成了具有鲜明区域特色的专业集群：对接区域智能电器、汽摩配、智能仪表与泵阀、激光与光电、精密模具、网络经济等产业，优化智能制造专业群；对接区域生物医药、医疗器械、保健食品等产业，优化生物制药专业群；对接区域新材料、鞋业、服装、制笔、新能源、合成革等产业，优化先进材料专业群；对接区域建筑业、轨道交通、房地产、市政工程、节能环保、隧道工程等产业，形成智慧建造专业群。

5. 以个性化方案与多元化课程为抓手，推进多模式、跨专业人才培养

高校精准对接区域产业发展的差异化诉求，改革一个专业一套人才培养方案的传统模式，因"班"制宜，在支撑应用型人才目标达成的过程中，形成产学深度联动的多种特色人才培养模式。全国首开专业教育与创业教育深度融合的"3+1"创业精英班，立足温州区域经济，积极融合温州创业资源，以创业经营活动为主要学习内容，实施创业孵化式教育，体现学生个性化创业发展的要求，并在国内高校最早落实了创业计划书充抵毕业设计、创业项目实践充抵专业实习实践等认定机制。形成多元整合的课程体系，通过创新课堂教学、开放实践项目、丰富创业活动，从内容重组、结构设计和实施选择等方面深化人才培养模式改革，最终形成依托温州独特的地域创业文化的多元整合的课程体系。通过整合区域中小企业资源、校企合作建设相关课程，构建了岗位导向的课程教学体系、渐进式实践教学体系和协同递进的创新创业教学体系，实施课程"立地"建设，强调资源"进岗"整合，提升教学"实务"内涵，凸显了学校人才培养目标特色："重实践、强创新、能创业、懂管理、敢担当"的应用型人才培养定位。

6. 以"双师双能"型教师队伍为支撑，建立需求导向的共享组织体

高校建立校企联合培养师资制度，加大力度选送优秀教师到行业企业接受培训、挂职工作和实践锻炼，提高教师实践教学能力；积极引进行业公认专才，聘请企业优秀人才担任兼职专业负责人和教师，形成一支结构合理、专业行业均衡、实务导向的校内外导师库；建立地方、行业、用人单位参与的专业（类）教学指导委员会，全过程、全方位参与课程设置、人才培养、绩效评价、产学对接等专业建设与教学活动。学校为推进校内"双师双能"型师资建设常态化，成立"创业导师发展学校"，线上与线下、分散与集中、校内与校外相结合，形成一个围绕产业、专业、创业开展教学研活动的共同体，为教师提供有效交流教学经验、共享资源的场所，提供参与培训学习的平台和促进专业发展的阵地。搭建有利于培养学生创业精神和实践能力的平台，促进产业、专业、创业交流融合。在实践教学、创客活动、创业孵化等过程中共享知识、优势互补。在开放共享的生态体系中，学校更易于关注到产业变化和企业发展实际，及时调整学生的学习研究创新活动的方向和重点，切实提高教学活动的针对性和有效性。通过创办校友创业学院、整合大学创新创业投融资机制等途径，为浓郁的创业文化提供了积极的战略和环境条件。

7. 整合多方资源，搭建满足市场需求的实践育人平台

创新创业教育不是传统教学模式的补充，而是一种新的人才培养机制，需要整合学科、科研、平台、人才等多方面资源优势的实践育人平台。"校中厂"模式、"厂中校"模式和二级学院众创空间共同支撑了"产业、专业、创业"集成融合的应用型人才培养生态体系的实践育人平台。"校中厂"模式以学校自建为主，新建和改扩建"校企合一"的校内生产性教学实体；也可以基于"共建、共享、共赢"的理念，推行校企共建实训基地的合作新模式，

"不为我有、但为我用"，积极引进实力强、社会信誉度高的企业，建立以企业为主经营、学院参与管理的经营实体——"前厂后校"式生产性实训基地。"厂中校"模式，即学校进企业，服务于应用型学生培养和应用型教师培养。学校可根据专业培养目标需要，与合作企业建立基于"一体化模块式培养"方式的"车间课堂""企业夜校""短训班""强化班"等，使学生、教师与企业生产、研发形成零距离对接的教学培养机制，以真实职业环境对学生进行岗位职业规范训练，延伸校内实习实训基地功能，为学生实习实训、毕业论文（设计）、社会实践等提供真实的实践研究场所。二级学院创客空间是高校创新创业人才培养空间拓展、深度推进创业教育与专业教育深度融合的根本途径，突出强调专业特色、教师指导、师生共创，点燃学生基于专业素养的创新创业火种，激励学生敢于创新、勇于创业。

（三）产教融合成效

温州大学以专业群为载体，按照"资源融汇、平台融通、学科融合"的思路，构建"课程模块化、实践联动化、师资多元化"的开放式人才培养新模式。以产业研究院为枢纽，链接产业群与专业群，使研究院和企业共同成为人才培养环节参与主体、培养要素投入主体、培养成果分享主体，创建"人才培养实验区、科教融合试验区、产教融合服务区、创新创业孵化区"四区一体的产学研用协同育人新机制。以产业群为导向，聚焦产业群发展对应用型人才的新需求，强化创新创业能力培养，开辟"专创融合、四级孵化"的创新创业教育新路径。成果覆盖30个试点专业，其中12个获批国家一流专业建设点，占比达40%，为区域经济社会发展培养了包括国家自主创新示范区突出贡献个人、全国优秀共青团员、浙江省十佳大学生、创业领袖等3万余名优秀毕业生，为地方高校应用型人才培养提供了"温大方案"。

案例六：合肥学院

（一）基本情况

合肥学院是一所在"改革中诞生，开放中成长，创新中发展"的省市共建、以市为主的全日制公办本科院校。学校被誉为中国高等教育改革的"小岗村"、中国应用型本科高校第一方阵的"排头兵"。学校坚持以生为本，人才培养模式从"八个转变"向产教深度融合发展。2016年，学校与德国埃姆登/里尔应用科学大学、德国大陆集团合作开设机械设计制造及其自动化专业"大陆班"，首创具有中国特色的"双元制"高等教育。学校坚持服务地方，主动对接区域发展战略和需求。先后申报获批国内首个经济工程专业以及智能制造工程等6个新工科专业，调整专业11个。大力推进轨道交通、先进制造、数字经济等产业学院建设。加大"环境科学与工程""计算机科学与技术""材料科学与工程"和"集成电路科学与工程"4个高峰培育学科建设力度。学校坚持开放合作，国际化办学特色日益彰显。学校建有"中国安徽—德国中心"和"中国合肥—韩国中心"，积极为对外交流合作和项目落户提供服务。2021年，学校"双元制"高等教育已从试点先行到全面铺开，与大众集团共建大众学院，持续打造"双元制"高等教育的合肥模式；与奥斯纳布吕克应用科学大学签订合作办学协议，从过去的单向留学发展到双向留学，中外合作办学进入新阶段；与上海开放大学、奥斯纳布吕克应用科学大学共建中德开放在线学习平台，打造永不落幕的在线学习交流平台。

（二）双元制人才培养举措

1. 建立高效务实的"双元制"组织运行架构

合肥学院与德方高校及企业共同成立"专业及协调委员会"，在"专业及协调委员会"组织框架下，统筹协调专业建设、教学管理、实习实训、师资队伍建设、学生就业、产学研合作等工作并做出决策。

2. 根据产业需求确定培养目标

学校与合作方共同协作，剖析产业未来发展趋势，调研最新技术和市场发展态势，引入国外先进人才培养理念，推进多主体之间开放合作，整合多主体创新要素和资源，联合确定人才培养目标，培养具有国际视野、满足现代产业需求、善创新、能解决复杂问题的现代工程师。

3. 根据行业标准制定培养方案

首先，基于新经济对于新工科、新文科人才培养的要求，秉承以能力培养为导向的思想，把新技术、新标准和现代化、国际化的职业能力融入到人才培养方案中，优化现有理论和实践课程体系。

其次，深化"模块化"教学改革，开展综合性模块、问题导向模块和交叉学科模块资源建设，构建适应产品生命周期的通专融合、理实融合、学科融合的"模块池"课程体系，支持学生的个性化学习需要。

第三，增加技术模块，培养核心能力。如在机械、建筑等双元制专业的课程体系中，根据现代企业对数字化和智能化的要求，增加大数据、云计算、物联网等新技术模块。在专业协调委员会的指导下，形成课程开发—审查—评估—实施—评估—整改—持续改进的有效闭环。

第四，引入跨学科知识，培养关键能力。如在双元制工科专业课程中加入"生产组织""价值流设计开发""ERP/PPS"等管理学、经济学知识，培养可迁移的跨学科或专业领域的能力。

第五，强化实践教学，提升实践能力。由企业工程师在企业内教授部分实践课程，提高学生从工程的角度综合运用所学知识来解决复杂关键问题的能力。校内引入与企业实际生产设备相同或相近的设备，对学生进行案例式教学，通过还原企业真实场景，提升学生的动手能力。

4. 根据培养方案实施"多场景、多目标"培养模式

以培养目标为方向，培养方案为依据，校企融合，实行高校、企业的双导师制，协同完

成培养方案的实施。校企教学场景灵活切换，落实"双元"教学。前四个学期主要学习地点为学校，将生产实践中的真实案例有机融入到教学中，夯实学生的理论基础；第五、第六学期的学习地点切换到企业，开展现场实践教学，强化学生的工程能力；第七学期学生回到学校，结合企业实践接受专业课教学，拓展专业能力；最后一学期，学生以真题真做的方式完成毕业设计，强化实践应用能力。

学习时间	第1—4学期	第5—6学期	第7学期	第8学期
学习内容	通识课程+专业基础课程	企业课程+企业实践	专业课程	毕业实习+毕业设计
学习地点	高校	企业	高校	企业
培养目标	夯实基础	强化工程	能力拓展	实践应用
实施人	学校教师为主 企业导师为辅	企业导师为主 学校教师为辅	学校导师为主 企业导师为辅	企业导师为主 学校教师为辅

图6-6 "多场景、多目标"的培养模式

校企"四阶段"协同，教学深度融合。第一阶段，企业导师提出相关理论课程在实践中的应用，学校教师将其融入到教学中，提升了理论教学的质量。第二阶段，学校教师在企业承担实践教学环节中，对其中涉及的理论部分进行深化，强化了实践教学的深度。第三阶段，校企导师共同设计实践项目，对难度和广度进行分解，结合理论学习，提升了学生的专业能力。第四阶段，在企业内进行毕业实习和毕业设计，具体内容为企业学习项目的延续和提升，实现了真题真做。

5. 根据人才培养需求建设高水平"双能型"教师团队

发挥中德教育合作示范基地的优势，引进具有国际专业背景的"双能型"教师。利用编制周转池制度，引进具有企业背景及高级职称的技术人才。鼓励教师赴企业挂职锻炼，参与企业生产过程、科学研究、技术革新和管理，成长为"双能型"教师。把课堂搬到生产现场，让教师加深对行业发展的认知，更新知识储备。目前，双元制"大陆班"专业中的"双能型"教师占比达到100%。

6. 根据人才培养标准协同开展考核评价

评价目标确立为专业知识、素质和能力，解决复杂工程问题的能力，应对职场挑战的能力。评价方式采用过程考核与结果考核相结合、校内评价与企业评价相结合。评价标准由学校导师与企业导师共同制定。评价过程通过校企合作、分阶段共同完成。

（三）产教融合办学成效

《中国教育报》头版以"二次转型再出发，合肥学院探索国际双元制高等教育——培养善创新的卓越工程师"为题作专题报道。作为全国创新创业典型经验高校、全省高校就业工作标兵单位，近五年，学生竞赛获国家级 A 类奖项 129 项，国际奖项 17 项，毕业生就业率始终位居全省前列，被誉为"合肥市工程师的摇篮"。教育部《简报》专题推广合肥学院推进人才培养"八个转变"的做法。《中国新建本科院校质量报告》将合肥学院的经验总结为"安徽现象、合肥模式"，并在全国推广。安徽省教育厅会同安徽省经信厅遴选出全省 8 所产业学院推荐至教育部，合肥学院先进制造现代产业学院位列其中。

案例七：合肥职业技术学院

（一）基本情况

合肥职业技术学院是国家"创新发展行动计划"优质专科高等职业院校，学校结合国家的职业教育发展战略，确定了"国内一流、职教样板"的建设目标，坚持以立德树人为根本，以服务发展为宗旨，以促进就业为导向，以能力培养为核心，以合肥市支柱产业和现代职业教育集团内的大中型企业为依托，不断开拓进取、改革创新，办学综合实力稳步提升，形成了特色鲜明、灵活多样、充满活力的办学模式和机制，取得了人才培养和社会服务的良好社会效应。为了更好地服务合肥市经济社会发展，学校提出了"一校两区一园"（"一校"是合肥职业技术学院，"两区"是合肥汇心湖校区、巢湖鼓山校区，"一园"是合肥金寨路大学生创新创业孵化园）的战略构想。汇心湖校区主要围绕合肥市支柱产业、战略性新兴产业打造专业群，目前已建设涵盖机电、信息、经贸旅游、轨道交通、艺术、设计等六大专业群，打造了一批在全国有较大影响的特色品牌专业。巢湖鼓山校区结合巢湖市区域发展定位，以发展学院传统优势医学相关类专业为目标，保留生物、建筑、汽车等专业，进一步拓展医学相关类的专业领域，打造健康产业人才培养基地。金寨路双创园以提升学生创新创业能力为目标，提供专业实习实训，服务地方经济发展，致力于打造合肥市高科技职业院校产业园。

（二）产教融合实践与探索

1. 建立"四链联动、三业一体"机制

学校按照"立足地方、服务地方、发展地方"的原则，结合地区经济战略及办学特色，紧贴区域产业结构调整规划，坚持学校"以人为本，尚德重技，质量兴校，特色发展"的办学理念，以服务为宗旨，以就业为导向，走产教融合、校企合作的道路。通过校企深度合作，构建产业学院，实现产教融合模式创新、专业人才培养创新、教学资源建设创新、产业技术合作创新的目标。学校组织成立合肥市现代职业教育集团，由市委市政府 27 个相关部门、6 个事业单位和社会组织、29 所院校、9 个行业指导委员会、54 家企业组成。集团设立有理事会和秘书处。理事会设理事长、常务副理事长、副理事长、理事。秘书处设在市教育局，负责集团日常工作。根据合肥市产业布局动态调整专业设置，深化产教融合，强化职业教育培养侧和产业需求侧良性互动，紧紧围绕"产业—专业—就业"这一条主线，"依托产业办专业，办好专业促就业"，实现教育链、人才链与产业链、创新链有机衔接，形成了"四链联动、三业一体"的机制。

2. 紧随产业发展，调整专业结构

围绕地方支柱产业、战略性新兴产业发展和社会需求，建立"政府—行业—企业—学校—研究所"五方联动，健全人才需求调研制度、专业定期评估制度、专业调整预警制度和新专业论证与申报制度，共同参与推进区域产业结构优化和调整。专业群秉承"依托行业企业链而产生，现代服务行业而发展"的理念，校企联动、产教一体，融教育教学、生产劳动、素质培养、技能提升、科技研发、经营管理和社会服务于一体，形成产教良性互动的"双赢"局面，提高专业群建设与产业发展契合度。

3. 建设产业学院，形成了校企命运共同体

学校围绕"产业—专业—就业"这条主线，以服务学校、服务企业、服务政府、服务产业、服务社会的"五服务"作为整体建设目标，通过课程融合、考证融合、就业融合的深化"岗课赛证"融合，构建产业学院，形成了校企命运共同体。

4. 课程融合，推动岗位需求对接课程体系

校企双方共同调研行业发展前沿，明确岗位所需技能、职业标准，共同制定人才培养方案。针对典型职业岗位、职业技能进行分析，双方共同梳理对应的专业课程内容，实现课岗深度融合对接，重构相关专业的课程体系。例如，博清焊接机器人焊接学院，该产业学院建设了船舶制造、能源电力、轨道交通、核电、管道、油气化工6大应用场景，将"设备使用生产一线"与"师生教学现场"相融合，企业在进行实际项目的同时，学校师生参与其中，对学生来说这既是工作也是学习，企业成为办学主体之一。

5. 考证融合，推进职业教育的双证书制度

依托合作企业所持有的X证书及行业认证证书，鼓励学生在获得学历证书的同时取得多类的职业技能证书，开展书证融通人才培养模式。在"1+X"证书方面，为学生提供"网络安全应急响应""物流管理""职能税务""特殊焊接"等16个X等级证书的培训服务。在行业认证证书方面，学校依托华为技术在行业内的引领地位，双方共同开展覆盖信息技术和网络安全方向的认证，包括Datacom认证、华为鲲鹏云认证等，提高学生的就业质量。

6. 就业融合，以终为始构建人才培养闭环

学校通过校企合作方式打通学生就业通道，搭建学生求职渠道，构建学院人才培养闭环。学校和企业共同为学生的职业发展规划出谋划策，专业指导讲师从学生的就业环境和就业形势入手分析，按照学生择业所需要具备的知识能力要求进行就业指导讲解，使学生进一步树立服务社会的观念，加强职业道德修养。例如，学校信息技术专业依托华为全球产业链合作伙伴，对接华为ICT人才联盟每年10万人招聘需求，每年组织专场招聘会，为每位学生提供就业推荐的机会，确保学生对口就业，优质就业。

7. 搭建科研成果转化平台，为产业提供技术攻关

为充分发挥职业院校为社会服务的功能，探索校企合作科研研发的新方式，努力拓宽校企合作研发的新渠道，先后建成了"华威世纪电子集团博士后科研工作站""微尺寸材料储能研究中心""中显机器人视觉研究中心"等研发平台。例如，学校与安徽中显智能机器人有限公司共同实施"自动上下料与自动检测分拣与上架"项目研究，对企业方的设计提出建议和思路，对其设计的产品提出修改意见，使企业设计的产品更符合生产所需，同时学校也享有设计产品的所有权利，互惠共赢，实现优质资源共享。

8. 构建"121"创新管理模式，强化质量管理

近年来，学校将"人才培养、教学研究、教师能力提升、创新创业教育、服务社会"等融为一体，强化质量管理。学校采用"一个核心""两条路径""一项保障机制"的"121"质量管理模式。其中，"一个核心"，即人的全面发展；"两条路径"，即个性化人才培养方案和网络学习空间；"一项保障机制"，即诊断与改进机制。该模式在提高人才培养质量的同时为企业提供其需要的订制型人才，进而实现校企合作的融通。

（三）产教融合办学成果成效

通过"四链联动、三业一体"模式，产教深度融合，使学生职业技能和素养得到有效提高，为毕业生提供了充足的就业机会，为企业"订制化"培养人才，企业满意度得到显著提升；学校教师共同参与科研，切实提高科研水平，也为企业解决更多的生产实际难题，社会服务能力明显提升。学校已构建高度契合合肥市经济发展的新兴学科专业布局，全面对接新一代信息技术、智能装备、节能和新能源汽车等10个高端制造业发展需求，重点支持服务深化高等学校供给侧结构性改革的新兴专业，如轨道交通、智慧健康养老管理等。学生在各项技能大赛中表现优异，获得了很多大奖，其中包括国家技能大赛获奖22项，其中一等奖6项，省级技能大赛一等奖175项。学生就业率达96%以上，综合素质得到显著提升。学校"依托产业办专业、办好专业促就业"的做法得到了政府的充分肯定。作为安徽省第一家荣获中国质量奖提名奖的教育机构，学校主动对标国家质量标准，以"人才、教研、教师、创业、社会一体的质量管理模式"为申报内容，用"诚信品德、工匠精神"为核心的"121"职业教育模式阐释了新时代现代职业教育卓越质量管理的内涵与外延，走出了新时期高职院校卓越质量管理的道路，发挥了示范作用。

五、案例高校深化产教融合的政策基础与经验启示

（一）国家和地方持续政策支持，为产教融合创造良好环境

1. 国家出台系统完整的政策意见，深入推动产教融合协同育人

2017年，为深入推动产教融合协同育人，国务院办公厅印发了《关于深化产教融合的

若干意见》（以下简称《意见》）。《意见》指出，深化产教融合，促进教育链、人才链与产业链、创新链有机衔接，是当前推进人力资源供给侧结构性改革的迫切要求，对新形势下全面提高教育质量、扩大就业创业、推进经济转型升级、培育经济发展新动能具有重要意义。要同步规划产教融合与经济社会发展，将教育优先、人才先行融入各项政策；统筹职业教育与区域发展布局，引导职业教育资源逐步向产业和人口集聚区集中；促进高等教育融入国家创新体系和新型城镇化建设；建立紧密对接产业链、创新链的学科专业体系。要鼓励企业依法参与举办职业教育、高等教育，坚持准入条件透明化、审批范围最小化。深化"引企入教"改革，支持引导企业深度参与职业学校、高等学校教育教学改革。支持校企合作开展生产性实习实训，鼓励企业直接接收学生实习实训。以企业为主体推进协同创新和成果转化，加快基础研究成果向产业技术转化。发挥骨干企业的引领作用，带动中小企业参与，支持有条件的国有企业继续办好做强职业学校。《意见》强调，要强化行业协调指导，规范发展市场服务组织，打造信息服务平台，健全社会第三方评价，促进产教供需双向对接，要利用市场合作和产业分工，构建校企利益共同体，形成稳定互惠的合作机制，促进校企紧密联结。2021年是我国教育持续深化改革全面发展的一年，也是产教融合协同育人创新发展的一年。习近平总书记强调要坚持立德树人，深化产教融合、校企合作，深入推进育人方式、办学模式、管理体制、保障机制改革，稳步发展职业本科教育，培养更多高素质技术技能人才、能工巧匠、大国工匠。时任国务院总理李克强要求瞄准技术变革和产业优化升级的方向，推进产教融合、校企合作。

2. 一市三省各级政府出台政策大力扶持引导产教深度融合

长三角一市三省根据新时代教育现代化的宏伟蓝图与战略部署，深化教育体制改革，提升教育服务经济社会发展能力，积极投身实施创新驱动发展战略，着重培养创新型、复合型、应用型人才。为贯彻落实《国家产教融合建设试点实施方案》和《上海市建设产教融合型城市试点方案》，上海市出台了《深化产教融合协同育人行动计划（2021—2025年）》，系统谋划加快构建本市产教融合协同育人体系。2018年，江苏省政府办公厅发布《关于深化产教融合的实施意见》，提出"到2025年，教育和产业统筹融合、良性互动的发展格局总体形成，人才教育供给与产业需求结构性矛盾基本解决，高等教育、职业教育对经济发展和产业升级的贡献显著增强"。2019年，为了促进教育链、人才链与产业链、创新链有机衔接，浙江省发展改革委、省经信厅、省教育厅等八部门联合决定推进产教融合"五个一批"，即一批产教融合联盟、一批产教融合示范基地、一批产教融合试点企业、一批产教融合工程项目和一批产学合作协同育人项目建设。2018年，《安徽省人民政府办公厅关于深化产教融合的实施意见》印发实施，结合全面实施创新驱动发展、科教兴皖、人才强省战略，同步规划产教融合政策措施、支持方式、实现途径和重大项目。国家和地方政府系列政策明确了发挥政府统筹规划、企业重要主体、人才培养改革主线、社会组织等供需对接作用的"四位一体"制度架构，推动产教融合从发展理念向制度供给落地，聚焦打通产教融合政策落地的"最后一公里"，深化产教融合迎来空前的重要机遇期和政策发力期。

（二）案例高校产教融合的经验启示

1. "融入、融通、融合"是产教融合循序渐进的途径

案例高校的实践显示产教融合是一个逐步演化和递进的过程。首先，供需精准对接是融入的前提，高校要积极开放，敢于突破传统，改变长期以来封闭办学、自我循环的局面，精准对接行业需求和社会需求，融入企业的生产和研发环节，融入产业的技术进步链条，融入行业的发展趋势和未来。其次，是融通，高校要将其核心使命——人才培养、科学研究、社会服务、文化传承、国际合作五大职能之间实现连接、集成并形成协同效应，在与产业或企业合作时打通人才培养、行业应用研究、职工培训等关键环节在实现"点"上的链接、协同与贯通，在与行业企业和产业的协同点之间形成链条。最后，融合是在融入、融通的基础上，实现更大、更深的交集，实现合二为一，融为一体，产教双方的各种资源要素互相转化、互相支撑，形成一个良性互动的全新生态体系。

在产教融合"三融"过程中的互利性是基本特征。产教融合作为促进经济社会协调发展的重要举措，融入在经济转型升级的各个环节，贯穿人才培养的全过程，对参与产教协作的各个利益主体意义重大。产业与教育的深度融合互动，有助于企业缩短人才培养周期、实现人才与岗位的无缝对接，有助于高校培养面向未来、面向世界、面向行业前沿发展的高素质复合型工程科技人才，有助于政府积极履行职能、促进经济社会蓬勃发展。总之，通过实现供需对接和流程再造，产教统筹互动对新形势下全面提高教育质量、扩大就业创业、推进经济转型升级、培育经济发展新动能都要产生影响才能持续。

2. 建立行业和产业学院是产教融合创新的组织形式

案例高校通过行业和产业学院对接国家和区域发展战略需求，立足产业布局和产业集群，推动高校探索产教深度融合的应用型人才培养模式，建强优势特色专业，完善人才培养协同机制，造就大批产业需要的高素质应用型、复合型、创新型人才，为壮大优势产业集群、推动产业链向高端跃升提供有力支撑，助推区域高质量发展，服务长三角一体化发展大局。

行业和产业学院创新了产教融合新的体制和机制，强化了高校、政府、行业协会、企业机构等多元主体的协同，探索治理新模式，形成共建共管的现代产业学院组织架构，建立了科学高效、保障有力的制度体系，充分考虑区域、行业、产业特点，结合高校自身禀赋特征，优化创新资源配置模式，探索评价新思路，打造产教融合示范区，推进教育链、创新链、产业链和人才链的深度融合。创新了应用型人才培养模式，从人才培养模式创新、专业建设质量提升、校企合作课程开发、实习实训基地打造、高水平教师队伍建设、产学研服务平台搭建、管理体制机制完善等方面深化综合改革，促进课程内容与技术发展衔接、教学过程与生产过程对接、人才培养与产业需求融合。鼓励高校与企业共同制定人才培养方案，协调推进多主体间开放合作，整合多主体创新要素和资源，凝练产教深度融合、多方协同育人

的应用型人才培养模式。构建了校企合作课程体系，通过"引企入校"，积极开发校企合作课程，邀请行业企业深度参与课程建设，设计课程体系，优化课程结构。以行业企业技术革新项目为依托，紧密结合产业实际创新教学体系。打造了高水平师资队伍，建立校企人才双向流动、人员互聘机制，创新资源共享，开展校企联合授课，打造高水平教学团队。共建了校企实习实训基地，基于产业发展和创新需求，通过引进企业研发平台、生产基地，与合作企业共建一批集生产、教学、科研、创新创业、培训服务等功能为一体的大型实验、实习实训基地，整合多主体资源打造专业类或跨专业类实践教学平台。提升了服务区域发展能力，深化同企业的战略合作，整合双方资源共建联合实验室、研发中心、联合创新中心，协同开展重大应用课题研究、技术攻关、产品研发、成果转化、项目孵化等工作。大力推动科教融合，将研究成果及时引入教学过程，促进科研与人才培养积极互动，发挥产学研合作示范影响，提升高校知识溢出直接服务经济社会发展的能力。

3. 构建"产业、专业、创业"集成融合是应用型人才培养的生态环境

产教融合是高校重要的应用型人才培养机制，构建"产业、专业、创业"集成融合的高校应用型人才培养模式，需要构建良好的生态体系，其中创新驱动是核心，优化协同是关键，生态培育是保障。

"三业"集成融合为产业转型升级提供了技术技能人才支撑，强化高校服务经济社会发展的能力，作为一种重要的应用型人才培养机制，越来越受到高校的关注。在高等教育逐渐普及化的形势下，应用型本科院校承担着为生产、管理、服务第一线培养具有扎实理论基础和较强实践能力的应用型人才的任务，产教融合成为这些高校的必然选择。创业作为一个新要素融入产学合作，构建产业、专业、创业三者深度交叉、多维融合的网络，是地方应用型本科院校应用型人才培养的新生态，推进人才培养模式创新的新探索。"三业"集成融合的主要内涵表明：创新驱动是核心。高校要创新人才培养机制，通过促进专业与产业之间的创新要素流动和优化配置，培养产业发展的急需人才。而创业教育的本质在于企业家精神的培养，其主要内容就是创新。因此，融入创业要素的产学合作能进一步强化专业与产业之间的知识流动和知识创新，引领学生关注专业和行业领域的发展、进步及变革，在教育实践活动中达到优化大学生知识结构的目的，使之适应未来不断创新的社会并实现自我发展。优化协同是关键，优化协同机制包括目标协同、师资共建、资源共享、管理协同。生态培育是保障，"产业、专业、创业"集成融合网络包括行业、企业、政府、学校等组织机构，企业家、研究人员、教师、学生等组织个体，需要一套全方位的系统为其提供系统性要素和环境支撑，比如空间载体、产业基础、资金保障、创业文化等。

4. 深化国际合作推进开放办学是产教融合上水平的有效途径

无论是从20世纪80年代开始与加拿大合作的上海工程技术大学，还是后起之秀上海商学院、合肥学院、常熟理工学院等案例高校，无不采用开放办学和国际合作的策略进行产教

融合人才的培养。国外产教融合发展模式起步与我国相比相对较早且各有千秋，并取得了不错的成绩。它们通过产教融合、校企合作的方式，建立起各具特色、适合本国发展的职业教育模式，为培养高素质和高技能人才积累了丰富的经验和有效的举措。案例高校通过国际合作项目或联合办学，在人才培养方案和培养模式、专业和课程体系设置、实践教学环节与质量保障体系等方面，学习借鉴西方发达国家产教融合的理念和模式，有助于拓宽国际视野，更新人才培养理念，对于提高人才培养质量发挥了重要作用。

上海工程技术大学从80年代开始就借鉴加拿大合作教育模式，通过"一学年三学期五阶段"的制度设计促进校企合作，通过有组织地宣传、服务、监督落实"工学结合、完整计划、定岗工作、过程监督、评价考核、略有报酬、时间保证"的28字方针。上海商学院的"带教制"体现了欧洲"学徒制"的特点，师傅带徒弟在每个环节上实践实习，师傅把知识与经验完全传授给徒弟并接受国外合作标准的检验，扎实提高酒店管理与服务水平。合肥学院和其他多所案例高校提到的"双元制"和"双师型"都是德国等国家产教融合的宝贵经验。"双元制"模式是指在学校学习理论知识，剩余时间在企业实习，通过"课堂教学＋生产实践"的方式，实现从教育到就业的无缝对接，不仅培养基本从业能力、社会能力，而且特别注重综合职业能力的培养。"双师型"教师既要有项目开发经验，又要有教学能力，让学生在课堂中能够获得最新的市场动态与行业分析。国外成功的产教融合模式表明，学校为企业提供专业人才、解决技术难题或设计开发项目和产品，企业为学校提供先进设备、研发资金和实习岗位，才能真正实现"校企双赢"。这样的成功经验也是我们研究案例高校重要的样本意义所在。

参考文献

1. 蔡敬民，洪艺敏，李德才.德国"双元制"教育在中国的本土化——合肥学院国际"双元制"教育实践探索［J］.中国大学教学，2022（1-2）：96-101.
2. 顾永安.应用本科专业集群：地方高校转型发展的重要突破口［J］.中国高等教育，2016（22）：35-38.
3. 林娟娟，施永川，李鹏.构建"产业、专业、创业"集成融合的应用型人才培养生态［J］.中国高等教育，2017（22）：43-45.
4. 刘强，刘明维，黄芳，庞颖，汤建.地方应用型本科院校产学合作 育人体系的构建——基于上海工程技术大学产学合作教育的探索［J］.中国职业技术教育，2019（1）：68-76.
5. 邱晖，樊千.推进产教深度融合的动力机制及策略［J］.黑龙江高教研究，2016（12）：102-105.
6. 汪泓.中国产学合作教育的崛起［M］.北京：清华大学出版社，2013.
7. 徐正兴，孙士现.地方本科院校行业学院建设的现状分析——基于常熟理工学院行业学院的调查［J］.文化创新比较研究，2019，3（27）：153-154.
8. 许广举，周翔，陈庆樟，李铭迪，李学智.校企合作共建汽车工程实践教育中心的实践与探索——以常熟理工学院为例［J］.产业与科技论坛，2015，14（3）：112-113.
9. 杨善江.产教融合：产业深度转型下现代职业教育发展的必由之路［J］.教育与职业，2014（33）：8-10.
10. 赵军，申怡，夏建国.产教合作命运共同体导向的地方高校新工科建设研究［J］.中国高教研究，2018（7）：75-78.
11. 钟云飞.基于新工科的应用型特色本科专业产教融合模式研究［J］.高教学刊，2021，7（20）：65-68.

7 长三角高校科技创新服务社会发展能力研究

周 玲 范惠明 李佳欣 李闻君 王静蕊
华东理工大学

一、绪 论

服务地方经济社会发展是高校的重要使命。在新一轮科技革命和产业变革的背景下，科技对经济社会发展的作用日益凸显，作为拥有雄厚科技力量的高校将对经济社会发展发挥更加重要和直接的作用。长三角高校众多，科教资源丰富，科技创新优势明显，拥有全国约四分之一的"双一流"高校、国家重点实验室、国家工程研究中心，在促进区域科技创新和产业发展方面具有重要的支撑作用。《长三角教育现代化指标体系（试行）》明确提出要监测"普通高校服务社会经济发展的能力"，研制一套可靠的评价指标既是监测长三角教育现代化的要求，也是转变我国高等教育评价的需要。

本研究基于《高等学校科技统计资料汇编》（教育部科技司）数据，根据《长三角教育现代化指标体系（试行）》提出的"普通高校服务社会经济发展的能力"指标，遴选设计了4个一级指标（企事业单位委托、技术转让、专利申请和授权、专利出售）、10个二级指标（企事业单位委托经费、企事业单位委托经费占总科技经费比重、技术转让签订合同数、技术转让合同金额、单项技术转让合同平均金额、专利申请数、专利授权数、专利出售合同数、单项专利出售合同平均金额、专利出售合同金额）。

基于上述监测指标，本研究首先分析和比较了长三角一市三省高校在2015—2019年通过科技创新服务地方经济社会发展的情况；其次对长三角高校与京津冀高校进行了比较分析，具体得出了上海市高校与长三角其他三个省份高校、长三角高校与京津冀高校的优劣势；最后分别对上海市高校和长三角高校进一步推进科技创新，服务地方经济社会发展提出对策建议。

二、研究背景

服务经济社会发展是高等教育的重要使命。习近平总书记在全国教育大会上强调"要提升教育服务经济社会发展能力"，"推进产学研协同创新，积极投身实施创新驱动发展战略"。

习近平总书记亦在多个场合提到要"扎根中国大地办大学","把论文写在祖国大地上"。《统筹推进世界一流大学和一流学科建设总体方案》将"着力推进成果转化"作为"双一流"建设的重要任务之一，提出要"增强高校创新资源对经济社会发展的驱动力"。在新一轮科技革命和产业变革背景下，科技对经济社会发展的作用日益凸显，作为拥有雄厚科技力量的高校将对经济社会的发展发挥更加重要和直接的作用。

我国高校要进一步提升服务经济社会发展的能力。从现实看，我国高校科技创新服务经济社会发展的能力仍然偏弱，与国家和区域的期望依然有着较大的差距。主要表现在科技成果转化率整体偏低、攻关"卡脖子"技术的能力不足、关键性重大科技成果产出不足、开发和解决产业共性关键技术的能力不足等，不能有效支撑我国科技、经济的高质量发展。从原因看，我国高校的评价机制不够合理，导致高校普遍缺乏服务经济社会发展的理念和相应的评价导向，进而缺少产学研协同创新的动力、机制和平台。未来亟须转变高校发展理念，强化高校科技创新服务经济社会发展的评价机制，从而进一步推动高校服务经济社会发展。

探索和发布长三角高校科技创新服务社会经济发展能力指标体系和跟踪报告是监测长三角教育现代化的重要内容。基于高校科技创新服务社会经济发展能力重要性的日益提升，开发相关的测评指标就显得尤为重要，但目前国内尚缺少公开、可信的指标对高校科技创新服务社会经济发展的能力进行测量。《长三角教育现代化指标体系（试行）》中也明确提出了对"普通高校服务社会经济发展的能力"的监测。研制一套可靠的评价指标既是监测长三角教育现代化的要求，也是转变我国高等教育评价的需要。

三、高校科技创新服务经济社会发展能力指标体系构建

从《长三角教育现代化指标体系（试行）》提出的"普通高校服务社会经济发展的能力"指标中可以看到，其重点在于监测高校的创新与服务能力，其中高校通过科技创新服务经济社会发展是监测的重要方面。本研究从高校科技创新服务经济社会发展视角出发，依照"定量数据为主""采集最新公开数据""数据可获得、标准可监测"等原则，从《高等学校科技统计资料汇编》（教育部科技司）中采集了相关指标（见表7-1）。该指标体系包括4个一级指标、10个二级指标。

"企事业单位委托"旨在考察所在省域高校从企事业单位中获得的科技经费及相应的比重，是反映所在省域高校与区域经济社会发展紧密程度的重要指标之一。

"技术转让"是当前高校产学研合作"四技合同"（技术服务、技术咨询、技术开发、技术转让）之一，具体包括技术转让、许可、作价投资，是高校科技服务区域经济社会发展的重要形式。本研究将技术转让签订合同数、技术转让合同金额、单项技术转让合同平均金额作为二级指标对技术转让进行分析。

"专利申请和授权"是反映所在省域高校潜在科技成果转化水平的重要指标。本研究将其分为专利申请数和专利授权数 2 个二级指标。

"专利出售"是反映所在省域高校实际科技成果转化水平的重要指标之一。本研究将其分为专利出售合同数、单项专项出售合同平均金额、专项出售合同金额 3 个二级指标。

表 7-1 指标体系及数据来源

序号	一级指标	二级指标	数据来源
1	企事业单位委托	企事业单位委托经费	
2		企业事业单位委托经费占总科技经费比重	
3	技术转让	技术转让签订合同数	
4		技术转让合同金额	《高等学校科技统计资料汇编》（2015—2019 年）
5		单项技术转让合同平均金额	
6	专利申请和授权	专利申请数	
7		专利授权数	
8	专利出售	专利出售合同数	
9		单项专利出售合同平均金额	
10		专利出售合同金额	

说明：以上指标具体数值为所在省域所有高校对应指标加总后的值，不是单所高校的值，也不包含除高校以外的其他机构的值。

四、长三角高校科技创新服务经济社会发展能力分析
——基于一市三省比较

本部分根据表 7-1 所示的指标体系，从企事业单位委托、技术转让、专利申请和授权、专利出售 4 个维度出发，具体比较和分析了长三角一市三省 2015—2019 年间在 10 个指标上的变化趋势和省域间的差异情况。

（一）企事业单位委托

从高校企事业单位委托经费看，一市三省 2015—2019 年间均有所增长，其中委托经费最多的是江苏省高校，其次是上海市、浙江省高校，最少的是安徽省高校。从高校企事业单位委托经费占高校总科技经费的比重看，最高的是江苏省高校，每年均超过了 30%；其次是上海市、浙江省高校，每年在 20%—30% 区间；最低的是安徽省高校，每年在 15% 以下。

从以上分析中可以看到，江苏省高校获得了最多的企事业单位委托经费，且企事业单位委托经费占总科技经费的比重也最高，说明江苏省高校服务地方经济社会发展的能力相对较强。这可能有三个方面的原因：一是江苏省高校总量多，特别是高水平大学多，有助于从总

量上增加企事业单位委托经费；二是江苏省科技型中小企业多，向高校寻求科技成果转化的动力强；三是江苏省各级政府在推动产学合作方面提供了资金、政策、场地等组合式支持，较好地促进了高校、地方、企业之间的合作。

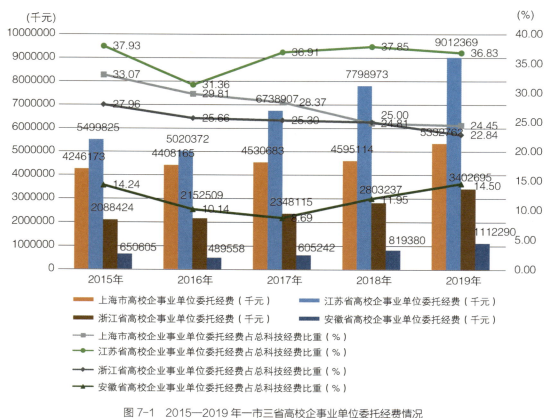

图 7-1　2015—2019 年一市三省高校企事业单位委托经费情况

表 7-2　2015—2019 年一市三省高校企事业单位委托经费情况

时间	上海市高校		江苏省高校		浙江省高校		安徽省高校	
	企事业单位委托经费（千元）	企业事业单位委托经费占总科技经费比重（%）	企事业单位委托经费（千元）	企业事业单位委托经费占总科技经费比重（%）	企事业单位委托经费（千元）	企业事业单位委托经费占总科技经费比重（%）	企事业单位委托经费（千元）	企业事业单位委托经费占总科技经费比重（%）
2015 年	4 246 173	33.07	5 499 825	37.93	2 088 424	27.96	650 605	14.24
2016 年	4 408 165	29.81	5 020 372	31.36	2 152 509	25.66	489 558	10.14
2017 年	4 530 683	28.37	6 738 907	36.91	2 348 115	25.30	605 242	8.69
2018 年	4 595 114	24.81	7 798 973	37.85	2 803 237	25.00	819 380	11.95
2019 年	5 332 762	24.45	9 012 369	36.83	3 402 695	22.84	1 112 290	14.50

(二)技术转让

从技术转让看,一市三省高校呈现了不同的变动趋势。从技术转让签订合同数看,上海市高校总数较低,且5年间基本没有变化,每年保持在400项左右;安徽省高校总数较低,5年间变动较大,从2015年的609项下降到2017年的283项,2019年又回升到406项;江苏省高校总量最高,除2018年外,基本保持了稳定增长趋势,到2019年已达到3 369项;浙江省高校维持了稳定的增长趋势,从2015年的409项增加到了2019年的1 182项。

从技术转让合同金额看,一市三省高校5年间的技术转让合同金额均存在不稳定性,并未实现每年一定幅度的增长,甚至有的年份减少较多。从总金额看,上海市、江苏省高校明显高于浙江省、安徽省高校;但从单项技术转让合同平均金额看,上海市高校最高,约为125万元,其他三个省份高校偏低,均约不到30万元。

从以上分析中可以看到,江苏省高校技术转让合同数明显高于其他三地高校,这可能与江苏省高校科技成果多、企业技术需求多、地方政府技术转让服务做得好等有关。而从单项技术转让合同平均金额看,上海市高校该项指标表现最好,明显高于其他三地高校,说明上海市高校转让的技术质量相对较高。这一方面可能与上海市产业偏向先进制造业有关,使得校企合作的技术水平高,故表现出较高的合同值,另一方面可能与上海市具有较好的金融市场有关,高校技术成果容易获得更高的技术估值和资金投入。

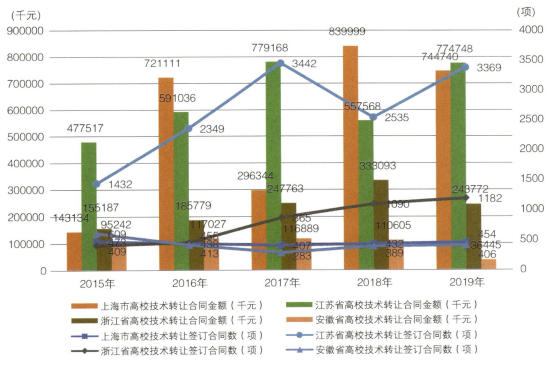

图 7-2 2015—2019年一市三省高校技术转让情况

表7-3　2015—2019年一市三省高校技术转让情况

时间	上海市高校			江苏省高校			浙江省高校			安徽省高校		
	技术转让签订合同数（项）	技术转让合同金额（千元）	单项技术合同转让平均金额（千元）	技术转让签订合同数（项）	技术转让合同金额（千元）	单项技术转让合同平均金额（千元）	技术转让签订合同数（项）	技术转让合同金额（千元）	单项技术转让合同平均金额（千元）	技术转让签订合同数（项）	技术转让合同金额（千元）	单项技术转让合同平均金额（千元）
2015年	473	143 134	303	1 432	477 517	333	409	155 187	379	609	95 242	156
2016年	438	721 111	1 646	2 349	591 036	251	455	185 779	408	413	117 027	283
2017年	407	296 344	728	3 442	779 168	227	865	247 763	286	283	116 889	413
2018年	432	839 999	1 944	2 535	557 568	220	1 090	333 093	306	389	110 605	284
2019年	454	744 740	1 640	3 369	774 748	230	1 182	243 772	206	406	36 445	90
5年平均	441	549 066	1 246	2 625	636 007	242	800	233 119	291	420	95 242	227

（三）专利申请和授权

从专利申请和授权看，一市三省高校专利申请和授权量在5年内都保持了基本稳定的增长趋势。从总量看，江苏省高校专利申请和授权量均最高，并且显著高于其他三个省份；浙江省高校次之；上海市和安徽省高校较少。这可能与江苏省各级政府重视高校知识产权工作有关。例如，2017年江苏省教育厅、知识产权局联合印发了《关于进一步加强新形势下高等学校知识产权工作的意见》，对高校做好知识产权工作提出了系统全面的意见，提供了比其他三个省市更优的政府服务。

图7-3　2015—2019年一市三省高校专利申请和授权情况

表7-4　2015—2019年一市三省高校专利申请和授权情况

时间	上海市高校		江苏省高校		浙江省高校		安徽省高校	
	专利申请数（项）	专利授权数（项）	专利申请数（项）	专利授权数（项）	专利申请数（项）	专利授权数（项）	专利申请数（项）	专利授权数（项）
2015年	9 455	6 116	29 172	18 470	15 384	12 491	7 574	5 132
2016年	10 774	6 210	34 446	20 227	17 900	12 121	9 477	5 850
2017年	10 240	6 179	38 841	21 357	18 212	13 134	11 191	6 081
2018年	12 278	6 465	46 399	24 368	21 519	14 161	12 303	6 341
2019年	14 022	7 572	47 824	27 989	23 342	14 550	13 797	6 760

（四）专利出售

从专利出售合同数看，一市三省高校在5年间基本呈现了稳步增长的态势。其中增量最快的是江苏省高校，从2015年的687项增加到2019年的2 574项；其次是浙江省高校，从2015年的175项增加到2019年的953项；上海市、安徽省高校增长偏少，两者总量也较少，其中上海市高校2019年为409项，安徽省高校2019年为274项。

从专利出售合同金额看，一市三省高校存在一定的差异。上海市高校专利出售合同金额呈现稳定的增长态势，其中2018年增长最快，较2017年增长了125%；除2018年外，江苏省高校专利出售合同金额基本呈现增长趋势，其中2019年增长最快，较2018年增长了90%；除2018年外，浙江省高校专利出售合同金额也基本呈现增长趋势，但是合同金额的增长速度远小于合同数量的增长速度，单项专利出售合同平均金额呈现明显的下降趋势；安徽省高校专利出售合同金额从2015年到2016年实现增长后，后续几年一直处于下降态势，单项专利出售合同平均金额也呈现同样的趋势。

从单项专利出售合同平均金额看，上海市高校5年均值约为120万，江苏省高校约为16万，浙江省高校约为22万，安徽省高校约为15万。可以看到，上海市高校专利出售合同数虽然比江苏省、浙江省省高校少很多，但是专利出售合同总金额最高，单项平均合同金额也远高于其他三个省份。

从以上分析中可以看到，就专利出售合同数量看，江苏省高校总量最多且明显高于其他省市，这与江苏省高校专利成果多、成果契合企业需求、政府知识产权服务到位等有关。就专利出售合同总金额和单项合同金额看，上海市高校表现较为优异，这可能与上海市高校专利质量较高，受到市场相对较高的认可有关。

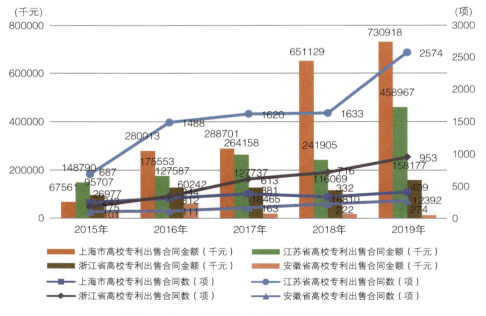

图7-4 2015—2019年一市三省高校专利出售情况

表7-5 2015—2019年一市三省高校专利出售情况

时间	上海市高校			江苏省高校			浙江省高校			安徽省高校		
	专利出售合同数（项）	专利出售合同金额（千元）	单项专利出售合同平均金额（千元）	专利出售合同数（项）	专利出售合同金额（千元）	单项专利出售合同平均金额（千元）	专利出售合同数（项）	专利出售合同金额（千元）	单项专利出售合同平均金额（千元）	专利出售合同数（项）	专利出售合同金额（千元）	单项专利出售合同平均金额（千元）
2015年	243	67 561	278	687	148 790	217	175	95 707	547	101	26 977	267
2016年	312	280 013	897	1 488	175 553	118	344	127 587	371	111	60 242	543
2017年	381	288 701	758	1 620	264 158	163	613	127 737	208	163	18 465	113
2018年	332	651 129	1 961	1 633	241 905	148	716	116 069	162	222	16 810	76
2019年	409	730 918	1 787	2 574	458 967	178	953	158 177	166	274	12 392	45
5年平均	335	403 664	1 204	1 600	257 875	161	560	125 055	223	174	26 977	155

三位一体

五、长三角高校科技创新服务经济社会发展能力分析
——基于长三角、京津冀高校比较

本部分根据表 7-1 所示的指标体系,从企事业单位委托、技术转让、专利申请和授权、专利出售 4 个维度出发,具体比较和分析了 2015—2019 年长三角、京津冀高校在 10 个指标上的变化趋势和省域间的差异情况。

(一)企事业单位委托

从企事业单位委托经费看,两地高校都基本保持了稳定的增长态势,经费总额最多的是长三角高校,这可能与长三角地区中小企业数量众多、技术需求量大有着密切联系。从企事业单位委托经费占总科技经费比重看,两地高校 5 年间的比重变化不大,接近 30%。可以看到,两地高校与地方经济社会发展的结合比较紧密。

图 7-5　2015—2019 年长三角和京津冀高校企事业单位委托经费情况

表 7-6　2015—2019 年长三角和京津冀高校企事业单位委托经费情况

时间	长三角高校		京津冀高校	
	企事业单位委托经费（千元）	企业事业单位委托经费占总科技经费比重（%）	企事业单位委托经费（千元）	企业事业单位委托经费占总科技经费比重（%）
2015 年	12 485 027	31.71	8 801 850	30.78
2016 年	12 070 604	27.43	9 362 151	31.35

续 表

时间	长三角高校		京津冀高校	
	企事业单位委托经费（千元）	企业事业单位委托经费占总科技经费比重（%）	企事业单位委托经费（千元）	企业事业单位委托经费占总科技经费比重（%）
2017年	14 222 947	28.18	10 215 639	30.88
2018年	16 016 704	28.00	11 227 381	28.87
2019年	18 860 116	27.39	13 136 389	28.61

（二）技术转让

从技术转让签订合同数看，两地存在一定差异。长三角高校呈现逐年增长的趋势，从2015年的2 923项增加到了2019年的5 411项；京津冀高校基本维持不变，甚至略有下降，在总量上也远小于长三角高校。

从技术转让合同金额看，长三角、京津冀高校5年间均没有呈现稳步增长趋势，长三角高校技术转让合同总金额较高，且与京津冀高校相比优势在持续扩大。从单项技术转让合同平均金额看，京津冀高校较高，约为78万元；长三角高校较低，约为35万元。可以看到，长三角高校单项技术转让合同平均金额不高，与京津冀高校相比有明显的差距，其总金额高主要是合同数量多的缘故。

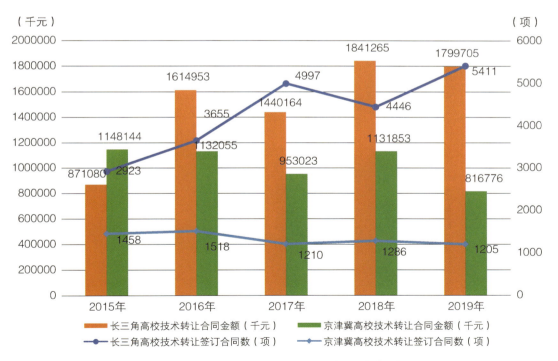

图7-6　2015—2019年长三角和京津冀高校技术转让情况

表7-7　2015—2019年长三角和京津冀高校技术转让情况

时间	长三角高校			京津冀高校		
	技术转让签订合同数（项）	技术转让合同金额（千元）	单项技术转让合同平均金额（千元）	技术转让签订合同数（项）	技术转让合同金额（千元）	单项技术转让合同平均金额（千元）
2015年	2 923	871 080	298	1 458	1 148 144	787
2016年	3 655	1 614 953	442	1 518	1 132 055	746
2017年	4 997	1 440 164	288	1 210	953 023	788
2018年	4 446	1 841 265	414	1 286	1 131 853	880
2019年	5 411	1 799 705	333	1 205	816 776	678
5年平均	4 286	1 513 433	353	1 335.4	1 036 370	776

从以上分析中可以看到，长三角高校技术转让合同数和合同金额显著高于京津冀高校，这可能与长三角地区高水平大学聚集、中小企业众多、技术交易市场相对成熟等因素有着密切的关系，它们共同促进了长三角高校技术转让规模的扩大。但也可以看到，长三角高校单项合同额偏低，这可能也是由中小企业多造成的，导致所签订的单项合同额都较小。

（三）专利申请和授权

从专利申请和授权看，长三角和京津冀高校5年间均保持了稳定的增长趋势，长三角高校专利申请量和授权量均较高，2019年分别达到了98 985项、56 871项，远高于京津冀高校，这与长三角地区高校多、地方政府重视知识产权工作等相关。

图7-7　2015—2019年长三角和京津冀高校专利申请和授权情况

表 7-8　2015—2019 年长三角和京津冀高校专利申请和授权情况

时间	长三角高校		京津冀高校	
	专利申请数（项）	专利授权数（项）	专利申请数（项）	专利授权数（项）
2015 年	61 585	42 209	21 576	13 918
2016 年	72 597	44 408	25 498	16 417
2017 年	78 484	46 751	27 586	17 842
2018 年	92 499	51 335	32 434	18 334
2019 年	98 985	56 871	34 822	21 051

（四）专利出售

从专利出售合同数看，两地高校存在一定差异。长三角高校专利出售合同数增长明显，从 2015 年的 1 206 项增加到了 2019 年的 4 210 项；京津冀高校总数明显偏少，未超过 1 000 项，尽管略有增长，但增长不稳定，并未保持增长趋势。

从专利出售合同金额看，长三角和京津冀高校也存在一定差异。长三角高校基本保持了稳定的增长趋势，2016 年、2018 年较上一年都有明显的跃升；京津冀高校表现较不稳定，没有呈现持续的增长趋势，虽然 2015 年、2016 年、2017 年均超过了长三角高校，但后续两年并未增长，甚至下降明显，较大地落后于长三角高校。

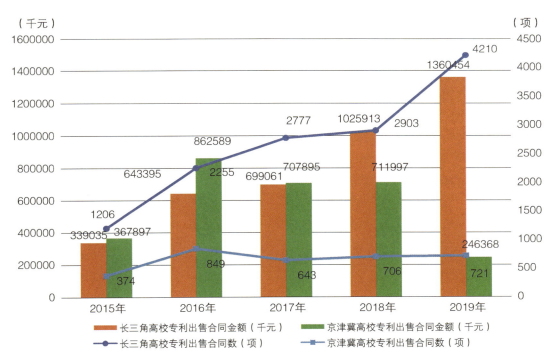

图 7-8　2015—2019 年长三角和京津冀高校专利出售情况

从单项专利出售合同平均金额看,京津冀高校较高,为 88 万元,长三角高校较低,为 30 万元。可以看到,长三角高校单项专利出售合同平均金额明显低于京津冀高校,其专利出售合同金额高主要是由合同数量大带来的。

从以上分析中可以看到,长三角高校专利出售合同数和合同金额均显著高于京津冀高校,这可能与长三角地区高校专利成果多、企业需求大、知识产权交易机制完善等有关。就单项合同金额看,长三角高校偏低,这可能与长三角地区中小企业多有关,合同多来自中小企业,并不能提供较高的合同金额。

表 7-9 2015—2019 年长三角和京津冀高校专利出售情况

时间	长三角高校			京津冀高校		
	专利出售合同数(项)	专利出售合同金额(千元)	单项专利出售合同平均金额(千元)	专利出售合同数(项)	专利出售合同金额(千元)	单项专利出售合同平均金额(千元)
2015 年	1 206	339 035	281	374	367 897	984
2016 年	2 255	643 395	285	849	862 589	1 016
2017 年	2 777	699 061	252	643	707 895	1 101
2018 年	2 903	1 025 913	353	706	711 997	1 008
2019 年	4 210	1 360 454	323	721	246 368	342
5 年平均	2 670	813 572	305	659	579 349	880

六、比较结论与建议

(一)比较结论

1. 上海市高校与长三角三省高校的比较结论

从上海市高校与长三角高校的比较来看,上海市高校在科技创新服务经济社会发展方面存在以下优势。

(1)技术转让合同金额、单项技术转让合同平均金额较高。尽管上海市高校技术转让合同金额在 2015—2019 年间并不稳定,但在 2016 年、2018 年、2019 年都表现出较高的水平。从单项技术转让合同平均金额看,上海市高校该均值约为 125 万元,远高于其他三省高校,也说明上海市高校所转让技术的质量较高,受到市场较高的认可。

(2)专利出售合同金额、单项专利出售合同平均金额较高。从 2015 年到 2019 年,上海市高校专利出售合同金额实现了较快的增长,到 2018 年、2019 年已经远高于其他三省高校,且从单项专利出售合同平均金额看,上海市高校该均值约为 120 万元,同样远高于其他三省高校，说明上海市高校专利质量较高，具有较大的市场化价值。

与此同时，也存在一些劣势。

（1）企事业单位委托经费占总科技经费比重有待提升。从 2015—2019 年发展趋势看，上海市高校企事业单位委托经费比重持续下降，从 2015 年最高的 33.07%，下降到 2019 年的 24.45%，反映出上海市高校从地区企事业单位中获取科技经费的能力在下降，进一步反映出上海市高校服务地区经济社会发展的能力变弱。

（2）技术转让合同数有待增加。从 2015—2019 年数据看，上海市高校技术转让合同数基本稳定在 400 多项，没有实现增长，更没有像江苏省、浙江省高校一样实现较快的增速。

（3）专利出售合同数有待增加。尽管 2015—2019 年，上海市高校专利出售合同数有一定程度的增加，但是增加并不稳定，有的年份也出现了下降趋势，特别是与江苏、浙江两省高校相比，总量增加幅度明显偏少。

2. 长三角高校与京津冀高校的比较结论

从长三角高校与京津冀高校的比较来看，长三角高校在科技创新服务经济社会发展方面存在以下一些优势。

（1）企事业单位委托经费及其占总科技经费比例均较高。从 2015—2019 年的数据来看，长三角高校企事业单位委托经费呈现相对稳定的增长趋势，且总额高于京津冀高校，企事业单位委托经费占总科技经费的比例相对稳定，与京津冀高校都处于较高的位置。说明从长三角高校整体看，其服务地区经济社会发展的能力与京津冀地区相比相对较高。

（2）技术转让合同数、合同额保持领先。长三角高校技术转让合同数从 2015 年到 2019 年实现了持续较快增长，而京津冀高校则基本保持稳定，没有实现增长，还略有下降。从总数看，长三角高校该指标总数也明显高于京津冀高校。此外，长三角高校技术转让合同额从 2015 年略低于京津冀高校，到 2019 年远超过京津冀高校，同样实现了较快的增长。

（3）专利申请和授权量持续保持高位。2015—2019 年，长三角高校专利申请和授权量持续领先，且领先优势持续扩大，从总量上看远高于京津冀高校。

（4）专利出售合同数和合同金额增长较快，总量领先。长三角高校专利出售合同数一直保持领先的地位，总量远高于京津冀高校，且优势持续扩大。长三角高校专利出售合同金额在 2015 年、2016 年、2017 年均落后于京津冀高校，但从 2018 年开始实现了反超，到 2019 年领先优势进一步扩大。

与此同时，也存在一些劣势。

（1）单项技术转让合同平均金额有待提高。长三角高校单项技术转让合同平均金额约为 35 万元，与京津冀高校（约 78 万元）相比差距较为明显。

（2）单项专利出售合同平均金额有待提高。长三角高校单项专利出售合同平均金额约为 31 万元，与京津冀高校（约 88 万元）相比差距较为明显。

（二）建议

1. 对上海市高校的建议

从上海市高校与长三角三省高校的比较中可以看到，上海市高校在技术转让合同金额、专利出售合同金额，以及两类合同单项平均金额方面处于相对优势地位，但在企事业单位委托经费占总科技经费比例、技术转让合同数、专利出售合同数指标上处于相对劣势的地位。未来，上海市高校在保持转让技术、专利质量的同时，需要进一步加强高校与企业、地方政府的合作力度，提升产学研合作的广度和频度，促进高校科技成果更多向企业转化。

（1）提升服务上海产业发展的水平。《上海市战略性新兴产业和先导产业发展"十四五"规划》确定了上海市三大核心产业——集成电路、生物医药、人工智能，以及六大重点产业——新能源汽车、高端装备、航空航天、信息通信、新材料、新兴数字产业。但从上海市高校学科布局、毕业生供给看，与三大核心产业、六大重点产业的耦合度仍有较大提升空间。上海市高校需要进一步针对上海市未来产业深度调整学科布局和专业设置，这是服务地方经济社会发展的基础性能力，如此才能为未来产业发展提供更强的科技支撑和人才支撑。

（2）提升服务长三角乃至全国产业发展的水平。从与江苏省、浙江省高校的对比中可以看到，江苏省、浙江省高校在技术转让、专利出售合同数的总量和增幅上都高于上海市高校，特别是近年来增幅更为明显。这可能是因为江苏省、浙江省两省企业众多，且近些年面临技术转型升级的压力，企业向高校寻求技术合作成为重要路径之一。相比而言，上海市缺乏企业多，特别是中小民营企业多的优势，在产学研合作数量上与两省存在较大差距。上海市高校应该积极发挥学科和人才优势，加强与长三角乃至全国相关企业的合作，在争取到更多产学研合作项目的同时服务好企业与区域发展。

2. 对长三角高校的建议

从长三角高校与京津冀高校的比较中可以看到，长三角高校在企事业单位委托经费及其占总科技经费比例、专利转让合同数与合同额、专利申请和授权量、专利出售合同数和合同额方面处于相对优势地位，但在单项技术转让合同平均金额和单项专利出售合同平均金额方面处于相对劣势地位。未来，长三角高校整体上要进一步提升转让技术和专利质量，实现更高质量的产学研合作。

（1）加强面向国家和长三角产业发展的协同创新。开展面向产业发展的协同创新，有助于产学研之间形成优势互补，产出高质量的科技成果。长三角高校众多，全国重点院校和一流学科聚集，应该积极发挥学科和人才优势，围绕国家重点产业相关领域和长三角重点发展产业，加强区域内高校、科研院所和企业的协同，形成若干面向特定产业发展的技术协同联盟甚至实体性研发机构，集区域内科技力量共同解决国家和区域产业发展急需的共性关键技术和工程技术难题。

（2）形成面向大企业的大团队和大合作。当前，在一些关系国计民生的传统行业领域，国有企业面临技术转型升级的压力，这些企业在所在行业占有重要地位、市场占有率高、体量大、科研经费充足，但是科研队伍和能力难以保障企业技术革新的需求。长三角高校应该积极面向这些大企业，形成跨校跨学科的科研团队，共同开展针对性研究，形成可持续的产学合作。这既有助于企业寻找到研究力量更雄厚的科研团队，也有助于高校寻找到长期的校企合作经费来源。

七、结　语

本研究基于《长三角教育现代化指标体系（试行）》提出的"普通高校服务社会经济发展的能力"需求，从《高等学校科技统计资料汇编》（教育部科技司）中搜集了相关数据，遴选设计了4个一级指标（企事业单位委托、技术转让、专利申请和授权、专利出售）、10个二级指标（企事业单位委托经费、企事业单位委托经费占总科技经费比重、技术转让签订合同数、技术转让合同金额、单项技术转让合同平均金额、专利申请数、专利授权数、专利出售合同数、单项专利出售合同平均金额、专利出售合同金额），以具体考察长三角高校科技创新服务经济社会发展情况。

研究首先比较了上海市高校与长三角其他三省高校的数据，发现上海市高校在科技创新服务经济社会发展方面存在一些优势：（1）技术转让合同金额、单项技术转让合同平均金额较高；（2）专利出售合同金额、单项专利出售合同平均金额较高。但也存在一些劣势：（1）企事业单位委托经费占总科技经费比重有待提升；（2）技术转让合同数有待增加；（3）专利出售合同数有待增加。

其次比较了长三角高校与京津冀高校的数据，发现长三角高校在科技创新服务经济社会发展方面存在一些优势：（1）企事业单位委托经费及其占总科技经费比例均较高；（2）技术转让合同数、合同额保持领先；（3）专利申请和授权量持续保持高位；（4）专利出售合同数和合同金额增长较快、总量领先。但也存在一些劣势：（1）单项技术转让合同平均金额有待提高；（2）单项专利出售合同平均金额有待提高。

最后提出了相关对策建议。针对上海市高校，本研究认为可以从提升服务上海产业发展的水平、提升服务长三角乃至全国产业发展的水平等两个方面出发进一步加强高校与企业、地方政府的合作力度，提升产学研合作的广度和频度，促进高校科技成果更多向企业转化。针对长三角高校，本研究认为可以从加强面向国家和长三角产业发展的协同创新、形成面向大企业的大团队和大合作等两个方面进一步从整体上提升转让技术和专利质量，实现更高质量的产学研合作。

未来的研究，一方面期望获得单所高校（至少是区域内重点大学）的数据，以高校为分析单位，对相关指标进行分析和比较；另一方面期望从单所高校的视角寻找若干典型案例，具体了解相关高校在科技创新服务经济社会发展方面的理念、举措、制度、成效等，以形成可供推广的经验。

8 长三角城市高水平人才吸引力研究报告

丁沁南

华东师范大学

一、引 言

高水平人才对于长三角区域战略发展至关重要。习近平总书记在 2021 年 9 月中央人才工作会议讲话中指出，要加快建设世界重要人才中心和创新高地，需要进行战略布局。综合考虑，可以在北京市、上海市、粤港澳大湾区建设高水平人才高地，一些高层次人才集中的中心城市也要着力建设吸引和集聚人才的平台，开展人才发展体制机制综合改革试点。高水平人才也是支撑全国吸引人才最活跃地区之一的长三角区域高速发展的核心竞争力。因此，有必要从长三角区域高水平人才的现状与结构、长三角区域高校是否能够服务区域发展对于高水平人才的要求等角度出发，对长三角区域城市高水平人才吸引力进行有针对性的研究。

长三角一体化发展需要协同、合作的人才策略。长三角人才市场协同发展是整合区域人才资源的重大战略举措，是促进长三角区域经济提升、产业结构升级的重要推动力。解释人口迁移的经典推拉理论认为收入差距是造成人口迁移的重要原因：流入地经济发展有利形成"拉力"，流出地经济发展不利形成"推力"。而高素质劳动力迁移具有特殊之处，比如对高校毕业生而言，生源地 A 和就学地 B 之外具有足够大吸引力的 C 就构成中介机会，出现中介机会可能为发挥人才中心的辐射作用、区域人才协同政策提供了基础。受行政区域的限制，长三角地区人才政策存在着一定程度的各自为政，制约了人才效能的最大发挥。比如，沪苏浙皖人才评价标准不统一、职业资格和技术等级尚未实现互认、养老、医疗等方面的社保衔接面临困难，一市三省人才市场处于相对独立的分割状态等。长三角区域整体人才开发是必然趋势，只有区域内各个城市人才资源开发联动发展，才能实现整个长三角区域人才开发的系统优化。

从毕业生初就业地选择入手构建城市吸引力指标体系。正如习近平总书记讲话所指出的，我国拥有世界上规模最大的高等教育体系……高校特别是"双一流"大学要发挥培养基础研究人才主力军的作用，全方位谋划基础学科人才培养，建设一批基础学科培养基地，培养高水平的复合型人才。长三角区域拥有着丰富的高等教育资源，"双一流"高校占全国高校总数的四分之一，在吸引本区域毕业生方面有着得天独厚的优势。如何用好宝贵的毕业生资源，需要从毕业生视角出发，关注毕业生初就业地的选择机制。目前关于城市吸引力的研究多从城市硬件出发,较少关注个体内在决策机制。舒适物理论等强调人的流动除了考虑经济、工作机会,也要考虑生活机会;要培育一种宽容的氛围,尊重人才对生活方式的选择,吸引人才的关键是打造适合人才聚集的生活区域,这比单纯的技术支持更重要。

二、现状:长三角区域高水平人才现状分析

(一)整体情况:上海领跑长三角高学历就业人口比例,但与北京差距较大

此部分主要进行省级层面整体趋势的比较,数据来自 2010—2019 年的《中国人口和就业统计年鉴》。

1. 本科学历就业人口占比及变化

上海市本科学历就业人口占总数的比例在长三角区域保持相对领先水平,其次为浙江省、江苏省、安徽省。上海市、浙江省、江苏省三地占比水平均在全国水平之上。

上海市 2013—2014 年期间增长速率相对较快,2014 年后增速放缓,2018—2019 年呈现下滑趋势;浙江省 2013—2015 年、江苏省 2014—2015 年期间增长速率相对较快,2015 年后增速放缓;安徽省 2015—2017 年期间增速下降,2017 年开始有所反弹。

表 8-1　2010—2019 年一市三省本科学历就业人口占总数比例

		2010年	2011年	2012年	2013年	2014年	2015年	2016年	2017年	2018年	2019年
一市三省	上海市	13.1%	14.6%	15.8%	16.4%	20.8%	22.0%	23.4%	25%	25.6%	25.3%
	江苏省	4.4%	5.4%	5.8%	6.1%	6.5%	10.0%	10.3%	10.8%	11.4%	11.7%
	浙江省	4.6%	6.4%	7.7%	7.7%	9.2%	11.5%	11.8%	12.9%	13.1%	13.7%
	安徽省	2.6%	2.9%	3.7%	3.7%	4.4%	5.6%	5.6%	5.2%	6.1%	7.8%
对照组	全国	3.7%	4.9%	5.2%	5.5%	6.2%	7.5%	7.7%	8.0%	8.5%	9.7%

图 8-1　2010—2019 年一市三省本科学历就业人口占总数比例变化

2. 研究生学历就业人口占比及变化

与本科生情况一致，上海市、浙江省、江苏省三地占比水平基本保持在全国水平之上。上海市研究生学历就业人口占总数的比例在长三角区域依旧保持相对领先优势，从变化趋势来看，在 2014—2015 年有较大幅度的增长，2015 年较 2014 年比例接近翻倍，之后增长趋势较为平缓。浙江省、江苏省、安徽省则相对而言比例较低，浙江省与江苏省均在 2016 年突破 1% 后，围绕 1% 小范围上下波动。

表 8-2　2010—2019 年一市三省研究生学历就业人口占总数比例

		2010 年	2011 年	2012 年	2013 年	2014 年	2015 年	2016 年	2017 年	2018 年	2019 年
一市三省	上海市	2.55%	1.83%	1.99%	2.15%	2.45%	4.80%	4.70%	4.80%	5.20%	5.90%
	江苏省	0.46%	0.56%	0.45%	0.59%	0.59%	0.90%	1.00%	0.90%	1.10%	1.30%
	浙江省	0.39%	0.46%	0.60%	0.56%	0.52%	0.80%	1.00%	1.00%	0.90%	1.40%
	安徽省	0.22%	0.30%	0.33%	0.31%	0.40%	0.40%	0.50%	0.40%	0.50%	0.70%
对照组	全国	0.39%	0.44%	0.48%	0.51%	0.55%	0.70%	0.80%	0.80%	0.90%	1.10%

图 8-2　2010—2019 年一市三省研究生学历就业人口占总数比例变化

3. 上海市、北京市本科以上学历就业人口占比比较

虽然上海市本科以上学历就业人口占比在长三角区域处于相对领先水平，但与北京市相比，仍存在较大差距。从时间变化上来看，2010—2014 年，差距有逐渐变大的趋势；2015 年北京市本科、研究生学历占比均出现了小幅度下降，之后两城差距保持在相对稳定的水平；2019 年研究生学历占比差距有进一步扩大的趋势。

表 8-3　2010—2019 年上海市、北京市本科及以上学历就业人口占总数比例

		2010年	2011年	2012年	2013年	2014年	2015年	2016年	2017年	2018年	2019年
本科	上海市	13.1%	14.6%	15.8%	16.4%	20.8%	22.0%	23.4%	25.0%	25.6%	25.3%
	北京市	19.2%	25.6%	27.5%	26.0%	29.5%	26.8%	27.6%	30.4%	31.6%	31.1%
研究生	上海市	2.6%	1.8%	2.0%	2.2%	2.5%	4.8%	4.7%	4.8%	5.2%	5.9%
	北京市	5.1%	6.8%	6.8%	7.1%	7.9%	6.1%	6.8%	7.2%	7.9%	9.6%

图 8-3　2010—2019 年上海市、北京市本科及以上学历就业人口占总数比例变化

（二）城市细分：中心城市人才集聚效应突出，经济产业发展与人才吸引互为增益

劳动力与经济发展之间具有正向相关关系。"人往高处走"，经济发达城市对于人才的吸引不言而喻，良好的人才发展环境和科技创新氛围，为人力资本发挥作用提供了保障，有利于增强人力资本对经济发展的推动力。人力资本对于经济增长的促进作用已成为全球范围内所达成的共识。此部分主要进行长三角 26 个城市本科以上学历就业人口占比的描述与比较。数据来自 2010 年第六次人口普查数据、2015 年 1% 抽样数据。

1. 2010 年 26 个城市本科及以上就业人口占比情况

结合表 8-4、图 8-4 可以看出，长三角区域中心城市上海、杭州、南京、合肥的人才聚集效应十分突出，尤其对于本科学历人才而言。中心城市对于人才的吸引，一方面在于其经济产业、社会发展的领先优势，另一方面也与其高等教育资源相对丰富所形成的本地人才优势有关，且两方面因素互为增益。

除中心城市外，宁波市、无锡市、常州市、苏州市、马鞍山市、铜陵市、舟山市相对而言在本科学历占比上也表现出一定优势，这可能是中心城市的辐射作用或人口基数较少

的缘故。在研究生学历占比中，以上城市的相对优势不再突出，只有杭州市、南京市等具有高等教育资源优势的城市继续保持。

表 8-4　2010 年长三角区域 26 个城市本科及以上就业人口占比

城市	上海市	杭州市	宁波市	嘉兴市	湖州市	绍兴市	金华市	舟山市	台州市
本科	13.13%	9.64%	4.91%	3.43%	3.39%	3.81%	3.19%	4.99%	3.06%
研究生	2.55%	1.44%	0.37%	0.16%	0.15%	0.19%	0.18%	0.21%	0.14%
城市	南京市	无锡市	常州市	苏州市	南通市	盐城市	扬州市	镇江市	泰州市
本科	11.44%	5.83%	5.22%	5.97%	2.82%	2.15%	3.75%	4.45%	2.73%
研究生	2.38%	0.43%	0.31%	0.63%	0.15%	0.10%	0.28%	0.37%	0.12%
城市	合肥市	芜湖市	马鞍山市	铜陵市	安庆市	滁州市	池州市	宣城市	
本科	7.78%	4.81%	5.11%	5.66%	2.44%	1.85%	2.52%	2.07%	
研究生	1.23%	0.53%	0.54%	0.38%	0.11%	0.11%	0.12%	0.09%	

图 8-4　2010 年长三角区域 26 个城市本科及以上学历就业人口占比情况

2. 2015 年 26 个城市本科及以上就业人口占比情况（缺少安徽省）

2015 年各城市之间的相对水平与 2010 年基本一致，常州市、南通市在本科生占比上增幅较大，舟山市、镇江市则在本科生占比相对较高水平的基础上，进一步提升了研究生占比的相对水平。

表 8-5　2015 年长三角区域 26 个城市本科及以上就业人口占比（缺安徽省）

城市	上海市	杭州市	宁波市	嘉兴市	湖州市	绍兴市	金华市	舟山市	台州市
本科	19.03%	13.96%	8.63%	5.87%	5.36%	6.01%	4.57%	7.12%	4.58%
研究生	3.92%	2.09%	0.70%	0.40%	0.21%	0.26%	0.23%	0.39%	0.22%
城市	南京市	无锡市	常州市	苏州市	南通市	盐城市	扬州市	镇江市	泰州市
本科	18.47%	10.11%	9.63%	9.27%	5.74%	3.27%	6.17%	6.25%	5.84%
研究生	3.92%	0.71%	0.69%	0.80%	0.29%	0.12%	0.42%	0.84%	0.19%

图 8-5　2015 年 26 个城市本科及以上学历就业人口占比情况（缺安徽省）

3. 2010 年、2015 年 26 个城市本科及以上就业人口占比对比

从图 8-6 与图 8-7 中可以看出，长三角区域 26 个城市本科及以上学历就业人口占比在 2010—2015 年均有所提升，其中本科学历占比的增长幅度相对而言更大，表现较为突出的城市有上海市、杭州市、南京市。研究生学历占比变化幅度较小（＜0.1%）的城市有湖州市、绍兴市、金华市、台州市、盐城市、泰州市。

三、潜力：长三角区域高校毕业生规模分析

高校毕业生作为高水平人才的重要组成部分，在社会活动中不断发挥能动性，为提高劳动效率、优化产业结构、促进经济增长提供了有利条件，而经济增长又为高等教育投入提供了保障，二者相辅相成。此部分主要对长三角一市三省高等教育毕业生的规模进行统计，数据来自 2010—2019 年的《中国教育事业统计数据》。

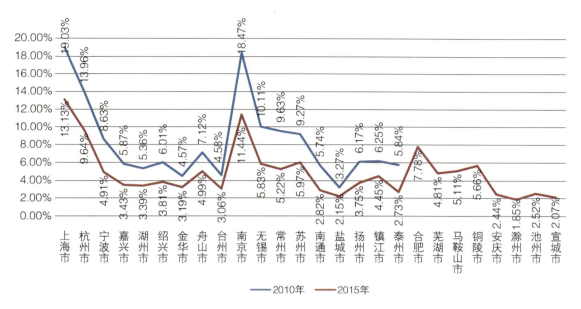

图 8-6　2010 年和 2015 年 26 个城市本科学历就业人口占比对比

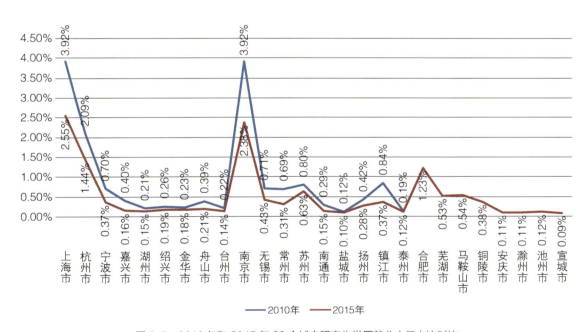

图 8-7　2010 年和 2015 年 26 个城市研究生学历就业人口占比对比

（一）普通高校本科毕业生数量及增长情况

1. 长三角一市三省整体水平

总体而言，江苏省本科毕业生体量最大。长三角区域内，上海市所占比例逐年减少，安徽省所占比例逐年增加，江苏省、浙江省相对而言变化不大。

表 8-6　普通本科毕业生数量（单位：万人）

	2010年	2011年	2012年	2013年	2014年	2015年	2016年	2017年	2018年	2019年
全国	259.05	279.62	303.85	319.97	341.38	358.59	374.37	384.18	386.84	394.72
北京市	11.01	11.12	11.38	11.41	11.51	11.77	12.00	12.14	12.03	12.11
上海市	7.83	8.42	8.57	8.46	8.51	8.54	8.77	8.69	8.58	8.56
江苏省	19.89	22.55	23.18	23.64	24.56	24.59	24.42	25.29	26.01	26.66
浙江省	10.89	11.68	12.62	12.82	13.42	14.03	14.62	14.61	14.93	15.17
安徽省	9.04	10.59	11.49	12.2	13.33	14.13	14.71	15.21	15.41	15.76

图 8-8　长三角和北京省普通本科毕业生数量变化情况

表 8-7　长三角普通本科毕业生分省市占比

	2010年	2011年	2012年	2013年	2014年	2015年	2016年	2017年	2018年	2019年
上海市	16.43%	15.82%	15.34%	14.81%	14.23%	13.93%	14.03%	13.62%	13.21%	12.94%
江苏省	41.74%	42.36%	41.50%	41.39%	41.06%	40.12%	39.06%	39.64%	40.06%	40.30%
浙江省	22.85%	21.94%	22.59%	22.44%	22.43%	22.89%	23.38%	22.90%	22.99%	22.93%
安徽省	18.97%	19.89%	20.57%	21.36%	22.28%	23.05%	23.53%	23.84%	23.73%	23.82%

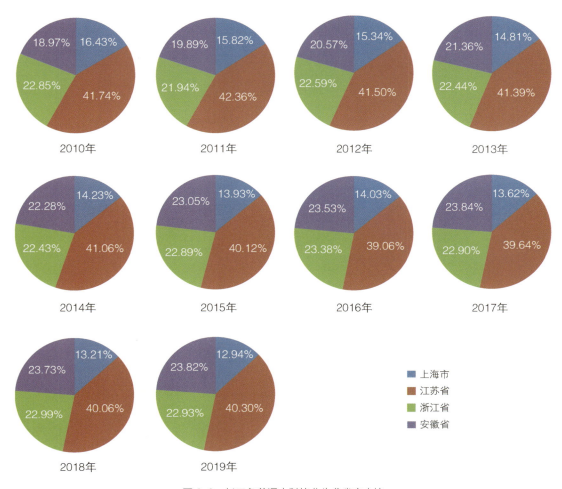

图 8-9 长三角普通本科毕业生分省市占比

2. 一市三省变化情况

以全国为参照，进一步分析一市三省的变化情况。结合以往数据分析，我国高校毕业生从 21 世纪以来迅速扩张，增长速率在 2002—2008 年相对较快，2008 年以后增长速率逐渐放缓，2018 年增长速率降至 1% 以下。但由于毕业生基数的增大，每年新增毕业生基本也可达到 10 万，保持了平稳、缓慢增长的态势。

长三角一市三省与全国趋势相比大致趋同：增长速率减缓，每年本科毕业生数量相对稳定。其中上海市相比而言增长速率下降更多，分别在 2013 年、2017 年、2018 年和 2019 年出现了毕业生人数减少的情况。

图 8-10　2010—2019 年全国普通高校本科毕业生增长情况

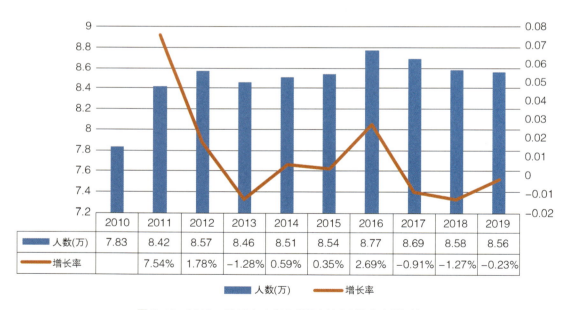

图 8-11　2010—2019 年上海市普通高校本科毕业生增长情况

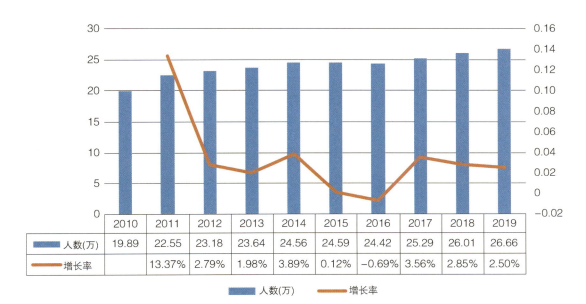

图 8-12　2010—2019 年江苏省普通高校本科毕业生增长情况

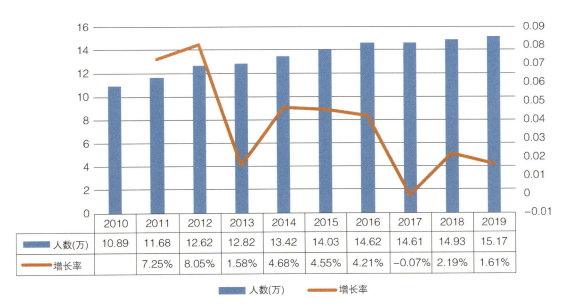

图 8-13　2010—2019 年浙江省普通高校本科毕业生增长情况

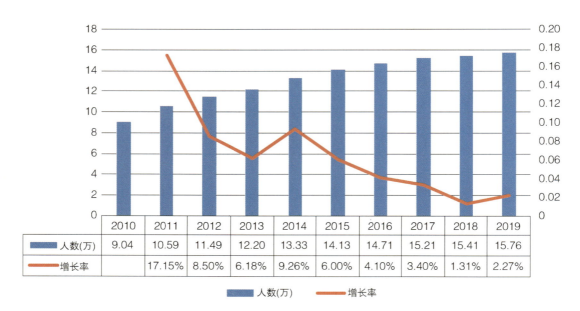

图 8-14 2010—2019 年安徽省普通高校本科毕业生增长情况

（二）普通高校研究生整体数量及增长情况

1. 长三角一市三省整体水平

与本科生情况不同，江苏省虽然在长三角区域高校研究生学历毕业生数量上处于相对优势，但总体而言与北京市相比差距较大。

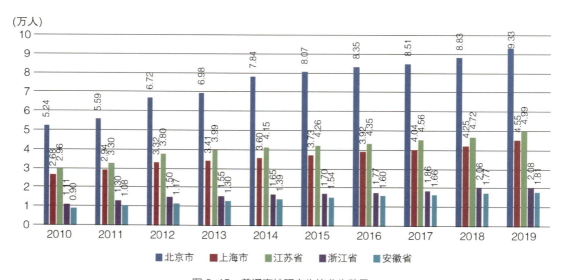

图 8-15 普通高校研究生毕业生数量

表 8-8 普通高校研究生毕业生数量（单位：万人）

	2010年	2011年	2012年	2013年	2014年	2015年	2016年	2017年	2018年	2019年
全国	36.98	41.57	47.6	50.24	52.88	54.42	55.64	57.03	59.75	63.24
北京市	5.24	5.59	6.72	6.98	7.84	8.07	8.35	8.51	8.83	9.33
上海市	2.68	2.94	3.32	3.41	3.60	3.73	3.92	4.04	4.25	4.55
江苏省	2.96	3.30	3.80	3.99	4.15	4.26	4.35	4.56	4.72	4.99
浙江省	1.11	1.30	1.50	1.55	1.65	1.70	1.77	1.86	2.06	2.08
安徽省	0.90	1.08	1.17	1.30	1.39	1.54	1.60	1.66	1.77	1.81

2. 长三角一市三省相对比例

与本科毕业生情况不同，长三角区域内部，虽然研究生毕业生占比最大的仍为江苏省，但上海市与之相比体量相差不大。从变化趋势来看，一市三省在相对比例上较为稳定。

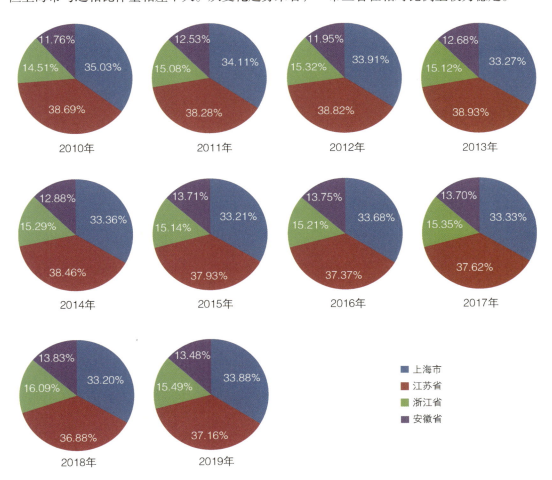

图 8-16 长三角普通高校研究生毕业生分省市占比

表 8-9 长三角普通高校研究生毕业生分省市占比

	2010年	2011年	2012年	2013年	2014年	2015年	2016年	2017年	2018年	2019年
上海	35.03%	34.11%	33.91%	33.27%	33.36%	33.21%	33.68%	33.33%	33.20%	33.88%
江苏	38.69%	38.28%	38.82%	38.93%	38.46%	37.93%	37.37%	37.62%	36.88%	37.16%
浙江	14.51%	15.08%	15.32%	15.12%	15.29%	15.14%	15.21%	15.35%	16.09%	15.49%
安徽	11.76%	12.53%	11.95%	12.68%	12.88%	13.71%	13.75%	13.70%	13.83%	13.48%

3. 分省市变化情况

以全国为参照,进一步分析一市三省的变化情况。从全国趋势来看,普通高校研究生学历毕业生数量在 2012 年取得较为显著的增长后,保持相对稳定。

长三角区域研究生学历毕业生数量变化趋势基本与全国趋同,在 2012 年取得较为显著的增长后,保持相对稳定。其中浙江省在 2018 年增长速度相对较快。

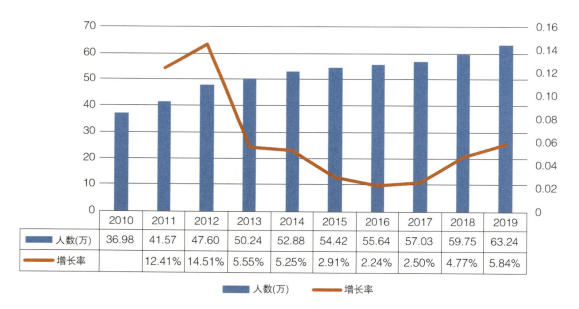

图 8-17　2010—2019 年全国普通高校研究生毕业生增长情况

图 8-18　2010—2019 年上海市普通高校研究生毕业生增长情况

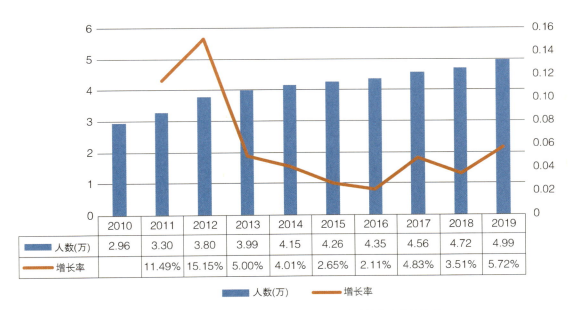

图 8-19　2010—2019 年江苏省普通高校研究生毕业生增长情况

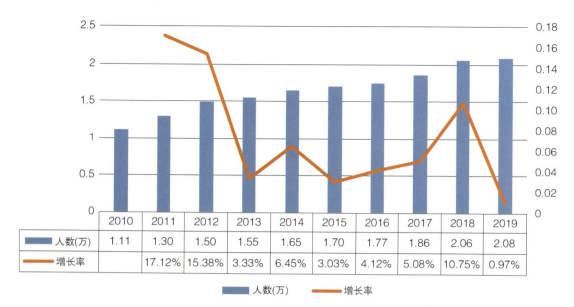

图 8-20　2010—2019 年浙江省普通高校研究生毕业生增长情况

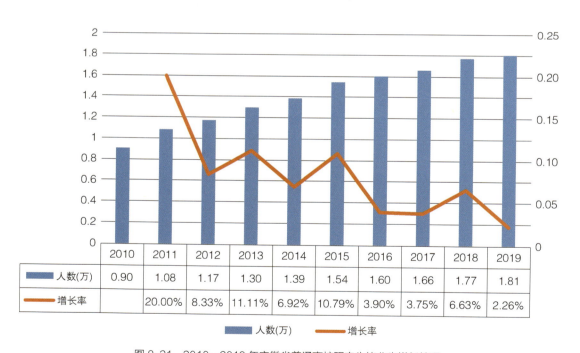

图 8-21　2010—2019 年安徽省普通高校研究生毕业生增长情况

四、流动：不同城市人才吸引力分析

（一）国内人口流动趋势

由于流动人口数据较难获得，可以将跨城求职者数据作为人口流动趋势的表征，对国内区域及城市间的人口流动情况进行推测。智联招聘利用平台跨城求职者数据信息，于2020—2022年连续三年公布《中国城市人才吸引力排名》。智联招聘拥有约2.6亿用户，在求职者中，约四成为流动跨城求职者，2021年跨城求职者比2020年增加了7.4%。从跨城求职者的人口学特征来看：年龄方面，流动人才中18—30岁占比64.4%，高于求职总体的59.4%，30岁以下人才更有可能跨城求职；学历方面，流动人才中56%为本科及以上学历，高于求职总体的47%，高学历人才更有可能跨城求职。这也从侧面验证了应届毕业生是流动人口的重要组成部分。以下总结来自《中国城市人才吸引力排名2022》中与国内人口流动趋势相关的部分，可为本研究提供背景参考。

1. 一线城市聚集态势明显

从2019年到2021年城市人才吸引力排名前十的名单来看，就业流向维持较为稳定的领先位置的城市有北京市、上海市、深圳市、广州市、杭州市；就业流向增加较为明显的城市有苏州市、武汉市、长沙市，就业流向减少较为明显的城市有天津市、南京市、宁波市。2021年应届生、硕士及以上人才将简历投向一线城市的占比分别为20.7%、30.0%，均高于流动人才流向一线城市的占比，应届生和硕士及以上人才更倾向往一二线城市集聚，尤其是硕士及以上人才，更倾向往一线城市集聚。

表8-10 智联招聘《中国城市人才吸引力排名》2019—2021年全国排名前十的城市

排序	2019年 城市	指数	2020年 城市	指数	2021年 城市	指数
1	上海	100.0	北京	100.0	北京	100.0
2	深圳	85.3	杭州	99.2	上海	90.4
3	北京	78.7	上海	98.6	深圳	87.7
4	广州	75.1	深圳	89.9	广州	81.5
5	杭州	69.5	广州	87.0	杭州	73.1
6	南京	53.2	南京	69.5	成都	70.5
7	成都	46.9	苏州	63.1	苏州	64.2
8	济南	39.4	成都	61.2	南京	61.1
9	苏州	37.3	宁波	59.7	武汉	51.0
10	天津	35.9	长沙	55.8	长沙	47.0

2. 城市群跨区流动性减弱

分城市群看，2021年超六成人才流向长三角、珠三角、京津冀、成渝、长江中游五大城市群，五大城市群合计人才流入占比从64.7%降至61.0%，人才流出占比从60.7%降至51.0%。其中长三角、珠三角、京津冀城市群人才流动性下降，长三角、珠三角人才持续集聚，京津冀人才净流出趋势继续放缓。

从人才流入流出看，长三角人才流入占比从23.7%降至20.9%，人才流出占比从19.0%降至13.4%；珠三角人才流入占比小幅下降，流出占比从12.2%降至8.9%；京津冀人才流入流出占比均呈下降趋势。

3. 未来人口流动趋势

任泽平团队发布的《中国人口流动趋势报告2022版》对全国336个地级及以上城市的历史数据进行分析，结合经济—人口比值、城市能级和区域发展特征等参数，对未来20年常住人口和城镇人口数据进行了预测。报告中与城市吸引力相关的主要结论如下。

第一，流动人口保持向大都市圈、城市群集聚趋势。

分南北看，未来南北人口数量差距将进一步扩大，随着总人口进入负增长阶段，南北人口均有收缩，但南方收缩规模明显小于北方；分省级看，未来跨省人口变动将呈现粤苏闽浙人口集聚和东北三省人口流出趋势，人口持续从经济欠发达地区流出，流入经济发达地区；分地级看，未来中国人口将继续向核心城市集聚，预计2020—2040年深圳市、成都市、合肥市常住人口年均增量将超18万。

第二，人随产业走、人往高处走。

报告认为，决定人口集聚的关键是该区域经济规模及与本国其他地区的人均收入差距。未来人口继续向大城市群集聚，预计2020—2040年长三角、珠三角合计人口年均增量合计将超过百万，成为人口集聚高地。分城市群看，未来人口持续向大城市所在城市群集聚，预计2020—2040年上海都市圈常住人口年均增量将超过30万，长三角、珠三角合计人口年均增量合计将超过百万，成为人口集聚高地。预计2020—2040年十大城市群人口占比将从74.0%升至77.1%。

（二）高校毕业生流动分析

在劳动力自由流动的大背景下，区域人才争夺及人力资本布局也在不断发生着变化、并表现出了一定的规律特点与区域差异。

本部分以"双一流"高校毕业生为主要分析对象，根据各个学校公开发布的2021届毕业生就业质量报告，对该年度毕业生就业流动情况进行统计，以此初步分析不同地区对于高校毕业生的吸引力。除9所未公布的学校外，重点对京津冀、长三角、粤港澳三个区域城市群，及其他地区的高校毕业生情况进行分类比较。以期基于毕业生流动趋势对城市群人才吸引特征进行总结和分析。

主要得到以下初步结论：毕业生对生源地和高校所在地的就业黏性较大；从区域吸引力而言，京津冀、长三角、粤港澳区域的吸引力普遍较高，涵盖了大部分"双一流"高校就业比例前十，其中选择粤港澳就业的毕业生比例呈上升趋势；从学历层次综合来看，本科毕业生留在学校所在地的比例相对较高，硕士毕业生在流动性上有更多的选择空间，博士毕业生多选择高等教育及科研资源集中的城市或区域。

1. 京津冀区域"双一流"高校毕业生就业流动情况

（1）北京市

由表8-11可以看出，留在北京市就业的毕业生人数占比相对而言是最大的，体现出高校所在地对于本地毕业生较高的吸引黏性。另外，留京毕业生占比呈现出随学历层次上升而增加的趋势，可能是由北京户口在学历门槛上的要求所导致的。

除北京市之外，北京市高校毕业生选择较多的就业省份包括广东省、上海市、浙江省、江苏省、四川省、山东省、河北省、重庆市等。长三角、粤港澳、川渝城市群表现出对于毕业生较强的吸引力，同时北京市对于河北省、山东省等邻近地区一定的辐射效应。需要注意的是，北京地区高校毕业生对于广东（深圳）的选择比例，有超越上海的趋势；而长三角地区一市三省的整体吸引力较强。

表8-11 部分北京市高校2021届毕业生就业地分布情况

		北京市	广东省	上海市	浙江省	江苏省	安徽省
北京大学	本科	42.33%	12.14%	14.06%	5.59%	3.35%	/
	硕士	45.63%	17.56%	11.94%	5.22%	2.13%	/
	博士	53.10%	10.28%	10.14%	4.08%	3.72%	/
清华大学	本科	16.1%	18.3%	22.6%	3.9%	4.3%	/
	硕士	38.4%	15.0%	16.4%	7.1%	2.7%	/
	博士	55.9%	7.7%	7.8%	4.3%	4.0%	/
北京航空航天大学	本科	53.50%	7.78%	3.58%	5.75%	2.49%	1.56%
	硕士	61.72%	4.83%	7.18%	2.84%	2.99%	0.54%
	博士	65.45%	4.13%	4.46%	3.14%	2.48%	0.99%
北京交通大学	本科	38.72%	11.23%	3.86%	/	/	/
	研究生	57.63%	5.49%	3.05%	/	/	/
北京邮电大学	/	45.48%	12.56%	4.52%	2.86%	1.54%	1.21%
中国政法大学	本科	39.02%	3.66%	8.13%	4.07%	1.63%	2.44%
	硕士	52.43%	6.52%	5.16%	3.91%	3.80%	0.42%
	博士	64.83%	2.07%	2.07%	2.07%	0.69%	2.76%
北京化工大学	/	40.33%	3.84%（深圳）	2.97%	1.97%（杭州）	/	/
中国传媒大学	/	57.04%	3.26%（深圳）	3.84%	/	/	/
中国地质大学	/	35.16%	3.13%（深圳）	3.65%	2.78%（杭州）	3.32%	/

（2）天津市

天津市高校毕业生就业地选择以天津市、北京市居多。在两所"双一流"学校中，南开大学2021届毕业生主要就业地区排名前五位的是天津市、北京市、江苏省、广东省、山东省；天津大学2021年数据则未完全公开，表8-12中以2020年毕业生就业质量报告作为参考，基于天津大学2021届毕业生目前公布的数据，62.74%的就业地分布在华北地区，其中留津率达40.38%。

除"双一流"高校之外，天津市高校毕业生同样表现出较高的留津就业比例，且呈逐年上升趋势。天津医科大学、天津科技大学、天津财经大学2021届本科毕业生选择留津就业的比例分别为53.73%、49.23%、48.79%，相对而言高于南开大学、天津大学。南开大学、天津大学两所学校有相当比例的毕业生选择了去北京就业。与此同时，天津滨海新区对于应届毕业生落户的利好政策也成为吸引高校学生的重要因素。

表8-12 部分天津市高校2021届毕业生就业地分布情况

		北京市	天津市	广东省	上海市	浙江省	江苏省	安徽省
南开大学		/	18.24%	29.79%	5.33%	4.65%	3.66%	8.34%	/
天津大学（2020）	本科	10.28%	34.33%	6.28%	4.70%	2.98%	3.11%	0.95%
	硕士	19.87%	32.21%	9.15%	5.79%	4.37%	4.37%	0.79%
	博士	15.59%	32.97%	5.66%	2.76%	4.55%	3.45%	1.66%

2. 长三角区域"双一流"高校毕业生就业流动情况

（1）上海市

从复旦大学、上海交通大学、华东师范大学三所上海市"双一流"高校公布的毕业生就业数据来看，有相当高比例的毕业生选择在上海市就业，这一比例高于北京市高校毕业生留京就业的比例。这可能与2021年上海市应届毕业生落户政策的放宽有关。

从上海市外就业比例来看，上海市高校毕业生对长三角区域有一定的偏好，但从实际选择比例来看，略逊于广东省，说明上海市高校毕业生资源对于长三角区域的辐射作用有限。

表8-13 部分上海市高校2021届毕业生就业地分布情况

		北京市	广东省	上海市	浙江省	江苏省	安徽省
复旦大学	本科	5.45%	5.86%	69.53%	3.77%	3.04%	1.05%
	硕士	5.47%	6.76%	68.95%	6.53%	4.15%	0.58%
	博士	2.65%	4.08%	67.10%	4.31%	3.48%	1.82%
上海交通大学		/	/	/	66.84%	/	/	/
华东师范大学		/	2.19%	5.42%	58.54%	7.02%	4.84%	/

（2）江苏省

南京大学毕业生以江苏省为就业地首选项，其次为上海市。选择在长三角区域就业的毕业生比例超过60%。广东省和北京市同样具有较高的吸引力，但总体而言选择广东就业的毕业生比例更高。东南大学2021届毕业生就业取向分布前六名的省级行政区分别为：江苏省、上海市、浙江省、广东省、北京市、安徽省。选择长三角区域就业的本、硕、博学生比例分别占该学历层次总人数的63.42%、76.27%、68.95%。

表8-14　部分江苏省高校2021届毕业生就业地分布情况

		北京市	广东省	上海市	浙江省	江苏省	安徽省
南京大学	本科	4.92%	10.85%	12.19%	4.70%	**47.99%**	0.45%
	硕士	6.46%	8.00%	13.18%	8.71%	**50.26%**	2.55%
	博士	4.72%	5.30%	8.99%	6.22%	**47.70%**	3.69%
东南大学	本科	/	/	63.42%（长三角）			
	硕士	/	/	76.27%（长三角）			
	博士	/	/	68.95%（长三角）			

（3）浙江省

浙江大学尚未公布2021届毕业生数据，以2020届作为参考。虽然其并未给出选择具体就业地所对应的毕业生比例，但从重点区域就业情况分布来看，有八成左右的毕业生选择了长江经济带就业，本、硕、博比例分别为80.02%、77.71%和78.33%，而选择粤港澳大湾区的本、硕、博比例分别为6.97%、10.91%和6.32%；选择京津冀地区的本、硕、博比例分别为4.68%、5.69%和4.91%。

表8-15　浙江大学2020届毕业生就业地分布情况

	长江经济带	京津冀地区	粤港澳大湾区	西部地区
本科	80.02%	4.68%	6.97%	6.86%
硕士	77.71%	5.69%	10.91%	4.11%
博士	78.33%	5.30%	9.08%	4.80%

（4）安徽省

中国科技大学2021届毕业生在安徽省就业的人数最多，为1 130人，占29.8%；其次是去上海市、江苏省、北京市、广东省、浙江省等一线城市和沿海经济发达地区，西部地区相对集中在四川省。

表 8-16 中国科技大学 2021 届毕业生就业地分布情况

	安徽省	上海市	江苏省	北京市	广东省	浙江省
本科	50.40%	9.40%	4.90%	5.40%	11.20%	5.40%
硕士	26.40%	29.70%	13.20%	9.90%	10.00%	9.70%
博士	33.50%	9.30%	11.00%	9.30%	6.00%	6.80%

3. 粤港澳大湾区"双一流"高校毕业生就业流动情况

2021 年，中山大学去往"一带一路"建设地区就业的有 6 749 人，粤港澳大湾区就业 5 716 人，长江经济带就业 1 121 人，西部地区就业 478 人，京津冀协同发展区域就业 283 人，所占比例如表 8-17 所示。

华南理工大学未公布粤港澳就业的具体人数，留在广州市本地就业的比例为 37.02%，前往京津冀、长江经济带及西部地区就业的毕业生比例与中山大学大体相当。

表 8-17 中山大学、华南理工大学 2021 届毕业生就业地分布情况

学校	学历层次	粤港澳	京津冀	长江经济带	西部地区
中山大学	本科	16.50%	0.88%	3.04%	1.64%
	硕士	46.56%	2.33%	9.39%	3.71%
	博士	10.23%	0.41%	1.95%	0.78%
	总计	73.30%	3.63%	14.38%	6.13%
华南理工大学	本科	/	1.00%	4.26%	3.01%
	硕士	/	2.36%	8.74%	2.72%
	博士	/	0.07%	0.93%	0.62%
	总计	37.02%（广州市）	3.43%	13.93%	6.35%

4. 其他地区双一流高校毕业生就业流动情况

本部分对京津冀、长三角、粤港澳三大战略区域外的"双一流"高校毕业生就业流动情况进行统计。为方便归类比较，按照国家统计局编印的《中国统计年鉴 2019》对经济区域的划分，具体按照东北地区、中部地区、东部地区（不含京津冀、长三角、粤港澳）、西部地区进行分类比较。

（1）东北地区

综合东北地区吉林大学、大连理工大学、东北大学三所高校毕业生就业质量报告所公布的就业地流向占比前十名，得到表 8-18 的统计结果，其中京津冀区域主要选择北京市；长三角区域主要选择上海市、浙江省、江苏省；粤港澳大湾区主要选择广东省。除上述地区

外，山东省也是东北地区高校毕业生选择较多的就业地。

从大连理工大学2019—2021年的毕业生就业地域流向来看，辽宁省内就业的本科毕业生比例逐年降低，分别为40.85%、18.96%、18.62%，存在一定人口外流的现象。与此同时，毕业生选择京津冀、长三角、粤港澳区域作为就业地的比例呈上升趋势。2019—2021年本科毕业生前往北京市就业的比例分别为9.96%、12.21%、11.74%；前往长三角区域就业的比例分别为14.76%、18.3%、19.06%；前往广东省就业的比例分别为9.53%、14.76%、13.72%。

表8-18 东北地区部分高校2021届毕业生就业地分布情况

		学校所在地	京津冀	长三角	粤港澳	山东省
吉林大学	/	24.89%（吉林省）	12.73%	16.64%	11.30%	7.81%
大连理工大学	本科	18.62%（辽宁省）	12.07%	19.06%	13.72%	7.00%
	研究生	19.76%（辽宁省）	17.00%	22.34%	9.96%	9.19%
东北大学	本科	15.10%（辽宁省）	16.10%	14.10%	14.10%	8.40%
	研究生	33.30%（辽宁省）	20.60%	13.40%	6.20%	6.90%

（2）中部地区

中部地区的"双一流"高校主要有位于湖北省的武汉大学、华中科技大学，湖南省的中南大学、湖南大学，及河南省的郑州大学。其中郑州大学公布的数据为河南生源的就业选择，仅作为参考。

从毕业生就业流向来看，湖北省、湖南省两地高校毕业生留在本地就业的居多，且有随学历层次上升比重增加的趋势。其次毕业生流向占比较大的省份为广东省，高于北京市、上海市。就长三角区域内部而言，上海市并没有表现出很突出的优势，选择浙江省、江苏省就业的毕业生比例有超越上海市的趋势。

表8-19 中部地区部分高校2021届毕业生就业地分布情况

		毕业生就业地流向前5名				
武汉大学	/	湖北省 30.45%	广东省 18.92%	北京市 6.57%	浙江省 6.20%	江苏省 6.08%
华中科技大学	/	湖北省 33.91%	广东省 21.33%	上海市 7.95%	北京市 6.22%	浙江省 5.02%
中南大学	本科	湖南省 31.98%	广东省 21.56%	北京市 5.11%	浙江省 4.53%	上海市 3.35%
	硕士	湖南省 40.81%	广东省 18.58%	湖北省 4.87%	北京市 3.98%	上海市 3.91%
	博士	湖南省 58.47%	广东省 9.61%	浙江省 4.35%	北京市 2.52%	上海市 2.40%

续 表

		毕业生就业地流向前 5 名				
湖南大学	本科	广东省 24.31%	湖南省 23.21%	北京市 4.71%	浙江省 4.56%	湖北省 4.41%
	硕士	湖南省 40.59%	广东省 18.25%	湖北省 4.85%	上海市 4.37%	浙江省 4.13%
	博士	湖南省 50.58%	广东省 10.81%	河南省 5.41%	浙江省 4.63%	北京市 3.86%
郑州大学（河南生源）	/	河南省 64.48%	广东省 5.16%	北京市 4.78%	上海市 3.96%	浙江省 3.56%

（3）东部地区

东部地区部分"双一流"高校已经在前面重点区域的部分分析过，此部分主要包括山东省的山东大学、中国海洋大学，以及福建省的厦门大学。从毕业生就业流向来看，三所高校毕业生留在本地就业的居多，且有随学历层次上升比重增加的趋势。其次毕业生流向占比较大的地区为长三角、粤港澳和京津冀区域。

表 8-20 东部地区部分高校 2021 届毕业生就业地分布情况

		毕业生就业地流向前 5 名				
山东大学	/	山东省 58.79%	北京市 6.40%	广东省 5.15%	江苏省 5.06%	上海市 3.92%
中国海洋大学	本科	山东省 37.48%	粤港澳 15.54%	长三角 11.77%	京津冀 7.77%	/
	硕士	山东省 61.03%	长三角 14.78%	京津冀 9.67%	粤港澳 4.43%	/
	博士	山东省 57.20%	长三角 13.06%	京津冀 8.56%	粤港澳 5.86%	/
厦门大学	本科	福建省 38.30%	广东省 19.70%	北京市 6.70%	上海市 6.00%	浙江省 6.00%
	硕士	福建省 33.80%	广东省 20.10%	上海市 8.70%	浙江省 8.20%	江苏省 6.30%
	博士	福建省 41.30%	广东省 10.40%	浙江省 7.00%	北京市 4.00%	江苏省 3.60%

（4）西部地区

西部地区的"双一流"高校主要有位于四川省的四川大学、电子科技大学，重庆市的重庆大学，陕西省的西安交通大学，以及甘肃省的兰州大学。其中兰州大学尚未公布 2021 年毕业生数据，仅以 2020 年数据作为参考。

从毕业生就业流向来看，四川省、重庆市两地高校毕业生留在本地就业的居多。其次毕业生流向占比较大的为广东省，高于流向北京市、上海市的比例。西安交通大学、兰州大学除留在本地就业的毕业生外，前往长三角、华东、中南区域的人数比例较高。

表 8-21 东部地区部分高校 2021 届毕业生就业地分布情况

		毕业生就业地流向前 5 名				
四川大学	/	四川省 50.96%	广东省 8.38%	北京市 4.58%	重庆市 4.56%	江苏省 3.77%
电子科技大学	/	川渝 41.29%	广东省 17.63%	长三角 15.39%	京津冀 14.19%	/
重庆大学	/	重庆市 34.20%	四川省 15.85%	广东省 9.66%	北京市（比例未公布）	上海市（比例未公布）
西安交通大学	/	/	长三角 17.45%	粤港澳 9.36%	京津冀 9.30%	/
兰州大学（2020 届）	本科	甘肃省 36.30%	华东地区 21.08%	中南地区 14.49%	华北地区 10.43%	西南地区 8.46%
	硕士	甘肃省 37.07%	中南地区 19.32%	华东地区 16.25%	华北地区 9.84%	西南地区 5.96%
	博士	甘肃省 51.21%	华东地区 17.43%	中南地区 11.53%	华北地区 7.24%	西北地区 7.24%

5. 分析与讨论

综合上述数据资料，从"双一流"高校毕业生公开发布的就业质量报告中，总结高校毕业生的就业地选择。由于不同高校所公布信息的内容、结构和详细程度各不相同，因此只能以此作为基础资料，尝试初步分析不同地区对于高校毕业生的吸引力。主要得到以下四方面的结论。

第一，从毕业生与就业地关系而言，毕业生对生源地和高校所在地就业有黏性，其中高校所在地的黏性更大。选择在高校所在地就业的毕业生比例在 30%—60% 之间，长三角、粤港澳对本区域高校毕业生的吸引力相对而言更高。根据南方科技大学粤港澳大湾区高等教育大数据研究中心 2021 年发布的调查数据，广东省地区 2018 年、2019 年、2020 届高校毕业生选择在当地就业的人数比例为 94.8%，而长三角区域这一比例为 87.7%。同时从省外高校毕业生流入的比例来看，广东省就业的高校毕业生有 50.9% 来自省外，长三角相对应的比例为 31.2%。

第二，从区域吸引力而言，粤港澳大湾区呈相对上升趋势，尤其是对东北及中部地区高校的毕业生。中国联通大数据智慧足迹依托"人口+"大数据，结合智慧足迹时空搜索算法模型，以 2019 年 12 月为节点，对 2019 年全国 31 省市重点高校的毕业生、全国 327 个地市进行统计分析，计算出 2019 年全国高校毕业生数据共 822 万。在净流入方面，广东省对全国毕业生的吸引力最高；2019 年毕业后留在本地和外地流入的毕业生共计 76 万人，也是全国毕业生净流入最多的省市，超过 21 万人毕业后来到这里。其次是北京市、浙江省、上海市，净流入规模均在 5 万人以上。毕业生净流出最高的前五个省份则为江西省、黑龙江省、湖南省、吉林省、安徽省，均在 5 万人以上。加上排名第七的辽宁省，东北三省在 2019 年共计净流出毕业生超过 16 万人。

第三，从学历层次综合来看，本科毕业生留在学校所在地的比例相对较高，如有落户等政策利好则更有利于吸引本地高校的本科毕业生；而硕士毕业生由于具有相对的学历优势，一方面可以更好地满足用人方的要求，另一方面更容易达到就业地落户的学历门槛，因此在流动性上具有更多的选择权。这也符合以往研究对于学历层次与流动性关系的阐述。而博士毕业生就业单位相对集中在高校、科研机构及部分企业，因此更倾向选择流向资源较为集中的超一线、一线城市。

第四，区域中心或成为"Z 世代"青年的就业偏好。不同于以往毕业生对于超一线城市的绝对青睐，2000 年后出生的"Z 世代"青年在就业地选择上表现出更多元化的趋势。求职平台"前程无忧"所公布的《2021 重点大学生需求和求职报告》显示，2020 年之后，"工作地点"成为毕业生越来越重要的一个求职"考量"，2019—2021 年对"工作地点"敏感的受访毕业生比例分别为 36%、62% 和 74%。在哪里工作不仅需要考虑"卫生安全"，也意味着高房租和大量的通勤时间，对实际收入获得和辛苦程度的匹配让很多人愿意选择区域中心而非一线城市。求职者对于广州市、杭州市、南京市、成都市等新一线或二线城市的偏好，可以成为城市吸引人力资本、赋能区域发展的新机会点。

学习型城市

9 长三角教育现代化监测视域下国际学习型城市监测指标体系的比较与启示

国卉男

上海市教育科学研究院

促进人的全面发展，实现人的现代化是增进人民福祉、推进现代化建设的本质要求。实践已经表明，建设全民终身学习的学习型城市，提高每个人的学习能力，是通过全面发展实现个体现代化的有效途径。《中国教育现代化2035》将"更加注重终身学习"列为中国教育现代化的八大基本理念之一，并将"建成服务全民终身学习的教育体系"列为2035年主要发展目标，以全民终身学习为主要表现特征的学习型城市将继续加速推进。2014年8月，教育部联合中央文明办、国家发展改革委、民政部、财政部、人力资源社会保障部、文化部签发的《关于推进学习型城市建设的意见》，提出"建立健全终身学习的统计信息体系，研制监测评估指标体系，支持社会组织等第三方开展学习型城市建设与发展状况评价和监测活动"。学习型城市指标体系，凝聚着实践对于相关理念的贯彻、策略的设计、机制的采纳等，是各国、各城市推进具体工作的详细蓝图。因此，在长三角教育现代化监测的大框架下，结合对区域教育现代化监测的探索，对学习型城市建设指标的研究能够拓宽监测的广度，围绕终身教育和终身学习，能够促进对"人的现代化""城市的现代化"等概念的深入理解。

一、长三角教育现代化监测的基本背景

学习型城市建设已被视为关系中国"实现教育现代化，迈入教育强国行列，成为学习大国、人力资源强国和人才强国"的重要环节，是关系"决胜全面建成小康社会、实现新时代中国特色社会主义发展"的重大战略。

（一）学习型城市建设是教育现代化发展的共同指向

进入21世纪时，全球范围内已经有超过1 000个城市在探索学习型城市建设。[①] 为通过经验总结与交流以更富成效地推进相关工作，联合国教育科学与文化组织（UNESCO）连续在中国北京市、墨西哥墨西哥城、爱尔兰科克市、韩国延寿市组织召开了四届学习型城市大

[①] 高志敏，贾凡，蒋亦璐. 帕提农神庙·学习型城市——UNESCO全球学习型城市评价指标体系解读[J]. 教育发展研究，2013，33（11）：6-13.

会，来自百余个国家的部长和副部长、市长和副市长、教育主管以及国际性组织、地区性组织和社会性组织的教育专家和代表，相互分享了学习型城市建设的知识与经验。2013年10月，首届大会在北京召开，会议一致通过《建设学习型城市北京宣言》和《学习型城市的关键特征》，前者充分肯定了终身学习对于城市未来发展的极端重要性，后者则提供了一份可供对照的详细清单供各方在实践中加以参考[1]。2015年9月，在墨西哥城历史悠久的古建筑中召开了第二届大会，基于全体代表的共识，形成了《关于建设可持续学习型城市的墨西哥城声明》，回应了联合国《2030年可持续发展议程》中关于"教育""城市及社区"可持续发展的目标，列举了推进可持续学习型城市建设的十大战略方向和八大行动呼吁，拓展了学习型城市建设理论研究以及实践推广的视野思路[2]。2017年9月，科克第三届国际学习型城市大会继承和发扬前两届大会的精神与共识，发布了《建设学习型城市科克行动倡议》，明确了学习型城市建设的全球目标与地方行动，号召着力在地方层面改善利益相关方的合作关系，寻求切实有效的方式评估推进效果，成为全球推进学习型城市的重要指导性文件[3]。其间，UNESCO于2012年发布了"全球学习型评价指标体系初步框架"（A Preliminary Framework of the UNESCO Global Learning City Index），这是一份凝聚了全球关于学习型城市建设广泛经验共识的指标体系，引起了各方关注，许多国家根据自身的实际情况对此进行了领会、解读与运用，提出了应用于实践的具体指标体系。

伴随着这一过程，关于"学习型城市指标体系"的专题研究也逐渐丰富了起来，成为近年来涉及学习型城市相关研究的一个重要主题，覆盖了三个方面的内容：一是，指标体系构建的理论讨论，主要是对构建意义、原则、方法等核心内容的阐述；二是，个案研究，对国际组织、国家及城市的指标体系进行系统深入的讨论；三是，实证研究，利用既有的或自建的指标体系对某地、某区域的建设工作进行"绩效评估"。虽然相关研究的成果数量颇多，但是整体研究还较为表面，尤其是对核心原则、内容等论述缺少全面考量与深入挖掘，建立一个真正符合我国特色实践探索的综合统一、更富成效及操作性、与国际接轨的指标体系仍然依赖更加深入的系统研究[4]。其中，对既有指标体系的横向比较分析尤具启发意义。

（二）学习型城市监测对于长三角教育现代化监测的意义

学习型城市概念是在终身教育理念发展背景之下产生的。基于该概念，主要在

---

[1] 庄俭.全民学习：城市的包容、繁荣与可持续发展——联合国教科文组织"首届国际学习型城市大会"综述[J].当代继续教育，2013，31（6）：4-6+12.
[2] 卫宏，桂敏，张翠珠，蒋莉.建设可持续发展的学习型城市——第二届学习型城市大会会议综述[J].中国成人教育，2016（2）：4-11.
[3] 刘雅婷，叶笑寒，黄健，高小军.学习型城市建设：全部门与跨部门的协同治理——UIL终身学习国际咨询论坛概述[J].教育发展研究，2019，39（1）：77-84.
[4] 陶孟祝.回望与前瞻：我国学习型城市研究述评——基于CSSCI数据库（2000—2018年）的分析[J].河北大学成人教育学院学报，2018，20（4）：53-61.

UNESCO、经济合作与发展组织（OECD）、欧盟等国际组织的推动下，采用教育监测的方式，以评促建，规范和促进全球学习型城市的建设与发展，也形成了优质学习型城市集群。在我国，长三角教育现代化监测涵盖了区域内多个教育领域，涉及多个教育环节，其部分基础性内容可以成为学习型城市建设监测的重要组成部分，同时学习型城市建设监测也可以丰富和深化对教育现代化的认识。

长三角地区被称为全球第六大都市圈，在这一范围内进行学习型城市建设监测，以及监测城市群的终身学习发展等，无论对区域教育现代化发展，还是对区域可持续发展都具有重要的意义。因此，在长三角教育现代化监测大体系的支持下，实施学习型城市监测，应当以价值追求为肇始，引领制度的形成与发展；以促进制度完善为主要目标，推动体制、机制建设，奠定治理体系的现代化水平；以政策落实为根基，监督和促进教育制度的落实与执行。

与此同时，在长三角地区中，城市的能级不尽相同，面临的问题也不完全一样，这为丰富学习型城市监测内涵提供了非常好的机会。不同能级的城市在推进终身学习和实现可持续发展目标方面，可以呈现出更丰富的内容，与此同时，作为紧密联系的都市圈，长三角城市之间的终身教育发展也会发生更为密切的互动和促进作用，为我国学习型城市建设与监测提供多样化和本土化的集群经验。

二、国际学习型城市监测主要指标体系

当今社会高度评价终身学习对于个人与社会发展的重要意义，明确认可学习型城市建设在现代城市化进程中的重要意义，各国际性组织、国家、城市政府及社会组织积极依托指标体系框架多方调配各种资源，以期为社区居民提供终身自由学习的机会与保障。

（一）UNESCO"帕提农神庙"评价指标体系初步框架

UNESCO 将评价指标体系初步框架中的三个一级指标和十二个二级指标抽象成了"帕提农神庙"，用以表达其相互间的逻辑关系。

最底端的是被描绘为"地基"的"基本条件"指标，主要概括了实践所依赖的政策规划、社会力量参与、资源整合、文化氛围营造等内容，代表了学习型建设的基础条件或前提条件。中间是被描绘为"承重墙"或"支柱"的"主要支柱"指标，重点总结了实践涉及的学校教育、社区学习、工作场所学习、线上学习等内容，代表了学习型城市建设的重要组成或关键策略，包含六大支柱：学校教育体系学习服务、社区内学习服务、工作场所学习服务、应用现代技术、提升学习品质、营造终身学习氛围。顶层被描绘为"屋顶"的"目标定位"指标，重点指出了实践可能对个体、社会、经济、环境带来的影响与作用，代表了可用于评价学习型城市建设成效的目标定位，绘制了三个顶层：顶层一，个人增权、社会凝聚；顶层二，文化、经济繁荣；顶层三，可持续发展。

深入分析这一框架体系（表9-1）就能发现，基于全球视野，为逾越各国、各城市间的实际差异，指标的设计强调普适性、全面性，内容过于抽象、复杂。因此，这一体系提供的是一份供参考借鉴的"思维导图"，而非直接应用于实践的"操作指南"。

表9-1 UNESCO初步评价指标体系[①]

一级指标	二级指标	三级指标
1. 目标定位	1.1 个人增权、社会凝聚	1.1.1 成人识字率　1.1.2 预计受教育年限　1.1.3 平均寿命　1.1.4 公民参与　1.1.5 贫富差距　1.1.6（政治）性别平等　1.1.7（经济）性别平等　1.1.8 校园安全　1.1.9 对公立学校的支持
	1.2 文化、经济繁荣	1.2.1 扶持民办学校　1.2.2 人均国内生产总值　1.2.3 研究和发展　1.2.4 创业经商便捷　1.2.5 艺术/文化/体育支出　1.2.6 文化活动参与　1.2.7 体育活动参与　1.2.8 犯罪水平　1.2.9 事业状况　1.2.10 外商投资　1.2.11 文体场所
	1.3 可持续发展	1.3.1 市民意识　1.3.2 绿色空间　1.3.3 空气污染　1.3.4 能源消耗　1.3.5 公共交通　1.3.6 垃圾管理　1.3.7 环境影响
2. 主要支柱	2.1 学校教育	2.1.1 初等教育参与　2.1.2 中等教育参与（男/女）　2.1.3 非传统学生的高等教育　2.1.4 学习能力缺失（者）　2.1.5 学前教育　2.1.6 高等教育百分比　2.1.7 国际学生　2.1.8 特殊支持
	2.2 社区学习	2.2.1 基础设施　2.2.2 参与　2.2.3 边缘群体参与　2.2.4 公共投入　2.2.5 学习成效
	2.3 工作场所学习	2.3.1 学习型组织　2.3.2 雇员参与　2.3.3 雇主承付　2.3.4 失业人员培训　2.3.5 与教育机构的伙伴关系
	2.4 现代技术应用学习	2.4.1 家庭接通互联网　2.4.2 学校使用计算机　2.4.3 家庭接通互联网　2.4.4 职场的学习技术　2.4.5 社区接通互联网　2.4.6 开放与远程教育
	2.5 学习品质	2.5.1 教师接的胜任程度　2.5.2 特殊学习支持　2.5.3 学习者间的友好相处环境　2.5.4 各种品质教育　2.5.5 学习成果评估　2.5.6 毕业生的就业能力　2.5.7 毕业生的工作业绩
	2.6 终身学习文化	2.6.1 倡导学习　2.6.2 信息和服务　2.6.3 开放灵活的学习环境　2.6.4 认可和奖励　2.6.5 家庭图书的利用　2.6.6 公共图书馆
3. 基本条件	3.1 政策规划	3.1.1 政策战略　3.1.2 组织领导　3.1.3 社会支持　3.1.4 公众宣传　3.1.5 其他资源
	3.2 利益相关者的参与	3.2.1 合作机制　3.2.2 参与　3.2.3 推进政策　3.2.4 关注市民需求　3.2.5 定期监督和评估
	3.3 资源调动与整合	3.3.1 资金投入　3.3.2 外部资金　3.3.3 利益相关方的贡献　3.3.4 弱势群体的补贴　3.3.5 社团和智力资源　3.3.6 国际合作

[①] UNESCO. The UNESCO Global Learning Cities Network［EB/OL］.（2012-11-02）［2022-11-05］. http://pascalobservatory.org/sites/default/files/NormanLongworth29Nov2012.pdf.

（二）欧洲"R3L+"质量标准保证框架

"TELS"项目，为欧洲城市提供了关于学习型城市建设的行动理念与方案，被普遍沿用。在后续实践中，政府、企业、中学、大学和成人教育学院被视为主要"利益相关者"，认为只要保证它们为建设学习型城市不断付出努力，城市就会向学习社会不断迈进[①]。为此，欧盟以英国1998年提出的一个学习型城市建设质量保障框架为基础，在2002年启动的"R3L"项目（Regional Networks in Lifelong Learning）中设立了"利益相关者自我评价标准"（The Stakeholder Adult）子项目；2012年又对项目进行了升级（被称为"R3L+"项目），设计了欧洲学习城市建设质量标准框架，以供五个利益相关者搜集充分信息进行不断反思与持续改进。

"R3L+"指导手册指出质量标准保证框架设计的核心在于两点，即学习型城市建设中重要的维度有哪些，以及什么标准能够体现这些维度落实的质量。在听取专家和实践者的意见，并经过多次实验之后，"R3L+"项目成员才开发并确定了详细的质量标准，同时进行了量化赋分，具体包括四个质量维度、八个质量观测点和三十三个质量标准（表9-2）。需要指出的是，欧盟质量保证框架强调对利益相关者行动的质量改善，除质量标准框架外，还设计了介入系统和支持系统。

表9-2 欧洲"R3L+"质量标准和指标

维度	观测点	内容标准	1级（3）	2级（2）	3级（1）	累计
1. 平台网络	1.1 愿景、使命与目标	1.1.1 共同愿景的定义	4			12
		1.1.2 共同使命的定义	2	1		8
		1.1.3 明确的可量化目标	1	2	1	8
		1.1.4 明确聚焦的策略		2		4
	1.2 协作的原则、渠道与结构	1.2.1 存在明确、共享的协作原则和协议				0
		1.2.2 存在清晰的沟通渠道			1	1
		1.2.3 存在管理和运营责任的正式结构		1	1	3
	1.3 合作伙伴	1.3.1 合作者的覆盖范围		1		2
		1.3.2 确定的伙伴角色和责任			1	1
		1.3.3 信任和开放的合作伙伴关系			3	3

---

① Eckert T, Preisinger-Kleine R, Fartusnic C, et al. Quality in Developing Learning Cities and Regions: A Guide for Practitioners and Stakeholders [R/OL]. (2012-01-12) [2022-11-05]. http://www.learning-regions.net/images/stories/rokbox/r3l_handbook_english.pdf.

续 表

维度	观测点	内容标准	1级（3）	2级（2）	3级（1）	累计
2. 参与质量	2.1 利益相关者的参与	2.1.1 关键利益相关者积极参与	7		1	22
		2.1.2 主要、次要利益相关者有参与机会	1	1	3	8
		2.1.3 覆盖广泛的公众或社区		1	1	3
		2.1.4 对远离学习机会者有保障措施		3		6
	2.2 网络与传播	2.2.1 公民能便捷使用网络		2	1	5
		2.2.2 有明确有效的传播策略			1	1
3. 可持续性	3.1 评价	3.1.1 对战略方向、政策和实践监控和评估	1	1		5
		3.1.2 优先进行（质量）评估和审查	2	1		8
		3.1.3 适应区域情况的测量方法	1	1	2	7
		3.1.4 受广泛认可的评价结果		2	1	5
	3.2 接受评价结果的意愿和能力	3.2.1 信息共享	1	1		5
		3.2.2 接受结果（成功/失败）并继续行动	1		1	4
		3.2.3 定期公布评价结果		2	3	5
		3.2.4 持续记录评价结果			1	1
		3.2.5 将评价结果应用到新的计划	2	1		8
4. 文化氛围	4.1 文化氛围	4.1.1 有普遍认可的学习目标和结果	3	1		11
		4.1.2 学习被纳入地方改革与发展的战略	3	1		11
		4.1.3 跟踪评估学习质量		2	1	5
		4.1.4 提升学习能力	1		1	4
		4.1.5 激励成人学习	1	4	1	12
		4.1.6 定期评估学习对成年人群的影响			3	3
		4.1.7 积极评估正式、非正式学习			2	2
		4.1.8 采用市场方法促进学习				0

（三）加拿大综合学习指数

综合指数，是一种反映事物综合变动的测量工具，就是将影响事物发展的不同维度进行可度量的量化和加总，以进行持续追踪分析，如经济领域的物价指数、证券指数等。加拿大学习咨议会为测量终身学习的实际成效，借鉴这一理念开发设计了加拿大综合学习指数（Composite Learning Index，CLI），以为国家提供全加拿大终身学习的年度报告。

CLI 的设计充分采纳了国际社会关于终身学习的研究。首先，对《教育——财富蕴含其中》进行借鉴。UNESCO 这份报告将学会认知、学会做事、学会共处、学会生存视为学习社会的四项支柱[①],CLI吸收这一理念,将之视为促进学习的重要基础,并设计为指数的四大范畴内容:学会认知(知识发展)、学会做事(职业发展)、学会共处(社会发展)、学会生存(个性发展)。其次,对OECD《能力界定与遴选:理论框架与概念基础》(Definition and Selection of Competencies: Theoretical and Concept Foundations, DeSeCo)和国际学生评价项目(Programme for International Student Assessment, PISA)进行借鉴[②],吸纳了八大能力[③]和四大素养[④]等框架作为学习指数的构成要素。最后,对舒乐的资本理论进行借鉴,从人力资本、社会资本、个体资本[⑤]出发确立确定具体指标的技术和方法。除此之外,CLI开发小组还对国际终身学习的时间政策进行了系统梳理,立足加拿大本国实情,采纳严格的综合指数建立步骤,完成了最终开发工作。需要指出的是,CLI综合指数还详细明确了每一项指标的具体来源,以确定年度报告的可信性与科学性,从而比UNESCO和欧盟指标体系更具有操作性(表9-3)。

表9-3 加拿大CLI的具体构成[⑥]

范畴	构成要素	具体指标	数据来源
1. 学会认知	1.1 15岁青少年学生的素养技能	1.1.1 科学素养平均分	PISA测试结果 OECD、加拿大统计局发布
		1.1.2 数学素养平均分	
		1.1.3 阅读素养平均分	
		1.1.4 问题处理的素养的平均分	
	1.2 高中辍学率	1.2.1 20—24岁没有完成高中教育的青年比率	劳动力调查 统计局发布
	1.3 高中后教育参与率	1.3.1 20—24岁参加高中后教育的青年比率	
	1.4 大学参与率	1.4.1 25—64岁完成大学课程的成人比率	
	1.5 学习机构的使用	1.5.1 到达大学或学院所需的平均时间	学习咨议会统计
		1.5.2 到达初等或中等学校的平均时间	
2. 学会做事	2.1 参加工作场所培训的机会	2.1.1 为员工提供培训的企业比率	工作调查 统计局发布
	2.2 与工作有关的培训参与情况	2.2.1 25—64岁成人参加与工作有关的培训的比例	

---

① 联合国教科文组织.教育——财富蕴含其中[M].北京:教育科学出版社,1996:76-77.
② DeSeCo. The Definition and Selection of Key Competencies: Executive Summary[EB/OL]. (2003-06-25)[2022-11-15]. https://www.pisa.oecd.org/dataoecd/47/61/35070367.pdf.
③ Dominique Simone Rychen, Laura Hersh Salganik, 滕梅芳, 盛群力. 勾勒关键能力,打造优质生活——OECD关键能力框架概述[J].远程教育杂志,2007(05):24-32.
④ 张娜. DeSeCo项目关于核心素养的研究及启示[J].教育科学研究,2013(10):39-45.
⑤ Schuller T, Bynner J, Feinstein L. Capitals and Capabilities: Paper Prepared for 11 Downing Street Seminar On wealth[R]. London: Centre for Research on the Wider Benefits Learning, 2004.
⑥ Canadian Council on Learning. Developing the Composite Learning Index: A Framework[R]. Ottawa, 2006.

续　表

范畴	构成要素	具体指标	数据来源
2. 学会做事	2.3 职业培训机构的使用	2.3.1 到达职业学校、商业学校和文秘学校的平均时间	统计局发布
3. 学会共处	3.1 社区机构的学习使用	3.1.1 到达图书馆所需的平均时间	
		3.1.2 到达商业协会、市民协会所需的平均时间	
	3.2 志愿服务的参与率	3.2.1 参加无报酬工作的加拿大人的比率	志愿服务调查 统计局发布
	3.3 俱乐部、社团组织参与	3.3.1 家庭用于参加俱乐部和社团组织的开支比率	家庭消费调查 统计局发布
	3.4 跨文化的学习交流	3.4.1 与不同文化背景的人进行设计的加拿大人比率	学习态度调查 学习咨议会发布
4. 学会生存	4.1 媒体的使用	4.1.1 家庭用于网络服务的开支比率	家庭消费调查 统计局发布
		4.1.2 家庭用于阅读材料和其他印刷品的开支比率	
	4.2 文化活动中的学习	4.2.1 在参观博物馆、美术馆等有所开支的家庭比率	
		4.2.2 在观看现场表演上有所开支的家庭比率	
	4.3 运动娱乐中的学习	4.3.1 在游戏和运动器材上有所开支的家庭比率	
	4.4 文化资源的使用	4.4.1 到达博物馆和美术馆等用的平均时间	学习咨议会统计
	4.5 宽带互联网的使用	4.5.1 使用无线电话、有线电视和数字、线路的家庭比率	工业部统计

（四）韩国终身学习城市评鉴指标

1993 年，韩国光明市议会提出"建立终身学习城市宣言"，这是韩国首次开始推动终身学习城市的建设。2001 年，韩国中央政府开始介入，依据《终身教育法》颁布了"建立终身教育的五年计划"，启动了终身学习城市的专业化工程，支持和补助地方政府终身学习城市建设[①]。从本质上而言，这一评鉴指标主要是韩国教育科学技术部用来确定是否支持和补助地方终身学习城市建设的依据。因此，指标的主体部分主要是对地方建设终身学习城市计划的审核，指标内涵也多设置为"计划是否具有某个条件"的判断性问题，如"是否反映地方特色"。韩国的评鉴指标可以分为两个部分，即对地方终身学习城市行动计划审核的项目和方式。就审核项目而言，主要涉及评鉴指标的前四部分，旨在评价社会地方终身学习城市建设计划的完善程度及实际成效，包括审核计划的目标、组织、内容与评价等四个相互衔接的部分。就计划审核的方式来说，包含实地审核和额外审核，前者列举了计划适切性、相关人员能力地方负责人的意见等三方面的三个具体指标；后者列举了地方财政充足程度等内容（见表 9-4）。

---

① 黄富顺. 韩国终身学习城市的实务运作、成效与启示［J］. 现代远程教育研究，2011（2）：45-51.

表 9-4　韩国终身学习城市评鉴指标[1]

层面	指标	内　　涵	分值
1. 计划目标	1.1 未来计划的合理性	1.1.1 是否能够反映地方未来计划的特色	10
	1.2 目标的设立与具体性	1.2.1 是否能够针对目标提出明确具体的工作计划	
	1.3 居民参与程度	1.3.1 在未来计划中，是否能确实反映居民对终身教育的需求	
2. 计划组织	2.1 法规制定	2.1.1 是否能够制定相关的法律并促进终身教育体制的革新	35
	2.2 组织的创立与运行	2.2.1 终身学习城市专职部门与执行机构未来计划的合理性	
	2.3 专职人员	2.3.1 终身学习城市的专职部门与执行机构中的终身教育师等专职人员配置是否合理	
		2.3.2 未来终身学习城市的专职部门与执行机构中的终身教育师等专职人员配置计划的具体性与科学性	
	2.4 创设协议会	2.4.1 协议会的组成与功能是否达到目标，并满足地方居民的需求	
		2.4.2 未来协议会运作计划的具体性与合理性	
	2.5 网络构建	2.5.1 为达到地方自治单位各部门与教育部门的联系与合作，各单位是否能就工作任务提出具体且适合的内容	
		2.5.2 未来更新发展网络的计划是否良好	
	2.6 信息系统的构建	2.6.1 是否提供地区终身学习信息系统和适当的网络促进计划	
	2.7 促进民众参与（宣传策略）	2.7.1 是否有为促进地方机构与民众对终身学习活动的参与（包含实际宣传）以及具体计划的研究	
3. 计划内容	3.1 年度工作计划	3.1.1 是否提出促进终身学习的工作内容与日程，以及是否制定具体的工作内容	30
	3.2 终身教育机构	3.2.1 为促进终身学习城市而设立的机构的实际状况与设置计划	
	3.3 终身教育系列活动	3.3.1 终身学习活动的开发与运行是否能反映地方特色与发展蓝图	
	3.4 举行终身学习的相关活动	3.4.1 举办终身学习的相关庆典、研讨会、进修活动等的实际情况，以及是否提出适当的计划	
	3.5 预算	3.5.1 地方政府的预算中对终身教育所投入的预算与比例是否适当	
4 计划评估	4.1 工作评估与管理	4.1.1 是否有终身学习城市计划的自行评估机制与结果反馈系统	10
	4.2 预期效果	4.2.1 预期通过终身学习城市计划对产生成果的适当性与可能性	
5. 实地审核	5.1 地方负责人的意见	5.1.1 地方自治单位负责人及协议会是否提供必需的力量与决心	15
	5.2 相关人员的能力	5.2.1 专职部门与执行机构相关人员的实践能力与态度	
	5.3 计划的适切性	5.3.1 计划是否符合当地实际情况，是否具有实践的可行性	
6. 额外审核	6.1 相关工作项目的共同工作计划	6.1.1 中央行政单位的终身教育相关工作计划的具体性与可行性	3
	6.2 财政独立程度	6.2.1 地方政府的财政充足程度	
总　计			103

---

[1] 黄富顺. 韩国终身学习城市的实务运作、成效与启示［J］. 现代远程教育研究，2011（2）：45-51.

（五）我国学习型城市建设监测指导性指标体系

自 20 世纪 90 年代开始，我国学者开始关注学习型城市建设的学术研究，2002 年，党的十六大报告提出"形成全民学习、终身学习的学习型社会"，其后在多个政策文件中都明确了这一战略要求。我国学习型城市建设之路在朝向教育现代化发展的过程中，不断获取发展的契机与动力。

2016 年，教育部组织中国成人教育协会、中国教育科学研究院、北京市教育科学研究院等单位开展了"中国学习型城市指标体系研究"课题，研制了《全国学习型城市建设监测指导性指标体系（试行）》。并于次年在八个城市开展学习型城市建设监测项目实践，探索学习型城市测评工作机制，验证监测指标体系，引导并加快推进我国学习型城市建设。在这份指导性指标体系中，有相互衔接的五个部分：一是，保障机制，包括形成社会共识、建立专门机构、完善相关制度、提供必要财政支持等 4 个要素的 12 个指标，是学习型城市建设的基础条件；二是，终身教育与终身学习服务体系建设，主要包括完善终身教育体系（学校教育和继续教育）、终身学习服务（线下学习和在线学习）等 4 个要素的 28 个指标，是学习型城市建设的关键条件；三是，学习型组织建设，主要包括各种类型学习型组织的培育，设置了 2 个要素的 4 个指标，是学习型城市建设的活力条件；四是，城市可持续发展，主要包括通过终身学习能够为城市发展和个人发展带来的作用与影响，设置了 3 个要素的 16 个指标，是对学习型城市建设效益的预期；五是，成果与创新，主要是鼓励各城市在创建学习型城市过程中能够因地制宜，不断进行模式创新、特色培育，形成独特的典型经验，设置了 2 个要素的 2 个指标，是学习型城市建设的个性指标。

表 9-5　我国学习型城市建设监测指导性指标体系

层面	结构要素	关键指标	信息性质说明
1. 保障机制	1.1 认识	1.1.1 列入当地经济社会发展规划，有明确的目标和清晰的工作思路	相应文件或主要领导讲话等
		1.1.2 广泛宣传，不断提升共识，营造良好的建设环境和终身学习氛围	有各种宣传资料的统计数据
	1.2 组织	1.2.1 建有多部门共同参与的领导、管理和组织机构	工作部署相关文件
		1.2.2 建有工作指导、服务机构	列出名称、成立时间和主要工作
	1.3 制度	1.3.1 颁布促进条例、指导性政策文件；制定专项规划、计划	列出法规、文件名称和年度时间
		1.3.2 开展评价和监测活动；建立检查、督导等相关制度	制度文件、成员名单、活动记录
		1.3.3 社区教育队伍管理和培训制度及奖励政策	列出文件名称和年度时间

续 表

层面	结构要素	关键指标	信息性质说明
1. 保障机制	1.4 经费	1.4.1 公共教育经费支出占 GDP 的比例	财政部门统计数据
		1.4.2 职业教育经费占城市教育费附加的百分比	财政部门统计数据
		1.4.3 用于成人继续教育的经费占城市公共教育经费的百分比	财政部门统计数据
		1.4.4 足额提取员工教育培训经费的企业比例	相关中等规模以上企业统计数据
		1.4.5 建立多渠道筹措学习型城市建设经费的投入机制	相关政策、文件及实施情况
2. 终身教育与终身学习服务体系建设	2.1 学校教育	2.1.1 学前三年毛入园率	教育统计数据
		2.1.2 义务教育辍学率	教育统计数据
		2.1.3 高中阶段教育入学率	教育统计数据
		2.1.4 高等教育毛入学率	教育统计数据
		2.1.5 高中阶段普通高中与中职年招生比例	教育统计数据
		2.1.6 进城务工人员子女入学率。残疾儿童入学率	教育统计数据
		2.1.7 中、高等职业教育衔接情况	教育统计数据
		2.1.8 区域内基础教育推进均衡发展，实现教育公平	相关政策、文件及实施、评估情况
	2.2 继续教育	2.2.1 企业职工教育和培训年参与率	相关成人继续教育统计数据
		2.2.2 机关、事业单位职工教育年参与率	相关成人继续教育统计数据
		2.2.3 专业技术人员继续教育每年达到 72 学时的比例	相关成人继续教育统计数据
		2.2.4 城乡居民社区教育年参与率	相关成人继续教育统计数据
		2.2.5 社区老年教育参与率	相关成人继续教育统计数据
		2.2.6 农村成人继续教育和培训参与率	相关成人继续教育统计数据
		2.2.7 对农民工、失业者、低技能者、残疾人等弱势群体的学习支持	相关政策、文件及实施情况
		2.2.8 中等和高等职业学校年度校均开展成人继续教育人次	相关成人继续教育统计数据
		2.2.9 城市普通高等学校年度校均开展成人继续教育人次	相关成人继续教育统计数据
	2.3 学习服务	2.3.1 建立健全社区教育网络建成率	社区教育网络图示；统计数据
		2.3.2 平均每万名城市居民拥有专用社区学习场所面积	相关成人继续教育统计数据
		2.3.3 实验区及示范区（县）占城市区县总数的比例	相关统计数据
		2.3.4 各级各类学校、文化体育公共服务设施向社会开放比例	教育统计数据
		2.3.5 探索建立学分积累、转换和认证制度	相关政策、文件及进展情况
		2.3.6 每百万人拥有公共图书量	统计部门数据

续 表

层面	结构要素	关键指标	信息性质说明
2. 终身教育与终身学习服务体系建设	2.3 学习服务	2.3.7 专职队伍总人数比例；终身学习志愿者队伍比例	教育部门统计数据
		2.3.8 积极培育学习品牌，创新教育培训和学习项目	相关政策、文件及开展情况
	2.4 信息化学习资源与利用	2.4.1 市民学习网站上的课程资源	相关数据
		2.4.2 市民每百户耐用消费品计算机拥有量	统计部门数据
		2.4.3 市民每百户耐用消费品移动电话拥有量	统计部门数据
3. 学习型组织建设	3.1 区域学习型组织创建	3.1.1 各类学习型组织的建设和评价标准及近五年的评估、表彰率	相关数据
		3.1.2 近五年各类学习型组织所取得的经验做法及特色亮点	相关材料
	3.2 法人单位学习型组织创建	3.2.1 法人单位学习型组织的建设和评价标准及近五年评估表彰率	相关数据
		3.2.2 各类法人单位所取得的经验做法及特色亮点	相关材料
4. 城市可持续发展	4.1 综合发展	4.1.1 城市上一年度经济增长率，人均 GDP	统计部门数据
		4.1.2 恩格尔系数	统计部门数据
		4.1.3 城镇化率	相关数据
		4.1.4 城镇登记失业率	统计部门数据
		4.1.5 城市污水处理率；生活垃圾无害化处理率	统计部门数据
	4.2 社会治理	4.2.1 人均公共服务设施指数	统计部门数据
		4.2.2 城乡居民医疗保险参保率	统计部门数据
		4.2.3 城乡居民养老保险参保率	统计部门数据
		4.2.4 每万人拥有养老床位数	统计部门数据
		4.2.5 城市社区养老服务机构建设	民政部门资料
		4.2.6 社会组织的数量及工作者所占的人口比例	民政部门数据
	4.3 人的发展	4.3.1. 新增劳动力平均受教育年限	统计部门数据
		4.3.2 全市主要劳动年龄人口中受过高等教育的比例	统计部门数据
		4.3.3 城市登记失业人口再就业率	统计部门数据
		4.3.4 人均阅读量	相关数据
		4.3.5 全市市民人均教育、文化消费支出年增加数	统计部门数据
5. 成果与创新	5.1 制度创新	5.1.1 典型案例及相关理论与实践研究成果	相关文件、资料和经验案例
	5.2 重大成果及获得奖励	5.2.1 近五年来城市获得国际、国家、有关部委的荣誉称号	相关文件或奖牌、证书

三、国际学习型城市监测指标体系的比较

从宏观来看，各国际组织、国家和地区，设计并出台学习型城市指标体系的核心目的是一致的，就是力图通过学习型城市的认定、监控、评估等途径，推进政府管理职能的演进、个体素质的提升、社会发展的协调；从微观而言，由于各自面临的具体情况千差万别，导致指标体系呈现的具体形式、运用的基本方法、导致的最终结果也存在实际差异。

（一）围绕"项目运作"的监测指标共性

国内外学习型城市建设指标体系基本围绕"终身学习"和"终身教育理念"来展开，基本导向都是力图提供一个行动框架，为各方行动提供一个努力方向和监督评估指南。作为一种共性的价值导向，这些理念是指标体系现代化以及学习型城市建设服务于教育现代化建设的共同指向。

整体上来说，当前国内外学习型城市建设指标体系呈现出以下基本趋势：一是，强调广泛效益，号召整合各行业、各部门的教育、文化资源，增强个人能力和社会融入的同时，促进经济发展、文化繁荣及城市面貌改善；二是，强调学习的包容性，号召通过增强终身学习服务体系的灵活性，为所有居民，尤其是残疾人、流动家庭、移民等边缘群体提供丰富多样的学习机会；三是，强调氛围营造，呼吁政府、社会组织、民众、学界等共同行动，推动市民体验学习、感受学习，形成学习的积极性和主动性；四是，强调推进的可持续性，呼吁制定"可持续性"的政策，提供持续性的投入，实现递进性的发展[1]。显而易见，各指标都视学习型城市为现在城市化的重要内容，是政府职能拓展、社会及个人和谐发展的客观需要，并普遍认为唯有依托政府、社会与个体多元融合参与，通过动态发展、综合评定和区域差异化推进才能取得有效进步[2]。但是，需要指出的是，国内外主要学习型城市指标体系在形式与内涵上存在显而易见的差异，设置的指标数量也各不相同。

（二）国际学习型城市监测指标的基本构成

从项目的共性出发，学习型城市建设的相关指标体系能够概括成五个组成部分。（1）目标方向，主要是各国际组织、各国家、各地区为自己确定的推动学习型城市建设的预期目标，一般会从增强个人能力和社会凝聚力两个层面进行讨论，前者强调满足个体的学习需求，实现全面发展；后者则关注城市的可持续发展，在经济发展、文化繁荣、社会公平等方面推动城市发展。（2）基础条件，主要是政府推进学习型城市建设进行的基础性保障工作，包括政策规划、设立组织机构和财政投入等方面。（3）基本框架，建设学习型城市的关键，

---

[1] 国卉男，吴遵民，韩保磊. 中国学习型城市建设：从国际到本土的嬗越与重构[J]. 开放教育研究，2015, 21 (6): 112-118.
[2] 王仁彧. 学习型城市建设：国际经验与理性探索[J]. 中国职业技术教育，2016 (17): 33-38.

在于面向全体居民提供时时、处处的学习机会，所以基本框架就是围绕居民构建学校教育、工作场所学习、社区学习等衔接的各级各类学习服务体系。（4）社会支持，要想将基本框架真正落实到位，仅靠有限的教育资源是不能实现的，必须充分整合社会资源共同参与，强调现代技术的运用与学习文化营造。（5）创新特色，学习型城市建设的模式并不是固定或单一的，面临的实际情况需要进行相应变通，也就是说，建设越是有实效，城市的实践就越有特色。以此为标准，可以将国内外学习型城市指标体系的具体指标进行聚类统计，从中可以发现如下几个特点（表9-6）。

表9-6 国内外主要学习型城市指标体系指标聚类分析

指标类别	指标列举	欧盟"TELS"指标体系		UNESCO评价指标体系		欧盟"R3L+"指标体系		加拿大CLI学习指数		韩国评鉴指标		中国监测指导性指标体系	
		2级	合计	3级	合计	3级	合计	3级	合计	3级	合计	3级	合计
目标方向	个人增能	4	9（23%）	9	27（34%）	3	3（9%）	4	4（17%）	6	6（24%）	5	9（15%）
	城市发展	5		18		3		0		6		4	
基础条件	政策法规制度	6	12（23%）	5	16（20%）	11	11（33%）	0	0	1	8（32%）	2	17（27%）
	组织机构	3		5				0		2		9	
	资源支持	3		6				0		5			
基本框架	学校教育		9（31%）	8	18（22%）	11	6（33%）	5	13（54%）		5（20%）	8	29（47%）
	工作场所学习	9		5				3		5		11	
	社区学习			5				5				10	
社会支持	现代技术运用	6	9（23%）	6	19（24%）	4	8（15%）		7（29%）	1	5（20%）	3	5（8%）
	学习文化营造	3		13		4		5		4		2	
创新特色	方法创新	0	0	0	0	0	0	0	0	1	1（4%）	2	2（3%）
总计			39		80		33		24		25		62

（三）当前学习型城市监测指标存在的问题

第一，国内外学习型城市指标体系对创新特色类指标的涉及还处于初级阶段，仅有韩国终身学习城市评鉴指标、中国学习型城市建设监测指导性指标体系两个指标体系对此有所涉猎，而且最高权重也远没有达到10%。从内容来看，基本都是鼓励地方根据自己的实际情况进行策略创新，培育亮点，形成自己的特色经验与品牌。

第二，特征性学习型城市建设指标体系的指标，在目标方向、基础条件、基本框架、社会支持等 7 类指标上的权重分布相对均衡。欧盟"TELS"指标体系四类指标中有三类指标的权重分布皆为 23%，仅基本框架类指标为 31%，两者差距有 9 个百分点；[①] UNESCO "帕提农神庙"指标体系四类指标的权重分布分别为 34%、20%、22%、24%，最大差有 14 个百分点。这说明国内外对学习型城市理念的认识相对一致，而且倡导对目标方向、基础条件、基本框架、社会支持予以普遍关注，以形成实践的合力。

第三，质量评估类学习型城市建设指标体系的指标中，在目标方向、基础条件、基本框架、社会支持等四类指标上的权重分布往往集中于基础条件、基本框架两类。需要说明的是，加拿大"CLI"指标体系是直接以综合指数反映民众学习效果的，并不考虑政府所必须提供的基础性保障，因此在基础条件类指标上的权重分布为零。而欧盟"R3L+"指标体系、中国学习型城市建设监测指导性指标体系则在此两类指标上有明显集中的特点，两者的权重分别为 66%、74%，占据绝对比例。这是因为基础条件、基本框架，尤为依赖政府行政行动，被视为政府推动学习型城市建设的基本途径和关键抓手，在进行质量监督和成效评估时自然也被视为关键。但欧盟、中国对两者的重视程度有明显差异，欧盟对基础条件类指标、基本框架类指标基本同等重视，而中国则对基本框架类指标更为重视，这与中国的国情和政策特色直接相关。中国教育发展与发达国家相比还较为落后，其中继续教育以及学校教育之外的其他教育形式发展尤为不充分。为此，各地在学习型城市建设中，更加强调各类终身教育机构（如社区教育机构、社会学习点等）数量规模的建设以及社会机构开放提供学习服务等学习型城市基本框架的建设，这一点也可以被视为学习型城市建设的中国特色。

第四，计划审核类学习型城市建设指标体系的指标中，在目标方向、基础条件、基本框架、社会支持等四类指标上的权重分布并没有体现出较明显的规律。韩国在设计终身学习城市评鉴指标时，除创新特色指标外，其他各类型指标分布权重相对均衡。

四、国际学习型城市监测指标体系的启示

在长三角教育现代化监测的背景下，学习型城市治理体系和治理能力现代化建设行动路线的规划，要从长三角城市群以及各个城市自身的实际出发，发现正面临的重大问题，提出关键原则，采取有效行动，为每一位市民通过终身学习获得幸福和谐生活提供更有力的基本保障。

[①] EUROlocal. TELS-Towards a European Learning Society [EB/OL]. (2016-06-06) [2022-11-25]. http://eurolocal.info/project/tels-towards-european-learning-society.

（一）尝试制定分段监测指标体系和工具

综合国内外学习型城市监测指标的基本情况，如果采用一套工具来对所有学习型城市进行评估很难起到促进发展的作用，长三角各个城市有着自身的特点，不同发展阶段的学习型城市应该选用不同的评价工具来指导工作。

按照叶忠海教授提出的建设目标递级系统理论，按照学习型城市在不同阶段的建设目标不同，将学习型城市发展划分为形成框架为重点、扩展覆盖面为重点、以提高质量水准为重点三个阶段。[①]

阶段一：以形成框架为重点阶段，建议采用理论框架类和城市发展类评价工具。学习型城市在建设起步阶段，运用理论框架类评价对于政府深入理解学习型城市的内涵，系统把握学习型城市的理论，进而逐步建立学习型城市政策框架具有关键性作用；通过应用城市发展类评价，明确城市的发展现状，通过与国内外城市发展的比较，明确城市未来发展方向，可以帮助政府将学习型城市建设与城市发展充分结合，将学习型城市建设政策融入城市发展基础战略。

阶段二：以扩展覆盖面为重点阶段，建议采用学习型城市认证/监测类指标体系。学习型城市发展到该阶段，其政策体系已初步成型，如上海、太原、宁波等城市已经颁布相关的地方性法规，北京、南京、杭州等城市颁布了市委市政府级别的基础文件。该阶段学习型城市的建设特征为持续推进，通过应用学习型城市认证类指标体系，加入相关的国内或国际学习型城市网络，与其他城市进行比较与交流，实现共同发展；通过应用监测类指标体系，充分把握区域内学习型城市建设政策的执行情况，实现学习型城市建设的可持续发展。

阶段三：以提高质量水准为重点阶段，可以将各类个体学习测评工具引入学习型城市建设评价监测体系，同时应用城市发展类评价工具。学习型城市发展到该阶段，已经建立了成熟的政策体系，可以逐步降低政策执行监测评价的成本，由重点关注政策执行过程的监测评估转向以政策执行结果和影响的监测评估为主。引入个体学习测评工具能够获取市民学习结果的相关信息，引入城市发展类工具可以获取城市建设所取得相关成果的信息，综合这两方面的评价来评估学习型城市建设所取得的最终成果。

（二）基于实际情况进行本土化指标设计

从理论研究发展来看，学习型城市目前还没有形成非常成熟的概念，不同的学科视角对学习型城市的理解也是百花齐放，经济学视角强调经济增长方式的转型，教育学视角强调个体终身学习的发展，管理学视角强调社会治理的创新；从实践发展来看，不同类型的城市开展的学习型城市建设也是各具特色，如北京这种特大型城市与爱尔兰科克这种小型城市开展

[①] 叶忠海，张勇，马丽华. 中国学习型城市建设十年：历程、特点与规律性［J］. 开放教育研究，2013（4）：26–31.

的学习型城市建设必然存在很大的差异。因此，要将以上介绍的各类评价工具具体应用到实践指导之中，须根据城市自身特色和实践水平进行本土化，具体包括以下三种策略。

策略一：更改或替换相关指标。由于国内外统计口径的差异，完全按照国外指标体系收集相关的统计数据会出现相关数据缺失或者数据获取成本较高的问题，一般可以选用类似的指标替换相关指标。例如：UNESCO学习型城市关键特征中指标"25岁以上市民平均受教育年限"，可以根据我国统计习惯替换为"常住人口人均受教育年限"；也可根据目前政策的关注点更换相关指标，如环保类数据中国际上更关注"碳排放量"指标，而我国目前雾霾治理是城市的重点目标，可以将该指标替换为"PM2.5年均浓度"。

策略二：新建或改革相关统计制度，以获取相关数据。由于我国统计制度还不是十分健全，无法获取相关核心指标数据，除借鉴长三角教育现代化监测中的相关指标和数据，也可以以此为契机建设长三角区域的统计制度。例如：UNESCO学习型城市关键特征中指标"经常性参加社区内学习活动的市民比例"，国家并没有相关的社区教育统计制度支撑，该项数据也很难用现有数据进行替代，因此可以考虑建立相关的社区教育统计制度，开展相关统计工作，获取数据。

策略三：根据长三角学习型城市建设特色，增加相关指标。例如：我国学习型城市建设中学习型组织建设是两大支柱之一，但UNESCO学习型城市的关键特征中只是将其作为工作场所中学习的一项小指标，因此有必要增加部分指标以符合我国政策的相关要求和长三角区域特色。